中共陕西省委党校(陕西行政学院)
提供专著出版资助

记忆与表达

"一带一路"背景下地域文化与陕西新形象构建

李焕 著

陕西新华出版传媒集团
陕西人民出版社

图书在版编目（CIP）数据

记忆与表达："一带一路"背景下地域文化与陕西新形象构建 / 李焕著. —西安:陕西人民出版社,2021.11

ISBN 978-7-224-14335-5

Ⅰ.①记… Ⅱ.①李… Ⅲ.①地方文化—研究—陕西 Ⅳ.①G127.41

中国版本图书馆 CIP 数据核字（2021）第 222145 号

责任编辑:管中泆　杨舒雯
封面设计:翟　竞

记忆与表达

"一带一路"背景下地域文化与陕西新形象构建

作　　者　李　焕
出版发行　陕西新华出版传媒集团　陕西人民出版社
　　　　　（西安市北大街 147 号　邮编:710003）
印　　刷　西安真色彩设计印务有限公司
开　　本　787 毫米×1092 毫米　1/16
印　　张　19.25
字　　数　258 千字
版　　次　2021 年 11 月第 1 版
印　　次　2022 年 8 月第 2 次印刷
书　　号　ISBN 978-7-224-14335-5
定　　价　59.00 元

前　言

地域文化作为一种文化形态，是地域历史文化传统的记忆沉淀。地域文化中，"地域"是文化形成的区域地理依托，范围可大可小；"文化"可以是摸得着也可以是看不见的，可以是某一个方面的，也可以是多种要素的集合。地域文化一般是某一个特定地理区域的生态、民俗、传统、习惯等的文明表现，长期传承的文化传统具有地域上的烙印和独特性。地域文化的范围既宽泛又具体，包括地域方言、饮食文化、特色建筑、文物遗迹、民俗风情，等等。

地域形象反映了一个地域特有的景观、面貌、风采和神姿，表达着地域的气质和性格。地域文化是一个地方人民的精神家园，是一个地方从古至今积淀的文化遗产，更是一种彰显地方形象的持久力量。在全球一体化形势下，为了避免地域形象的"同质化"，就应该不断挖掘地域文化资源记忆，寻找合适的现代表达，使地域空间充分体现地域文化的本土性和丰富性，表现地域文化的内在价值，促进地域形象差异化传播，彰显地域形象的"这一个"。

一方水土，一方文化。陕西是中华民族和华夏文明的重要发祥地，其丰富、独特的地域文化资源为新时代陕西新形象的树立和彰显提供了坚实基础。开放包容的丝路特质造就了汉唐文化的繁荣鼎盛，也是历史留给陕西文化永不褪色的记忆。王蒙曾说"文化发展的一个特点，就是只有既保持自己本土的族群特色，又不断地在与外来文化的接触和碰撞中对其加以吸纳才能得到发展"。在深度融入共建"一带一路"背景下，以陕西文化彰显陕西形象，既要重新梳理认知陕西地域文化资源，又要探求陕西地域文化元素与时代融合的新表达，从而推动陕西地域文化的时代化，彰显陕西地域新形象。

有灵魂才是真文化，灵魂需要载体来传承。地域文化是一种传承的记忆，地域形象是地域文化的具象表达，地域文化有灵魂、地域形象是载体。地域文化的传承离不开地域形象的载体表达，地域形象的时代性恰恰蕴藏着地域文化的记忆与传承。"中华根脉、文化陕西"。陕西是人类的发源地，也是中华文化的发祥地。陕西地域文化资源极其丰厚，在唐之前陕西文化不是一般的地域文化，而是国都文化，是作为主体文化不断融合其他地域文化构成的庞大文化体系。本书选取具有代表性的陕西地域文化资源，挖掘其历史文化内涵，为探求文化的时代表达寻找契合点。

西安是古丝绸之路的起点，"一带一路"赋予了陕西文化新的时代使命。新时期"一带一路"倡议的提出，为陕西树立新形象提供契机。只有充分发挥陕西文化资源优势，以文化先行战略助推陕西深度融入"一带一路"，才能实现中华文化对外传播、"一带一路"文明互鉴。

文化的时代表达本身就是文化的传承，必须坚持创造性转化与创新性发展，地域文化也不例外。地域文化的时代表达需要把优秀的文化基因复制与遗传，需要符合文化生态的演进趋势，需要全方位多角度呈现地域文化的人文精神，需要精准营造地域文化的特质禀赋。

与时代同频共振是文化生生不息的原生动力，文化只有根植于人们的地域生活中才能永葆生命力。寻求恰当的现代表达让三秦大地丰富的历史文化与现代生活"融圈"，既是对地域文化的保护传承，也是对地域形象的塑造彰显。国家遗址文化公园、民俗风情、智慧文旅、历史文化街区、文化旅游等新模式、新业态、新融合、新机制，探索与实践着陕西地域文化的时代表达。

文化的供给创造自身的需求。大开放格局下，陕西地域文化塑造与形象彰显，需要秉承"文明互鉴"，在历史和现实、时间和空间上交相辉映，形成古都西安引领、三秦大地各领风骚的供给格局，多维度多样化畅通拓展陕西文化传播渠道，以文化的记忆与表达凝聚陕西文化影响力，提升陕西形象的传播穿透力，彰显陕西的国际美誉度。

目 录

第一章
载体与灵魂——地域形象与地域文化的关系

地域形象表现了文化的多种意义属性。从自然环境到文化景观，从历史街区到文物存量，从古籍文物到社会习俗，从传统技艺到民风民俗，从价值观念到地域精神，各种与地域本质特征相关联的文化形态都是通过这些载体得以传承下来。从物质文化层面上讲，给人们带来最本质的直观感知觉印象；从精神层面上讲，人们的行为习惯、日常生活以及文化价值等观念文化的深入，又传达着一个地域的内涵属性，组成了一个地域的传承记忆。每个地域都有自己独特的历史发展脉络和长期积淀形成的地域文化，物化了的文化在很短时间内可以搭建起来，但地域内在气质的核心文化不是一蹴而就的，它是在漫长的历史发展过程中逐渐沉淀形成的。

地域文化作为一种文化形态，是历史文化传统的积淀，不同地域的发展由于地理位置，自然环境、社会环境，人文历史等因素的影响，形成各具特色的文化。地域形象在塑造的过程中在地域文化基础上形成了各自鲜明的独特气质，地域形象因不同的文化特征烙上了别具一格的个性印记，这表现在如语言、饮食、服饰、建筑、习俗、艺术表达等具有标志性的最基本的文化元素成为一个地域区别于其他地域的个性特征，

1

成为众多地域形象中的"这一个",而且不同地域文化影响还深刻地体现在地域人们的性格特征中,通过本地域人们共同的表现形式传达出来,如江南人的灵秀聪慧、西北人的豪放直爽,甚至形成地域精神如江浙的勇于开拓精神、上海的开放包容精神等。历史与文化是地域形象永恒的魅力,地域的内在气质和外在形象一直都在特定的地域文化中活跃流动。

地域形象与地域文化的关系是紧密的,二者互为表里。地域文化是地域形象的灵魂、内核,地域形象是地域文化的载体、表达,地域形象反映了一个地域特有的景观和面貌、风采和神姿,表现地域的气质和性格,体现当地人们的精神文明、礼貌程度和精神气质,同时还显示出地域的经济实力、商业繁荣、文化和科技事业的发达程度,地域形象是一个地域最有力量最精彩的高度概括。

在全球趋同形势下,为了避免地域形象发展的"同质化",就应该不断挖掘地域文化资源,寻找适合现代表达的形式,使现代地域空间充分体现地域文化的整体性和多样性,提升地域形象和地域品位,使地域焕发生命力和独特个性。地域文化是地域形象的灵魂和支柱,是地域形象长盛不衰的力量源泉。地域文化的历史文化渊源和独特自然地域性特征,使地域形象在塑造过程中别具一格,同时地域文化也是地域形象的重要组成部分,是地域形象精神的构筑与传承,地域形象推广的过程也就是地域文化推广的过程,以地域文化为内在气质进行外在形象定位,以形成地域形象差异化传播,彰显了地域形象的独特性,也体现了地域文化的内在价值。

一、 地域文化是记忆与灵魂

中国作为幅员辽阔、历史悠久的多民族国家,自然环境的差异、行政区划的影响、方言俚语的不同,使得中华文化在不同的地域里呈现出不同的相貌与记忆。

在党的十九大报告中，习近平总书记明确指出："文化是一个国家、一个民族的灵魂。文化兴国运兴，文化强民族强。没有高度的文化自信，没有文化的繁荣兴盛，就没有中华民族伟大复兴。"中华优秀传统文化是文化自信的丰富源泉，中华大地绚烂多彩的地域文化是中国优秀传统文化的支脉和根基。就文化发展本身而言，地域文化是中华文化的重要组成部分，对地域文化的保护就是在保护中华文化的多样性；对地域文化的传承与创新，就是在激发中华文化的生命力。地域文化是国家文化软实力的重要构成和来源，在增强国家文化软实力中发挥着独特的价值。"讲好中国故事，传播好中国声音"应充分利用这些地域文化资源，把中华文化最优秀、最璀璨、最智慧、最光辉的文明加以传承和传播，彰显各地域独树一帜的形象，向世界展现更加生动、立体、多样的中国形象。习近平总书记指出，文明因交流而多彩，文明因互鉴而丰富。"家国情怀"的民族精神又使得中国学者以及民间文艺工作者对地域文化持续保持热切的关注。

（一）　地域文化的认知

"地域文化"一词最早出现在 18 世纪中期。早在 1776 年亚当·斯密（Adam Smith）就系统地阐释了地域文化对区域经济的影响，他认为地域文化与所形成的地域价值观是经济发展至关重要的影响因素。对地域文化的理解认知，中国学者们各抒己见，路柳认为地域文化"是一门研究人类文化空间组合的地理人文学科，与文化地理学大同小异"。因此，地域文化亦可称之为"区域文化"。唐永进则把地域文化概括为一种"文化传统"，认为地域文化专指"中华大地特定区域源远流长、独具特色，传承至今仍发挥作用的文化传统"。李建平认为，地域文化研究和创新是经济社会发展到一定阶段的内在要求，是人们心灵对精神家园的回归性找寻，"是以地域为基础，以历史为主线，以景物为载体，以现实为表象，在社会进程中发挥作用的人文精神"，等等。

究其概念的模糊性，应与对"文化"这一概念的认识不一有关。地域文化研究当属文化研究范畴，在界定地域文化的概念和内涵时，必须借助文化概念研究的相关成果。广义的文化是"人类社会在历史的过程中所创造的物质财富和精神财富的总和"，包括四个层次：一是物态文化层，由物化的知识力量构成，它是人类物质生产活动及其产品的总和，是可感知的、具有物质实体的文化事物，如饮食、服饰、居住方式、交通工具、生产生活用品等。二是制度文化层，由人类在社会实践中建立的规范自身行为和调节相互关系的准则。包括社会经济制度、婚姻制度、家族制度、政治法律制度、民族、教育、科技、艺术组织等。三是行为文化层，是人际交往中约定俗成的以民风民俗形态出现，见之于日常起居动作之中，一种社会的、集体的行为，具有鲜明的民族、地域特色。四是心态文化层，由人类社会实践和意识活动中经过长期孕育而形成的人们的价值观念、审美情趣、思维方式以及由此而产生的文学艺术作品，这是文化的核心，也是文化的精华部分，包括宗教信仰、价值观念、法律政治等意识形态的东西。但学者在对"文化"概念进行阐述时都离不开一个核心，那就是人的行为。民族、国家、社会的个性是由不同的行为模式所决定的，行为模式决定思想方式，思想方式决定了价值取向。文化概念的厘清和阐释，对理解和把握地域文化的概念和内涵提供了重要方法和路径。基于"文化是一种行为模式，民族、国家、社会的个性是由不同的行为模式所决定的"这一论断，结合学者们对地域文化的理解，可以这样理解地域文化：它是在特定区域范围内人们在长期的社会实践中形成的，能够体现该群体的行为模式、生活方式、思维习惯、价值观念的独特的文化传统，一旦形成，就会相对稳定，深植于该地域人们的社会存在状态中，并对经济发展、社会变迁产生广泛而深远的影响。

这种文化不会因个人情感思维的变动而变动，它所凝聚的是在某一

空间范围内活动的人的行为习性及思维模式的总和，是群体性人格的总
体文化层次，包括精神领域及物质领域，且每种地域文化并非是一成不
变的，它会随着自然环境的改变以及人类社会群体的发展变化而不断
革新。

（二）地域文化的内涵

1. 地域文化的地域性特征

地域可视为某一特定的空间范围，且每种地域的范围大小受先天因
素和人为因素的影响，都具有鲜明的地域性特点，《周礼·地官·大司
徒》载："凡造都鄙，制其地域而封沟之。"这里的"地域"，是指地貌
特征及人为划分的地域形态，地域可体现某一地区的自然地理特征、气
候温度、植被矿物丰富程度以及人口密度等，继而各地域人们物质生产
活动的种植和制造也存在差异。

地域的属性不仅表现在其外貌和人为划分的层次上，它自身独特的
本质特色还影响着人们的生存发展，影响着人们的日常行为以及总的社
会进程。地域文化是在此基础上长期孕育形成的蕴含特定形态的一种文
化形式。地域文化是按照地域界定而出现的一种文化类型，是由于地理
环境和经济发展而在某一地域呈现出的有别于其他地域文化风貌的一种
文化形态。地域文化的地域性特征就成为审视一定地域范围内某一特质
文化的最基本的属性，是该地域文化区别于其他地域文化的本质特性。
就文化本身来看，每一种文化都有其地域性，文化都是在一定的自然环
境、特定的历史背景和一个空间范围内人们的行为活动相关，进而形成
独有的文化积淀，具有很强的地域性。所谓的"五里不同风，十里不
同俗"就是对因为地域的差异而导致民风民俗存在着差异性的形象性
说明。

中华大地幅员辽阔，古时交通、通信不便，行政区域内的活动相对
独立，因此在中国社会基层的行政区域——村落中极易形成封闭式的地

域性文化。正如费孝通在《乡土中国》一书中有这样一句话："乡土社会的生活是富于地方性的。地方性是指他们活动范围有地域上的限制，在区域间接触少，生活隔离，各自保持着独立的社会圈子。"中国长期的农业生产生活模式使得这种地域的封闭性保持较长的时段，也就易于形成一个地域就是一个地域的形态，构建起各地各自不同风格的文化形态，这也是地域文化的"乡土本色"。齐鲁文化、三秦文化、晋文化、湘湖文化、客家文化、荆楚文化、东北文化等均具有典型的地域文化特性，建筑、方言、饮食、服饰、民俗、民情等都有着明显的地域文化元素，外界识别度很高。如饮食文化方面，中国菜系种类繁多，因地理位置和气候条件影响，饮食口味、饮食方式、烹饪习惯、食材种类等明显形成不同地方风味：荆楚、川蜀地处潮湿，湘菜、川菜呈辣、麻的特点；山东盛产大葱，葱夹饼一大特色；东北冬季漫长寒冷，主要是烩炖一体；黄土高原沟壑少雨，多以杂粮为主。富有地域乡村生活意趣的民俗民风，让地域文化成为"有意思"的文化，如贵州凯里的斗牛、吉林查干湖的冬捕、肇兴侗寨的侗族大歌、陕北的腰鼓秧歌等。由此可见，地域文化的地域性表现在该文化的形成具有一定的地域范围，其所属的文化特征是本地区独有的、典型的，能够明显与其他地域文化相区别。它是一定地域内人们在长期的生产、生活中积淀而成的，在一定的地域范围内与环境相融合，并在社会历史的演进中不断被丰富、不断被传承，无论是物质文化，还是精神文化都展现出浓郁的地域色彩。

2. 地域文化的多元性特征

地域的差异性造成多元性，也构成地域文化的资源特色。地域文化的多元性特征表现在三个方面。第一，自然地理环境的差异性造就地域文化的多元性。地域文化是特定人群在特定时空范围内与自然环境、社会环境相互作用、相互影响的结果。人与自然环境的交互关系一直是文化的根源性问题，每个地域都有特殊的地理构造而赋予独具风情的山川景色，在与自然相处中，人们在地域奇观中形成了独特的智慧和人文情怀，不同地域下的人们都找到了与自然相处的方法，不同地域的发展模式也跟它的地理环境因素密切相连。山东泰山之巅的日出奇观带来的"一览众山小"的气魄；山西巍巍太行山下"锡崖沟村民用锤子和钢钎数十年凿出来的生命之路"以及"父辈修路、后人护路"的坚韧精神的传承；黄土高原贫瘠的山峁上嘹亮绵长的信天游，艰苦奋斗、乐观向上的精神成为陕北人的文化底色。自然环境的不同，使得人们在生产生活方式上、心理特征上存在较大差异，从而形成了不同地域空间中的文化模式、文化气质、文化精神。第二，文化表现形式的多样性造就了地域文化的多元性。历史文明发展的进步促使文化形态的多样化，在价值观念、信仰宗教、文化艺术、经济科技水平以及社会风气、生活方式等各个层面的多样性，使地域文化表现形式呈现出多元性。从地域文化的层次结构看，可将地域文化分为物质文化、制度文化、精神文化。从地域文化的类型分，又可划分为方言文化、历史文化、旅游文化、饮食文化、民俗文化等。除此之外，地域文化还有文化核心与文化表象之分，主流文化与非主流文化之分，原生文化与外来文化之分，这些不同层面、不同角度的区分，充分体现了地域文化表现形式的多样性和多元性。如我国历史上的仰韶文化、红山文化及良渚文化等多种文化形态，因地域形态、人文风土及信仰差异，各地域所制的陶器及玉器的形态样式、纹理都大不相同。第三，文明交流互鉴的融合性造就了地域文化的多元性。地域文化虽受地域封闭性的局限，但在历史进程中，封闭只是相对的，交流互鉴是文化的生命源泉。齐鲁文化是对齐文化和鲁文化的统称，两种文化在发展中逐渐有机地融合，形成了更加具有丰富历史内涵的齐鲁文化，齐文化尚功利求革新，鲁文化重伦理尊传统；历史悠久的江苏文化分为吴文化、金陵文化、淮扬文化、徐淮文化、苏东海洋文化等多个特色鲜明的次文化区；以太湖流域为中心，包括今江苏南部、浙江、安徽南部、江西东北部的吴越文化，在历史的激荡、流变与集成中形成了海纳百川、聪慧机敏、敢为人先的文化特质；以上海为中心形成的海派文化是中国传统文化谱系中最具兼容性的地域文化，是在东西方文化、古代与现代文化的碰撞融合中形成的。1843 年上海开埠以后，伴随着中外商贸的频繁往来、内地移民的大量迁入，各种文化也相继登岸。尤其是江南文化、中原文化和西方现代文明激荡融合，共同促成了海派文化兼容并蓄、多元共生的特点，实现了中华文明与现代世界的融合发展，有力推动了中华优秀传统文化随着时代变迁的拓展与革新。地域文化的多元性特征提示我们，在研究地域文化时，不仅体现了地域自然地理特色，更展现了某一地域人类社会发展的进程。

3. 地域文化的稳定性特征

地域文化的形成及发展是一个漫长的、长期积累的过程，它是基于一个地域范围内共同的语言、经济生产方式、文化生活形式以及共同的心理素质等因素发展而来，一经形成便具有相对的独立性和稳定性。

在各个地域间、各个民族间存在着许多文化差异，但在同一频道的文化区域内会形成以某一区域为中心的文化圈，有其相对的同一性。例如中国的周秦汉唐文化区域，以西安为中心；京派文化区域，以北京为中心；海派文化区域，以上海为中心；东北文化区域，以沈阳为中心；岭南文化区域，以广州为中心；中原文化区域，以洛阳为中心。例如诞生于黄河流域的齐鲁文化，由齐国实用主义的政治文化与鲁国的儒家文化融汇而成。齐鲁文化所彰显的民为邦本的民本思想、为政以德的伦理政治、自强不息的刚健精神、重义轻利的君子风范、家国同构的爱国情结蕴含了中国传统文化的精髓，对中华文明产生了深刻影响，是中国传统文化的重要组成部分，延续发展几千年而从未中断，即便地域文化在发展过程中会受到域外文化的影响，在两种或多种文化的交流和碰撞中该地域文化或吸纳、或融合，地域文化中的服饰、语言、建筑风格、风俗习惯、艺术形式等文化表现形式在发展过程中有所变化，但地域文化的价值理念、气质秉性、人文情怀等会顽强地保留下来，稳定地存在于该地域人们生活的诸多方面。一般而言，历史越是悠久的地域，其文化的稳定性就越强，这种稳定性支撑着地域文化的发展，是地域文化具有极强凝聚力的根本源泉。源自地域人们日常生活的地域文化，是该地域人们长期生活孕育的体现，表达着该地域人们最熟悉的文化因子，体现着相近的归属感和亲缘性，成为一种自觉而强大的凝聚地域人心的力量。地域文化稳定性特征造就的中国人凝聚力对中华民族几千年的团结友爱精神起到极为重要的作用。"家国情怀"是中国人精神基因，其根本内涵包括注重亲情、心怀家乡、家国同构，把人的情感从最亲近的家人推及自己的家乡再及自己的国家，这种情感是中国人特有的稳定的情感，是在理性基础之上产生的感性认同，数千年地域文化的滋养和沉淀，使中国人的个人价值更多地和国家社会联系起来，形成了荣辱与共的特殊情感。这种将个体与国家融为一体，互相支撑的理念促使爱国成为中国人普遍认可的道德准则。"中华文明源远流长，蕴育了中华民族的宝贵精神品格，培育了中国人民的崇高价值追求。"[①] 纵观人类社会发展的历史和现代化进程的实践，可以看到各不相同的文化传统和民族精神，成为不同国家人民各自具有的精神气质和文化特征的显著标志。地域文化在历经数千年深受文化冲撞的激荡和洗礼中，根植于中华大地的沃土之中，稳定地传承中华优秀传统文化的精神气质，培育着共同的民族精神，凝聚着共同的时代精神，坚守着共同的理想信念，整合着中国人的正能量，使中华文明绵延不绝，彰显着中华民族的民族性和民族精神，这正是中华民族屹立于世界民族之林的显著标志。

4. 地域文化的传承性特征

某一地域人们共同创造的物质财富、建立的知识体系、遵从的生活方式、行为规范和思想道德等，经过漫长的历史时期最终积淀在该地区的文化里，地域文化是地域环境赋予文化最原始的本质和特色，这些本

[①] 习近平在会见第四届全国道德规范及提名奖获得者时的讲话（2013-09-26）。

质和特色一般不会随着时代的发展而褪色，相反会呈现出越来越强大的生命力。"这种具有地域个性的文化现象，成为后来居住在这一地域的居民的人文环境，会世世代代影响他们的文化创造导向。"① 地域文化强大生命力主要在于地域文化在发展演变的过程中不是一成不变的，而是动态发展的，表现为延续性和传承性的特征。地域文化在与域外文化的交流和融合中对本地域文化不断地充实和丰富，被吸纳的域外文化在改良和发展后成为本地域文化的一部分被保留了下来，作为已融合为该地域文化的一部分被继承和发展。如形成于春秋时期的吴越文化，是隶属于长江中下游地区的地域文化。江南水乡优越的地理环境，吴越地区工商业发达、经济繁荣，塑造了江浙人开拓进取、经世致用、外柔内刚的人文传统。随着北方战乱纷争，一些有文化的世族逐渐南迁，将优秀的中华文化带入江南一带，先进文化与当地经世致用的实干思想结合起来，吴越文化中逐渐注入了"重文轻武"的特质，成为中国传统文化中精致典雅的代表。在中国历史上生活在一定地域的有识之士对当地的地域文化有深厚的感情，有一种使命在身的高度文化自觉，对地域文化发展历程和未来有充分的认识，形成一种相对完善的文化教育传承体系，办书院、办学堂，为地方经济的发展提供一定的人才保障，并促进了地域性文化的发展和传承。地方史志的编撰，家族制的编撰，以及一些文献资料得以传承，地域性文化不断得以挖掘，不断得以保护传承和发展，不仅使各地地域文化得以延续，也使中华文明得以传承。但随着全球化、工业化、城镇化进程的加快，一些传统的地域文化因生存土壤、社会环境、后继无人等因素，正面临瓦解和消亡，一些珍贵的地域文化如传统民居建筑、历史街区、农业生产劳作工艺、民间服饰、风俗礼仪、民间演艺等需要创新性传承。如何对地域文化进行创造性转化和创新性发展是地域文化保持传承性的一项重大课题和重要使命。

---

① 柳诒徵：《中国文化史》，上海：中国大百科全书出版社，1985 年。

（三）地域文化的表现形式

文化的表现形式是文化内容的载体，它是指一定地域范围内的个人或群体创造的地域文化呈现出的外在形态。地域文化表现形式体现了该地域范围内人们的理想信念、价值观念、道德品质及风俗习惯，而且这种表现形式在世代相传的过程中，由当地人民群众不断融入当时当下的社会历史文化元素，历经模仿、再创造的过程，使无形的文化具象化，在漫漫历史长河中被传承、被记忆。地域文化表现形式与文化内容本身是一个相互影响、相互促进的过程，文化表现形式赋予文化精神具体形态，更能被人们感知和内化，从而产生新的文化内容；文化内容的不断增益，使人们探索更多的、更丰富的、更契合的表现形式，使文化表现形式不断丰富。由于文化内容的多样性，文化表现形式也呈现出丰富多彩的形态。具体包括以下几个方面：①口语表达类。是指通过方言、歌唱等口口相传的方式进行文化传承。例如神话、传说、民歌、民间故事、地方戏曲等。②书面表达类。是指以文字、图案为载体，将文化内容进行传承的方式。例如诗歌、小说等文学、历史著作，及绘画、书法、剪纸艺术等。③行为表达类。例如舞蹈、戏剧、杂技等表演艺术。④工艺造型类。例如雕塑、雕刻、工艺、建筑、民间手工技艺等。⑤风俗习惯类。例如服饰习俗、饮食习俗、丧葬习俗、岁时节令习俗等。地域文化表现形式依托于个体的人而存在，以声音、行为、形象、技艺为表现手段，是一定地域内人民群众生产生活方式的体现，是文化内容的具象呈现，是"活的"、看得见、听得着、摸得到的文化。文化的表现形式也是与时俱进，互联网、数字化、科技赋能让文化表现形式日趋多样丰富精彩，也使传统地域文化焕发新的生命力，以现代表达形式传递地域文化内在核心气质。

（四）弘扬地域文化的实践价值

"培育和弘扬社会主义核心价值观必须立足中华优秀传统文化。牢固的核心价值观，都有其固有的根本。抛弃传统、丢掉根本，就等于割断了自己的精神命脉。"① 习近平总书记从国家文化发展战略的高度指出中华优秀传统文化中合理因素在当前中国特色社会主义文化建设中的重要作用。

1. 弘扬地域文化是传承民族优秀传统文化的内在要求

中华传统文化是共性和个性的统一，共性寓于个性之中，个性又体现并丰富着共性。中华文化博大精深、源远流长，最显著的特点就是文化的多元性和丰富性，而这一多元和丰富，来源于风格各异、兼容并蓄又各具特色的地域文化。各地的地域文化在其形成和发展过程中受到当地自然风貌、经济发展、民俗风格的影响，具有比较鲜明的地域特色，展现出与众不同、风格各异的精神魅力。正是地域文化鲜明的个性特征和洋溢的个性魅力汇聚形成了中华传统文化的璀璨光芒，构筑了中华民族灿烂深厚的精神命脉。中华大地幅员辽阔，所诞生的地域文化数量众多、形式多样，而且具有坚强的生命力，以及顽强的渗透力。无论是传统文化的发展和继承，还是民族精神的提炼和升华，都与地域文化的兴衰、起伏息息相关。因此，重视地域文化价值，挖掘地域文化的深层内涵，是对中华传统文化丰富内涵和中华民族精神的一种解剖、继承和弘扬。要结合不同的地域、不同的民族传统，加以创造性的应用为各地区因地制宜贯彻落实"立足中华优秀传统文化，建设社会主义核心价值观"打下了坚实基础。中华传统文化的优秀因子和个性魅力，往往根植于地域文化之中，因此，传承和挖掘地域文化就是继承和发扬民族优

---

① 习近平：《把培育和弘扬社会主义核心价值观作为凝魂聚气强基固本的基础工程》，人民日报，2014-2-26。

秀文化的必然要求。要引导指导好人民自发开展的地域文化活动，如用地方戏、民间音乐唱好时代主旋律，用剪纸、书画、泥塑等地域文化符号表现好当地经济社会繁荣稳定、民族团结和睦、人民乐业安康的新图景，用新技术新传媒使传统地域文化焕发新的生机和活力，推动地域文化不断传承与创新，让中华优秀传统文化在各地地域文化传承中凝聚成全体人民团结奋斗的共同思想基础和精神动力。

2. 弘扬地域文化是发展社会主义先进文化的时代需求

我国国家制度和国家治理体系具有"坚持共同的理想信念、价值理念、道德观念，弘扬中华优秀传统文化、革命文化、社会主义先进文化，促进全体人民在思想上精神上紧紧团结在一起的显著优势"。发展社会主义先进文化、广泛凝聚人民精神力量，是国家治理体系和治理能力现代化的深厚支撑。千百年来，在中华大地上不同社会结构和发展水平的地域自然地理环境、政治经济情况、资源禀赋、民俗习惯，孕育了不同特质、各具特色的文化，这些发源于特定地域的文化源远流长，至今仍发挥重要作用。这些地域文化在长久的历史积淀中，蕴含了中华文化的强大基因，为当地人文传承、经济繁荣、社会稳定做出了重要贡献。丰富多彩的地域文化相互包容、相辅相成、和谐共生，成为中华民族自古而今生生不息的重要原因，中华文明也因此绵延几千年没有中断，成为世界文明发展史上一道独特的风景。但是，站在历史发展方位审视地域文化，还存在一定历史局限性，还有着与时代经济社会发展不相适应的因素，需要在传承与创新地域文化中不断激扬浊清，赋予地域文化新内涵，把握地域文化传承与创新的正确方向。地域文化的多样性和精神内涵与社会主义现代化发展和全面建设小康社会的精神内涵是一致的，符合广大人民群众日益增长的物质文化与精神文化的时代需求。让地域文化成为社会主义先进文化多样性和时代精神的具体展现，地域文化中许多传统节令寓意深厚，蕴含着社会主义文化的活水源头，能在社会主义文明建设中凝聚人心、教育群众，以当地人喜闻乐见的方式充实当地人的精神生活和文化生活，独特的地域文化在推动文明建设中具有更深沉、更持久的力量，并随着时代的不断变迁呈现出新的、与时俱进的精神风貌。丰富多彩、形式多样的地域文化成为社会主义先进文化的组成部分，既相互融合，又相互影响，引导、鼓励、发展积极向上、努力进取的地域文化，既是地域经济发展、社会和谐的内在要求，又是社会主义先进文化不断发展、不断创新、不断升华的根基所在和力量源泉。

3. 弘扬地域文化是实现中华民族伟大复兴的现实需要

我国幅员辽阔、民族众多，各地的地理环境和人文条件不尽相同，在经济发展、社会环境、生活状态方面存在着明显差异。而这种差异和不平衡性集中体现在一个地区人民群体的价值取向、行为模式和精神素质当中。我们要全面走向现代化，实现中华民族的伟大复兴，就必须从实际出发，因地制宜，采取灵活多样、侧重不同的文化发展战略，以文化带动经济、政治、环境的协调发展，最终实现地域乃至国家整体的提升和进步。习近平总书记提出，要大力推进新时代文明实践中心建设，培育文明乡风、良好家风、淳朴民风，改善农民精神风貌，提高乡村社会文明程度，焕发乡村文明新气象。地域文化蕴含着中华民族几千年来弥足珍贵的性格品质和人文精神，地域历史文化名人是地域文化资源的优势所在，各个地区应立足于本地地域文化特征和现实，不断弘扬本地域良好的人文精神，这种人文精神会熏陶和影响一代又一代的当地人民，激励着后辈继承前辈优良传统，一代接一代建设美好家园，中国优秀传统文化的"家国情怀"就是这种人文精神的直接体现。在新时代使其在多样化和多层次的发展中不断与主流文化相互融合，不断使其丰富，充分发挥文化的思想信仰、价值追求的导向激励作用，为实现伟大"中国梦"提供强大精神力量。另外，立足地域文化资源现实，深挖文化资源优势，大力发展文化产业，打造文化品牌，树立地域形象，不断促进区域经济、社会发展。地域文化与科技、金融、文化创意等产业相互间的融合，重新定位和定义各个行业的角色，通过"传统文化+文创产业""传统文化+旅游产业"和"传统文化+科技赋能"等途径将富有特色的传统地域文化资源，与实用产品相融合，赋予实用性产品新的文化内涵，增加新的附加值，同时，创造出新的审美需求，以同一种产品同时满足人的物质需求与精神的审美需求，融入发展新格局的产业经济振兴之路，提高社会经济高质量发展。

二、 地域形象是表达与意蕴

（一） 地域形象的内涵

关于地域形象的概念，诸多学者看法不尽相同。构成地域形象的要素很多，有形的物态化要素如地形地貌、居住建筑、道路交通、生产生活工具等，还有无形的精神要素如民情民风、文化氛围、个性特征、行为作风等地域形象中最具特色的内涵所在，这些蕴含地域历史韵味的要素构成了本地域独特的印记。地域形象是本地域外在物质形象与内在精神层次的综合反映，既可表现一个地域实力和外在发展状况，又可表现地域的未来发展前景以及外界对它的总体看法和评价。地域形象是本地域外在形象与内在文化素养的统一，是物质文明与精神文明的总体映射。地域形象也是本地域在政治、经济、社会、文化、环境等诸多因素综合考量下的综合实力的外在呈现，是一个地域核心竞争力的具体表现。目前地域形象也可视为一种品牌，一种标志，是实现区域可持续发展的重要手段，是区域社会经济建设的战略所在。

城市形象对本地域建设具有极为重要的价值，良好的城市地域形象能营造出良好的地域个性与环境特色，有利于调节地域文化生态，对内可以满足本地人民精神文化诉求，形成文化认同，极大提升地域人民的文化自信，形成心齐、气顺、劲足的发展热情；对外可以塑造该地域独特的精神气质和地域面貌，带动相关产业发展，提升地域知名度，产生强大吸引力，吸引域外各方力量共同参与地域社会经济建设，从而打造真正属于自身的品牌，提高综合实力。

（二）地域形象的塑造

地域形象的塑造是一个复杂而漫长的过程，是一个地域自然地理环境、经济发展水平、文化资源特质、社会环境基础等多种因素相互影响、相互协调的综合展现。在诸多影响地域形象构建的因素中，地域文化作为地域历史传统的载体，保留着地域发展、演变的记忆，是地域形象构建的根基和灵魂。地域文化的价值认知、创新转化、整体协调等方面对地域形象的塑造起着至关重要的作用。

第一，对地域文化资源的认知。自信源于自知，自知才能弘扬。习近平总书记曾谈及弘扬中华优秀传统文化，增强文化自信时提出"四个讲清楚"，即"要讲清楚每个国家和民族的历史传统、文化积淀、基本国情不同，其发展道路必然有着自己的特色；讲清楚中华文化积淀着中华民族最深沉的精神追求，是中华民族生生不息、发展壮大的丰厚滋养；讲清楚中华优秀传统文化是中华民族的突出优势，是我们最深厚的文化软实力；讲清楚中国特色社会主义植根于中华文化沃土、反映中国人民意愿、适应中国和时代发展进步要求，有着深厚历史渊源和广泛现实基础"。[①] 社会学家费孝通先生提出"文化自觉"，他说："文化自觉是指生活在一定文化中的人对其文化有'自知之明'，明白它的来历、形成过程、所具有的特色。"[②] "跨文化交流的基础，就是从认识自己开始。" 对于地域文化资源而言更应该进行挖掘和梳理，要"讲清楚"，要正确理解和认知地域文化的发展历程，搞清楚其发展脉络，认知其间

---

① 习近平：《习近平谈治国理政》，北京：外文出版社，2014。
② 费宗惠、张荣华：《费孝通论文化自觉》，呼和浩特：内蒙古人民出版社，2009 年。

的发展演变，要有科学地对待地域文化的辩证思维，充分认识其精华，剔除其封建性的糟粕和不合理的成分，去粗求精，去伪存真，古为今用，推陈出新，注重时代的融入性，进行现代价值转换，让地域文化既保持其独特性又具有时代性，使其在地域形象塑造中与时俱进。

第二，对地域文化新路径的切入。20 世纪以来，人们对于地域文化的研究不断深入和发展，地域本身独具一格的历史文化特性逐渐清晰，对于地域形象塑造的价值也日益显现，地域独有的历史韵味和文化底蕴，又针对性和明确性地体现了地域本身的特质所在。善于找到历史与现实、传统与时尚的切入点，塑造以地域文化特色为抓手的地域形象，将当地的自然地理、人文风土以及人类历史文化等多种本土因素融入形象塑造中，塑造特色的、典型的地域形象，避免"千城一面"，避免目前地域形象塑造中严重的"同质化"现象，凸显地域本身的价值，让地域形象呈现出更加独特、更加时尚、更加饱满、更加立体的状态。找准地域文化新路径新表达，对传统地域文化进行创新，让厚重的历史显示出时代的光芒，对提升地域知名度、打造国内外新形象具有战略意义。通过新的技术手段和材料设备，用科学的方式展现传统文化，使地域文化在地域形象中既赋予历史感又能展现时代感和生命力。

第三，对地域形象整体协调规划。地域形象塑造是一项政策性活动，包含了地域政府的意志，和在此意志下的对区域发展的规划和建设。地域形象塑造的目的是提高区域经济发展竞争力，通过提升地域投资环境和发展环境，促进地域的可持续发展。这就要求在进行地域形象塑造中坚持从区域发展实际出发，以区域发展现状作为区域形象构建的基础，在发展经济的同时，兼顾文化、生态、人居环境等多个方面的因素。塑造地域形象是一个可持续发展的动态过程，不仅要立足地域实际，也要兼顾地域未来发展需求，找准地域发展方向，避免为发展经济而忽略其他构成要素的行为，如自然生态环境的保护，既要绿水青山又要金山银山，"因为只有最清澈的湖水才能留住它"让自然与人类和谐相处，"天人合一"的中国优秀传统理念在地域文化中永保存，在地域形象塑造中得以贯彻，让绿色生态可持续性发展成为地域形象美的核心竞争力。人的因素在地域形象中也占据重要地位，本地域人们的文化素养、文明礼仪直接影响地域形象。传承地域文化优秀的道德品质基因，弘扬中华传统文化美德，践行社会主义核心价值观，增强地域人们的归属感、亲切感、责任感、自豪感，让美好道德风尚成为本地域的最亮丽的形象。地域形象的塑造是一项整体统筹推进的动态活动，是地域综合实力的集中考量。

三、 文化传承与地域形象

如果说一个国家的民族精神和历史文化底蕴是构建国家形象的重要因素，那么地域文化则是地域内人文精神最直接的表现，是塑造地域形象文化品位的重要因素。地域文化彰显地域形象的作用机理涉及三个方面的问题：一是地域文化在哪些方面会对地域形象产生影响，也就是说地域文化对地域形象的作用主体是什么；二是地域文化会影响地域形象的哪些方面，也就是说受制于地域文化的地域形象客体有哪些；三是在前两个方面的基础上明确地域文化对区域形象的作用机理。

一是地域文化对地域形象的作用主体。文化是一个综合而复杂的系统，不同的地域文化会对区域形象产生不同的影响。从文化本质来看，地域文化对区域形象的作用主体主要是通过地域文化观念、地域文化表现形式和地域文化需求等对地域形象产生作用。地域文化观念方面，地域形象是由社会各项活动组成，是作为群体的人的行为活动，这种行为活动由一定的观念、意识、思想和精神决定。不同的地域文化具有不同的文化观念和文化价值观，这些观念会引起截然不同的群体行为，从而导致不同的活动结果，呈现出不同的地域形象。文化表现形式方面，地域文化通过一定的外在形式表现出来，表现形式的差异展现了地域文化

观念、文化精神和作为整体的文化发展的不同侧重面，而这种差异会从
人的行为方式、经济发展方式和社会环境等多方面对地域形象产生影
响。地域文化需求方面，需求是人行为的原动力，也是经济发展、社会
进步的出发点。随着社会经济水平的不断提高，人的需求也在不断改
变，尤其是在物质已被极大满足的现在，人们的精神需求、文化需求越
来越被看重。文化、精神方面的需求促进了相关经济的发展，从而对地
域形象产生了极大影响。

　　二是地域文化对区域形象的作用客体。地域文化对地域形象的作用
客体的影响表现在多个方面，也体现在地域形象发展过程中的各个环
节。总的来看，受制于地域文化的地域形象客体主要包括作为主体的
人、地域经济和区域社会环境等方面。个人是地域形象作用客体的最小
单位，会受到来自历史、社会、文化等各方面因素的制约，规约着进一
步发展的方向和格局，马克思说，"人们自己创造自己的历史，但是他
们并不是随心所欲地创造，并不是在他们自己选定的条件下创造，而是
在直接碰到的、既定的、从过去承继下来的条件下创造"①。个体不能
脱离其既定的、直接碰到的社会环境，个体是社会的存在，具有鲜明的
社会属性，在其成长过程中必然经历地域文化的熏陶，并习得具有特定
地域文化色彩的文化理念、文化规范、文化价值等，在具体实践活动
中，个人总是有意无意地按照自身已有的价值规范行动，并通过其实践
活动对地域形象的塑造再创造，从而对地域形象的发展产生影响。城市
形象承载了融汇多种形态的地域文化，深受地域文化的影响，形成了最
具个性的地域形象，这种地域形象将富有独特意味的文化形式加以彰
显，体现出本地域历代人们的性格特征，建构起本地域的总体意韵。地
域文化对区域经济的作用过程，体现在经济活动的方方面面，例如地域
产业结构、地域经济发展模式、地域经济的管理模式及地域经济的系统

_____

　　① 《马克思恩格斯选集（第一卷）》，北京：人民出版社，1972 年。

结构等。地域文化对经济发展的作用方式一方面表现在通过文化观念、文化审美等对地域产品的特定需求产生影响，对发展文化产业业态起到方向性指导；另一方面表现在一定地域文化下所选择的经济发展模式和与之相适应的经济制度。地域文化对地域社会发展的影响主要表现在以人为单位的实践主体和经济发展现实相互作用下的社会氛围，这是一个相对宏观的概念。也就是说在人的选择和经济发展条件下，经济基础决定上层建筑，从而形成的法律法规、意识形态，这些因素又反过来影响着经济发展和个体实践。文化是地域发展的精神支柱，是地域特有的资本，地域文化的丰富性使地域社会环境具有特殊色彩，这是地域文化潜在的价值和内涵，是地域发展的稀缺资源，地域文化这种独有性能有效形成地域特色，丰富地域社会环境，展现地域独有魅力，良好的社会环境能促进人们强烈的认同感与归属感，为地域形象的塑造注入新的生命力，也能带动经济投资。不论是地域文明生态建设、人居环境设计，还是城市文化景观的创设，都离不开地域人文内涵的滋养，在这一背景下，理想地域形象迫切需要实现人文转向，实现经济发展与人文滋养的和谐统一，培育良好的地域社会环境是推动本地域生存和发展的战略性资源。

三是地域文化对地域形象的作用机理。第一，地域文化对个体意识与行为的影响。人作为区域发展的主体，总会受到地域文化潜移默化的影响，这种影响分为积极与消极两个方面。积极的、务实的、进取的地域文化会鼓励和激励个人参与社会实践，并在社会实践中最大限度地开发主观能动性，善于思考、勇于创新。消极的、内敛的、僵化的地域文化会抑制和限制人的行为活动，使人产生一种安分守己、不思进取、安于现状的意识，既不利于个体的发展，也反过来阻碍了经济的发展和社会的进步。本地域人们的素质和精神风貌成为地域人文性建构的主要内容，人们的精神风貌能对地域发展造成良性或恶性循环，文化的教育意义和审美意义在地域建设中起到重大影响。第二，地域文化对地域经济发展的影响明显而又深远。海纳百川、多元共存的开放包容精神会表现出宽容、宽松的经济环境，由于排他性小、创新性强等特点，会使经济发展产生活跃、自由的发展状态，产品结构和产业结构更加多元，金融环境更加优良，极大地促进经济的可持续发展。内敛封闭、守旧僵化的地域文化会抑制经济要素的流通，倾向于内向性产业结构，产品结构较单一，生产特点为自给自足、自产自销，往往满足于初级产品的加工和资源型产业的固守，极大地抑制了区域经济的持续、健康发展。第三，地域文化对地域社会环境的影响。这里的社会环境主要指的是组织生存和发展的具体环境，包括公共秩序、社会风气、社会治安、人际关系、思想观念等因素。具有良好的地域文化，对社会环境的营造具有促进作用，从而形成风清气正的社会风气，健康有序的公共秩序，安全良好的社会治安，和谐融洽的人际管理，从而对经济发展、地域形象的塑造起到积极的作用。相反，地域文化偏内倾、保守的区域，会对其社会环境起到消极的抑制作用。

地域形象不仅要研究地域的面貌、环境建筑以及现代化科技的展现，更要透过地域优秀文化基因凸显它的特质和精神。地域文化所展现的地域发展脉络，体现的地域生存理念、文化底蕴、人文精神，对地域形象的整体塑造和发展具有引导作用，传承和创新地域文化，使地域形象能在发展中保持自身特色，掌握规整自身的形象。

四、 地域文化传承的时代性

地域文化与地域形象是随着时代前进发展变化的。文化就是一种记忆，是人们从过去现在，一直延续至未来的记忆，有了文化传承才有了中华文明的一脉相承。地域文化是地域的记忆，越长久的地域历史越能体现地域文化价值。

地域文化作为中华民族优秀传统文化的重要组成部分之一，是中华文化多样性发展的载体和体现，是中华文化多元绽放和孕育民族精神的基础。实现了中华传统文化的积累与推进，培育、升华了中华民族精神，地域文化的肥沃土壤积淀了中华民族最深层的精神追求，蕴含了中华民族独特的精神标识。地域文化不仅呈现出绚丽多姿的风采，而且具有相对稳定和有序的传承基础。在社会现代化进程中，地域文化不应在现代化发展形势下日渐衰微甚至消逝，各地内涵丰富的地域文化是中华文化的财富，是维系民族团结的重要因素，这种有形或无形的文化宝库应得到真正的重视和发展，正如冯骥才所说："如果文化消失了，民族也就没了。"

传承中华优秀传统文化是责任和担当。文化有着时代发展的现实表达，与时代发展紧密相关，是保持文化生命力的重要途径。"要坚持古为今用、以古鉴今，坚持有鉴别的对待、有扬弃的继承，而不能搞厚古薄今、以古非今，努力实现传统文化的创造性转化、创新性发展，使之与现实文化相融相通，共同服务以文化人的时代任务。"① 以时代精神激活文化的生命力、挖掘文化的软实力，是中国特色社会主义文化发展的新阶段的要求。承载地域形象塑造的地域文化在新的历史时期，抓住新时代中国特色社会主义文化建设的重大历史机遇，推动地域文化实现创造性转化和创新性发展，根据时代发展需要从丰富多彩的地域文化资源中寻找最具有民族特色、最神韵的内涵，融合时代技术，满足人们时代审美的文化需求，让地域文化不断升级，保持旺盛的生命力和核心竞争力。

加强文化传承的时代性是时代发展必然要求。现代化的发展浪潮在不断推动文化的创新，文化的国际化、现代化步伐也在进一步加快。"人类命运共同体"的提出、改革开放进一步深化，现代化的发展浪潮

---

① 习近平：《在纪念孔子诞辰 2565 周年国际学术研讨会暨国际儒学联合会第五届会员大会开幕式上的讲话》，人民日报，2014-9-25。

以不可遏制的态势向文化领域渗透。现代化进程不仅体现在农业经济向工业经济的转变，农业文明向工业文明迈进中，时代已经从工业文明、科技文明拓展到生态文明、精神文明的现代化进程中。21世纪新材料、新能源、生物技术等新型科技的创新发展给文化领域带来颠覆性的变革，科技极大地改变文化的各个方面，新产业、新业态、新空间、新表达，渗透到当今社会人们生活的方方面面，传承时代性的特征越发明显。时代的发展使得人们对高质量文化需求呈现增长态势，人们从娱乐性消费向知识性文化消费的升级转变，文化科学素质的提高，使人们认知水平和审美要求进一步提高。科学技术的大发展直接促成高质量文化需求的满足，文化想象可以变成文化现实。文化大数据、数字内容、媒体融合、智慧文旅、人工智能、数字文博等领域成为产业融合的新热点，并向文化遗产资源、场馆教育、演艺娱乐、全媒体等行业渗透，不断催生出新场景、新模式、新业态。文化产业通过改变传统产业生产方式，形成开放的、网络化和智能化的新型文化生产体系，激发产业发展新动能，如传统文化资源依托数字前沿技术，可以有效促进传统文化的创新价值提炼和文化再传播。借助数字科技技术、新媒体传播手段以及动漫、游戏、直播等各种数字文化产业新业态，地域文化中珍贵的"非遗"资源价值得以再生，"非遗+旅游""非遗+文创""非遗+影像"大大提升了文化旅游的内涵价值，"非遗"内容从乡村地域的局限中走出，融入城市文化建设当中，广泛连接更多群体，融入日益多元、快速变化的时代社会生活中，有效激活"非遗"与现代文化之间的交互，为中国"非遗"文化走出去提供更多的中国特色素材，促进中国文化内容在全球范围内获得更多关注。线上服务模式、产业数字化、个体经济、共享经济等领域，进一步为新兴文化产业的培育提供土壤，地域文化优势明显的乡村、县城，获得更广阔的发展基础，与现代农业、智慧乡村、乡村旅游、大康养等领域融合发力，在生态文明建设的推进中践行"绿水青山就是金山银山"的新发展理念，县域美学经济融合地域文化、生态环境、新经济模式成为新兴发展地域模式，承载着文化传承的强烈时代特征。

加强文化传承的时代性是保持地域文化生命力的要求。地域文化强大的生命力就在于创新，坚持革新、坚持开拓，顺应时代发展，接受现代文明的冲击。"中国人民的理想和奋斗，中国人民的价值观和精神世界，是始终深深植根于中国优秀传统文化沃土之中的，同时又是随着历史和时代前进而不断与日俱新、与时俱进的。""只有坚持从历史走向未来，从延续民族文化血脉中开拓前进，我们才能做好今天的事业"。① 地域文化并非能一味地"拿来"，而是要与日俱新、与时俱进、取其精华。传统中国是以农业为基础的，乡土中国是中国社会长期存在的社会形态，地域文化深根于农耕文化，并刻有封建意识形态的印记，或多或少都会存在保守、落后等不同于现代社会的文化风气，这种负面的影响和作用正是我们继承传统与走向现代所面临的必然挑战。在看待传承地域文化的问题上，既要看到它的民族独特性又要认清它的时代局限性，既要打破"地域藩篱"封闭式思维定式，又要挖掘"地域元素"独特的价值，让地域文化走出地理环境和历史人文限定，通过新的技术手段和材料设备，用科学的方式展现传统文化，使地域文化凝练出符合时代需要的地域文化符号和文化精神，推进具有地域文化元素与现代文明要素的相互融合、相互渗透，促进要素资源的合理流动和优化配置，建立协同推进多方协同的融合式发展模式。推动地域文化高品质发展，新时代人民对文化产品的需求更加凸显精细化和高品质，依据国家文化建设发展纲要总体要求，结合本地域发展实际，以文化创新为根本途径，激活文化需求，推动地域文化新业态、新产业的滋生。如文化遗产价值创新转换，文化遗产承载着我国传统文化的基因，保护和传承文化遗产也

---

① 习近平：《在纪念孔子诞辰 2565 周年国际学术研讨会暨国际儒学联合会第五届会员大会开幕式上的讲话》，人民日报，2014-9-25。

是国家软实力提升的体现。把握传统文化珍贵的独特性，深入提炼传统文化的核心内涵与新时代文化需求的交叉点，通过创新生产方式为传统文化注入新活力，以文化地域空间为载体进行整体性保护，运用全媒体创新传播方式，实现传统文化从保护到活化，促进文化遗产价值的创新转换，延续中华民族文化精神根脉。要建立促进传统地域文化发展的保障制度，从资本引进、科技融入、人才培养、平台建设等方面为地域文化创造性转化和创新性发展注入新的动力和活力，加快数字化建设，加大线上数字文化资源开放，不断整合资源、创新提升服务质量，丰富文化产品与服务供给，推进公共文化服务平台提质增效，为文化交流和传播提供更便捷、安全、优化的服务，让更多的人感受到地域文化的魅力，提高对地域文化的关注。

加强文化传承的时代性是树立区域形象的需要。文化是一个国家核心竞争力的重要组成部分，文化成为区域形象最直接、最直观、最有效的表达方式。无论国家形象还是地方形象，文化建设成为重点领域。党的十九届五中全会通过的《中共中央关于制定国民经济和社会发展第十四个五年规划和二〇三五年远景目标的建议》，明确提出到2035年建成文化强国的远景目标，并强调在十四五时期推进社会主义文化强国建设。这是以习近平同志为核心的党中央基于历史和现实、着眼全局和长远做出的战略决策，标志着我国文化建设在"两个一百年"奋斗目标接续推进中进入了一个新的历史阶段。在新的历史起点上推进文化强国建设，担负起新的文化使命，加快建设与我国深厚文化底蕴和丰富文化资源相匹配、与新时代中国特色社会主义事业总体布局和战略布局相适应、与建设富强民主文明和谐美丽的社会主义现代化强国相承接的社会主义文化强国，显著增强国家文化软实力。做好与"一带一路"沿线国家的文化交流合作，发挥我国独特的文化资源有着深厚文化底蕴，讲好中国故事，传播好中国声音，充分发挥文化潜移默化的影响作用，使这些文化资源在共建"一带一路"倡议中发挥独有的文化价值，把

"中国梦"同周边各国人民过上美好生活的愿望、同地区发展的前景对接起来，促进民心相通，促进中华文化走出去，推动各民族之间文化相互认同，树立良好的国家形象。国家形象不仅是一个国家综合发展水平的体现，也代表了一个国家的发展品位、国家精神的价值取向。

在世界全球化时代，国家形象已成为国家间博弈的重要变量，需要精准定位传播和维护自己的国家形象。在历史上，中华文明在推动人类发展进程中起到过积极的作用，用自己卓越的文明塑造了辉煌的国家形象，赢得了世界的尊重。新时代，我们借助经济开放形象、精神文明形象、地域优势形象，塑造良好的国民素质形象，走上了国家形象与国家利益互相促进、共同发展的良性循环轨道。

第二章

气质与内涵——陕西地域文化的撷取述评

如果说地域形象如一个人"腹有诗书气自华"的外在气质，那么地域文化就是"诗书"本身。

陕西地处中国大陆中心，南依秦岭，东傍黄河，北接草原，西临牧场，南北跨度较大，地理与气候环境多样，依据地域条件天然分为三大区域——陕北、关中、陕南。关中号称"八百里秦川"，地形平坦、阡陌纵横、沃野千里，自古就为农耕的优产区，优越的地理条件在农耕社会无疑成为国都首选。周秦汉唐的兴盛，使关中地区成为中华民族主体文化发展的核心区域，物产资源的丰富及国都文化的影响共同滋养了关中地区豪迈朴实、真诚大气的地域生活图景，成就了豁达、包容、进取的文化精神。陕北为黄土高原地形，梁卯沟壑纵横，气候干燥少雨，地处与少数游牧民族交接区，是中原农耕文明与草原游牧文明的交融区。黄河孕育了华夏民族早期的文明，红色革命的激荡让黄土地更加热烈雄壮，艰苦朴素、自力更生的奋斗精神成为陕北的符号与地域名片。陕南地处秦巴山区，山地与盆地并存，河网水系发达，气候湿润多雨，山水田园景观氛围浓郁，是荆楚巴蜀与关中文化交流的叠合区，钟灵毓秀多元文化的交汇生发出陕南自由恬淡、浪漫开放的地域文化习俗。

俗话说"一方水土养一方人"，说的是地理环境对文化养成的影响力，同时地域文化的养成还要受到政治历史经济等多方面的影响。对于陕西地域文化而言，更是如此。在唐之前陕西地域文化不是一般意义上的地域文化，是国都文化，是作为主体文化不断融合其他地域文化的一种庞大文化体系，所以陕西的地域文化资源非常丰富，文物遗产、民俗民情、文学艺术、思想制度等曾长期处于辉煌地位，其蕴含的精神内涵也是极为丰腴。要将陕西地域文化立于历史时间坐标去认知，深入挖掘其历史文化内涵，对弘扬、传承、践行陕西地域文化，提升陕西新形象具有现实意义。

一、 历史的见证： 文物遗迹

一个民族文化的根基，一种精神文明的传承，都需要载体，文物遗迹就是这样的载体。文物遗迹用一段地基、一片瓦砾、一些器皿、一幅画卷、一座雕刻等让文明从记忆尘封中一点点浮现出来，告知人们它们与前朝后世千丝万缕的关系，让人类文明的轨迹在历史遗迹不断发掘中渐趋明晰，千年历史遗存承载着悠久文明和民族记忆。

素有"考古大省""文物大省"之称的陕西，历史遗存非常丰富，时间跨度长。有旧石器时代的蓝田猿人遗址，新石器时代的西安半坡遗址，有距今5000多年的中华始祖轩辕黄帝陵，3000年前的西周都城遗址和周原遗址，2000多年前的秦阿房宫遗址，有汉长乐宫、未央宫和建章宫及长安古城遗址，唐大明宫、兴庆宫遗址及明城墙遗址等。2020年度全国十大考古新发现揭晓，陕西又有西安少陵原十六国大墓入选。作为文博大省，陕西拥有着众多的文物保护部门，如陕西历史博物馆、秦始皇陵博物院、汉阳陵博物馆、乾陵博物馆、大唐西市博物馆、西安半坡博物馆、西安碑林博物馆等，这里收藏和保护着大量珍贵历史物件，是中国历史演进的鲜活物证。西安作为陕西的省会城市，曾经的十三朝古都，古称"长安""京兆"，是举世闻名的世界四大古都之一，是中国历史上建都时间最长、建都朝代最多、影响力最大的都城。2017年西安高陵杨官寨遗址发现完整的城壕、水池、墓葬，将中国城市历史推进到了约5500年前的新石器时代晚期，这里很可能就是"中国最早城市"的雏形，并为后来国家的起源、中华文明的起源奠定了基础。

史前时期的众多聚落遗址和大型城址，以及闻名遐迩的都邑遗址和帝王陵墓，它们共同见证了中华文明自诞生之日起，就延绵至今且未曾中断的强大生命力，体现了古代先民无与伦比的创造性、人与自然的和谐性和精神追求的探索性。

陕西的古遗址、古墓葬依次排列起来就是华夏民族早期以及周秦汉唐王朝历史演进的真实见证。蓝田猿人遗址、半坡遗址见证了早期人类在陕西的足迹；炎黄两帝陵见证了华夏始祖；石峁遗址成为见证中华文明起源的窗口；周原遗址见证了西周文明；秦都雍城遗址、秦咸阳城遗址、秦始皇陵见证了中国第一个封建王朝的发展变迁；汉长安城遗址见证了大汉雄风；唐大明宫遗址、唐昭陵、唐乾陵、华清池、乐游原遗址等以历史的真实见证了强大繁荣开放包容的大唐气象。

（一）蓝田猿人遗址

蓝田猿人遗址属于旧石器时代，位于西安市蓝田县公王岭和陈家窝两地。蓝田人属早期直立人，是中国早期的人类。1982年，国务院公布蓝田猿人遗址为国家重点文物保护单位。蓝田人比北京人更为原始，是目前亚洲北部发现的最早直立人化石。蓝田人前额低平较宽，眉骨粗壮隆起，骨壁较厚，眼眶略方，嘴部前伸，脑量估计为780毫升，显示蓝田人有明显的原始性。公王岭还出土了以大三棱尖状器为特色的石器50余件，并发现了用火遗迹；同时还出土了40余种动物化石，而最引人注目的是这些动物化石具有强烈的南方色彩，如剑齿象、大熊猫、毛冠鹿及水鹿等，这就说明蓝田人所生活的秦岭北麓，在当时气候温暖湿润，植被繁茂，适合原始人类繁衍生息。

（二）半坡遗址

半坡遗址是新石器时代仰韶文化聚落遗址，是中国原始社会母系氏族繁荣时期留下的村落遗址，距今有 6000—6700 多年的历史。遗址位于西安市浐河东岸，占地面积约 5 万平方米，1961 年被国务院公布为第一批全国重点文物保护单位。半坡人过着以农业为主、渔猎为辅的生活。他们有着较强的审美观念，彩陶上绘着人面、鱼、鹿、植物等花纹和三角形、圆点等几何图案。半坡人还会用石、骨、陶、蚌制成耳饰等装饰品。

（三）炎帝陵、黄帝陵

紧邻西安西部的宝鸡古称陈仓，是中华民族的发祥地之一。据史料典籍记载及考古佐证，距今 5000 多年前，炎帝部落就在此繁衍生息，被誉为炎帝之乡。炎帝陵坐落在宝鸡市南郊 7000 米处的常羊山顶。炎帝是中华民族的始祖之一，史书载道：始祖身号炎帝，代号神农，炎帝以农为本，制作耒耜，教民耕嫁，创立日中为市，开创原始贸易；他遍尝百草，和药济世，发明了原始医药，并为此贡献了生命。因此，炎帝被我国民间尊为农业之神、太阳之神、医药之神，与黄帝共同被尊奉为人文初祖。远在 5000 年前的上古时期，姜姓部落就生活在这里的姜水流域，炎帝是姜姓部落的首领。早在唐代以前，这里就有规模宏大的神农庙、炎帝祠，这些遗址至今依然可见。炎帝部落沿渭河不断向东南方向迁徙，逐渐向中原大地扩展，开始定居，建造都城。炎帝部落与南方的蚩尤发生战争，求助于黄帝部落，在涿鹿联合大败蚩尤，之后炎黄两部落形成了华夏民族的主体。

黄帝陵是中华民族的祖先轩辕黄帝的陵园，位于延安市黄陵县城北的桥山之上。司马迁《史记》称："黄帝崩，葬桥山。"桥山黄帝陵相传创自汉代，唐代大历中期在城北桥山西麓，宋太祖开宝五年（972）被移建于桥山东麓，即今址。山上古柏参天，山环水抱，景色宜人。山顶有一块"下马石"，上书"文武官员至此下马"。在下马石的左前方有数十米高的大土丘，碑称"汉武仙台"，相传为汉武帝北征匈奴归来时祭祀黄帝所筑。由此北行二三十米就是黄帝陵，陵高 3.6 米，周长48 米，四周砌有一米多高的花墙。陵前大石碑上刻有"桥山龙驭"四个大字，相传黄帝即由此乘龙升天。黄帝是华夏部落联盟首领，远古时代华夏民族的共主，五帝之首，被尊为"人文初祖"。黄帝部落在从姬水向东发展的过程中，继承了神农以来的农业生产经验，将原始农业发展到高度繁荣阶段，使部落迅速发展壮大。因他发明了轩冕，故而称之为"轩辕"。黄帝的功绩之一是"艺五种"，"五种"是指黍、稷、菽、麦、稻，即五谷。按古史传说，神农氏仅能种植黍、稷，而黄帝则能种多种粮食作物，表明当时的原始农业有了进一步的发展。黄帝被奉为中华民族的共同始祖。1961 年黄帝陵被国务院公布为第一批全国重点文物保护单位，编为"古墓葬第一号"。

（四）石峁遗址

2015 年陕北神木石峁遗址的发现，被称为"中国文明的前夜"。石峁遗址入选 2012 年十大考古新发现和"世界十大田野考古发现"以及"二十一世纪世界重大考古发现"。石峁遗址发现的马面、瓮城、祭台与它 4300 年的历史成为中国考古学界争论的热点，为中华文明早期形成史提供了新信息，这里是中国已发现的龙山晚期到夏早期时期规模最大的城址。据专家研究有可能是黄帝的都城昆仑城，可能是夏早期中国北方的中心，属新石器时代晚期至夏代早期遗存，石峁遗址被称为是探寻中华文明起源的窗口。石峁遗址位于神木市高家堡镇石峁村的秃尾河北侧的山峁上，距今 4000 年左右，是一处宏大的石砌城址。考古勘探确认石峁遗址由皇城台、内城、外城三座基本完整并相对独立的石构城址组成。内城墙体残长 2000 米，面积约 235 万平方米；外城墙体残长 2840 米，面积 425 万平方米。其规模大于年代相近的良渚遗址、陶寺遗址等已知城址，是已知史前城址中最大的一个。文物部门对遗址进行发掘后，发现有房址、灰坑及土墓坑、石椁墓、瓮棺葬等，出土陶、玉、石器等数百件，尤以磨制玉器十分精细，颇具特色，其原料主要为墨玉和玉髓。这里玉器的出土可上溯至 20 世纪二三十年代，当时出土的玉器已散佚世界各地，被欧美几家博物馆收藏，国内则以现藏陕西历史博物馆的玉人头像价值最高，是新中国石器时代遗址中发现的唯一一个以人为雕刻对象的玉器。考古工作者 2012 年在后阳湾一座房址附近还发现了鳄鱼板，成正方形，正面有许多点状小孔，很多人据此判断那个时代的黄土高原气候湿润，适宜扬子鳄生长。考古成果表明，石峁遗址在农业、建筑、美术、音乐、天文、信仰等方面展现出较高的文明程度，并开创了古代都城建设的先河，也成为华夏早期文明发展的重要实证。陕西省考古研究院院长孙周勇曾评："石峁遗址的发现在很大程度上改变了人们对中国早期文明格局和中华文明起源的传统认识，为研究中国文明起源形成的多元性和发展过程提供了全新的研究资料，对进一步理解'古文化、古城、古国'框架下的中国早期文明格局具有重要意义。"①

（五）周原遗址

周原遗址位于今陕西宝鸡市扶风、岐山一带，是公元前 11 世纪到公元前 8 世纪的大型古遗址。这里是周文化的发祥地和灭商之前周人的聚居地，它地处关中平原西部，北倚岐山，南临渭水，东到今武功，西到今凤翔、宝鸡一带，形如高阜，东西长达 70 公里，南北宽约 20 公

---

① 猫宁：《史前最大，四千年前的"华夏第一城"惊艳世界》，208 坊，2020-12-25。

里，总面积约 33 平方公里，海拔 900 米，这里土地肥沃，气候温和，四季分明，自古以来就是人类繁衍生息的理想之地。公元前 12 世纪末至前 11 世纪初，居住在豳（今陕西彬县、旬邑县西南一带）的姬姓部落，由于经常受到戎狄的侵扰，在其首领古公亶父率领下，举族迁徙，"渡漆、沮，逾梁山，止于岐山下"，定居周原，建立了岐邑。经古公亶父、王季、文王三代在这里励精图治，国力日强，成为左为殷商"三公天下有其二"的西面强大的诸侯国。公元前 11 世纪后半叶，周文王迁都丰都后，周原仍是周人的重要政治中心。西周末年，由于西戎入侵的破坏，遂成废墟，废弃不用。周原作为周人重要发祥地和祭祀天地、祖宗、神祇的圣地，一些重大国事活动都在此举行，西周灭以后，岐邑毁于兵火，但周人在周原的活动遗迹被历史保留下来。20 世纪 50 年代后期开始，中国科学院考古研究所、北京大学、西北大学、陕西省文物管理委员会、陕西省考古研究院等单位先后在此调查、试掘，不断有青铜器出土，其数量之多，器型之大，造型之美，铭文之珍贵，实为罕见，周原被誉为"青铜之乡"。1987 年在周原遗址上建立了周原遗址博物馆，馆内收藏着周原遗址出土的万余件珍贵文物，其中国家级文物 4 件（组），国家一级文物 173 件（组），其他文物 3000 多件。周原遗址是周人灭商前的都邑，是周文化最具代表性的遗址，无论从地理位置或是遗址性质而言，周原遗址都是周文化的核心。

（六）秦都雍城遗址

秦都雍城遗址位于陕西凤翔县城南，雍水以北。《史记·秦本纪》曰："德公元年，初居雍城大郑宫……卜居雍，后子孙饮马于河。"从德公元年（前 677）到献公二年（前 383）的 290 余年间，雍城一直是秦国的政治、军事、经济、文化的中心。此间经过十九位国君的苦心经营，为后来秦始皇统一全国奠定了基础。作为国都，雍城筑起了规模巨大的城垣，修建了壮丽宏伟的宫殿，成为当时全国发达的大都市之一。

秦献公东迁后，雍城虽然失去了政治中心地位，但作为故都，列祖列宗的陵寝及秦人宗庙仍在此地，许多重要的祀典还在雍城举行。2016年，陕西凤翔雍山血池秦汉祭祀遗址入选当年全国十大考古新发现，人们真实地感受到"国之大事，在祀与戎"。在雍城郊外还发现有秦人宫殿和其他遗址，蕲年宫是秦代著名的宫殿，秦王嬴政曾行加冕礼于此。秦公陵园是迄今为止发掘规模最大，葬具为早期的"黄肠题凑"的先秦墓。秦都雍城遗址具有非凡的历史价值。

（七）秦咸阳城遗址

秦咸阳城遗址位于咸阳市东15千米的咸阳原上。秦咸阳城的地势北高南低，全城由北原向渭河逐渐下降，城市最北部是作阶梯状陡起的形势，宫殿建筑群遗址就分布在北部阶地即所谓的"北陵"或"北坂"的上下一带。公元前350年，秦孝公迁都咸阳，商鞅在城内营筑冀。秦惠文王时继续扩建，至秦昭王时咸阳宫已建成。秦始皇统一六国的过程中，在咸阳原上仿建了六国的宫室，扩建了皇宫，滔滔的渭水穿流于宫殿群之间，十分壮观。整个咸阳城就是"离宫别馆，亭台楼阁，连绵复压三百余里，隔离天日"，各宫之间又以复道、甬道相连接，形成当时最繁华的都市。已发掘的宫殿建筑基址有3座，均在宫城内，已确定的有兰池宫、望夷宫。还发掘出了阁道，长32.4米，宽5米，两边饰彩色壁画，这些难得保存下来的宫室壁画，具有很高的研究价值。咸阳古城作为秦都，历经秦国七世帝王，共144年。公元前206年，项羽攻入咸阳，烧宫室，咸阳城遂成废墟。

（八）秦始皇陵

秦始皇这位建立中国历史上第一个封建王朝的皇帝，雄才大略，为大一统中国做出重大贡献。秦始皇陵则是历史上第一座规模庞大的帝王陵，它位于临潼以东，南依骊山，北临渭水，东西两侧和渭水形成三面环水之势，依山环水正是秦始皇陵最主要的特征。秦始皇陵始建于秦王政元年（前246），历时39年建成，设计者是丞相李斯，少府令章邯为监工，共征集72万人力，相当于修建埃及胡夫金字塔人数的8倍。陵园按照"事死如生"的原则，仿照都城咸阳的布局建造。它有内外两重夯土城垣，象征着帝都咸阳的皇城和宫城，陵冢位于内城南部，呈覆斗形，高51米，底边周长1700余米。据史料记载，秦陵中还有各式宫殿，陈列着许多奇珍异宝。秦陵四周分布着大量形制不同、内涵各异的陪葬坑和陪葬墓，已探明的就有400多个，其中包括举世闻名的"世界第八大奇迹"兵马俑坑。还发现了大型石质铠甲坑、百戏俑坑、文官俑坑，出土的文物至今已达10万余件。秦始皇兵马俑博物馆建于临潼区东7.5公里的骊山北麓的秦始皇帝陵兵马俑坑遗址上，于1979年10月1日正式开馆，截至2020年1月，已先后建成并开放了秦俑一、三、二号坑和文物陈列厅。目前秦俑博物馆面积已扩大到46.1公顷，拥有藏品5万余（套）件。秦始皇兵马俑博物馆官网显示，截至2020年1月，秦始皇兵马俑博物馆已接待海内外观众达8000多万人次。秦兵马俑地下大军先后接待观众近5000万人次，其中共接待外国国家元首、政府首脑187批，副总统、副总理和议长506批、部长级客人1852批。秦始皇兵马俑博物馆成为海外游客"来陕西看历史"的打卡地，栩栩如生的兵马俑真实地展现了秦帝国的存在，真实地再现了大秦帝国的武备强盛，也真实地让人们感受到秦人"赳赳老秦，共赴国难"的勇猛，陕人的刚正勇敢似乎在这些排列整齐的秦俑身上寻找到精神基因。

（九）汉长安城遗址

汉长安城遗址是西汉时期的都城遗址，位于西安市城西北10千米处的未央区汉城乡，面积约36平方千米。汉长安城曾经是中国历史上第一个国际大都会和当时世界上规模最大的都城，是当时全国的政治、经济和文化中心。自张骞通西域后，汉长安城又成为丝绸之路的起点和著名的国际都会，是与西方的古罗马城并称为当时世界上最宏大、最繁荣的历史名城，有"东长安，西罗马"的美誉。1961 年汉长安城遗址被列为第一批全国重点文物保护单位。2014 年汉长安城未央宫遗址作为"丝绸之路：长安—天山廊道的路网"的起点被列入世界遗产名录。汉长安城遗址见证了自西汉建立至隋统一全国期间，中国与丝绸之路沿线国家和民族的经济、文化交流史。

公元前 202 年，汉高祖刘邦将秦朝的兴乐宫稍加修饰并改名为长乐宫，把都城从栎阳迁于此地。公元前 200 年，建未央宫。萧何又主持修建了太仓和武库。汉惠帝元年（前 194），开始修建长安城墙。汉武帝太初元年（前 104），兴建北宫、桂宫、明光宫、建章宫，开凿昆明池和上林苑，前后历时 90 年。据考古推测，汉长安城有 9 个市区，160 条巷里，街道宽平，布置整齐，大街可并行 12 辆马车，道旁栽植着槐、榆、松、柏，茂密丛荫，最盛时期城内人口约有 30 万。长乐宫、未央宫、建章宫是汉长安城最著名的三大宫殿。长乐宫位于城东南角复央门里，本是秦时的兴乐宫，汉高祖五年（前 202）重加修整形成由 14 个宫殿合成的宫殿群，主要建筑是长乐宫前殿，占汉长安城总面积的六分之一。长乐宫在未央宫之东，汉代又称长乐宫为"东宫"。未央宫在城西南部的西安门里，始建于汉高祖七年（前 200），此宫由承明、清凉、宣室等 40 余个宫殿台阁组成，面积 5 平方公里，占汉长安城面积的七分之一，主体建筑也是其前殿，是皇帝朝会诸侯群臣的场所。桂宫是汉武帝时修筑的后妃之宫，桂宫遗址平面呈长方形，南北 1840 米，东西 900 米，周长 5480 米，面积 1.66 平方公里，桂宫的大型建筑遗址大多分布在宫城南部。长乐、未央两宫占去汉长安城内一半地面。建章宫在汉长安城城西直城门外的上林苑，武帝太初元年（前 104）始建，也是由许多宫殿台阁组成的，号称千门万户。建章宫"双凤阙"二阙址尚存，这是中国地面现存最早的古代宫阙基址，二阙址间距 53 米，保存较好的西阙址底径 17 米，现存高 11 米。此外在城南还有礼制建筑群。

汉长安城是中国古代第一个建制完整的统一帝国的都城，是中国古代使用时间最长、定都朝代最多、遗迹最丰富的都城，汉长安城、未央宫是中国古代杰出的城市和宫殿建筑的代表，在世界城市建设史上产生了巨大的影响。汉长安城遗址的历史发展变化所反映的社会形态宫城与亚宫城的政治作用，城门建制、市场闾里、手工业作坊等遗址空间布局形制与结构所反映的社会功能、都市经济与社会管理机制等都体现了那个时代的历史特征。汉长安城遗址出土了大量建筑材料、汉俑、简册、秦汉封泥等珍贵文物，是世界了解中国古代文化的实物资料。汉长安城遗址陈列馆是中国第一座完整介绍汉长安城遗址的专题性陈列馆，主要陈列了多年来考古发掘的汉代遗物，展示西汉长安城的历史沿革、布局规模、社会风俗，以及遗址的保护现状、考古成果等，于 2009 年建成并对外开放。

（十）唐大明宫遗址

唐朝是中国封建王朝最为鼎盛时期，是中国政治统一、经济发达、文化繁荣、国际交往频繁的盛世。长安城作为唐代的都城，人口一度超过百万，是中世纪的世界名城。在唐代，长安城不仅是政治中心，也是当时世界上最大的商贸中心。它设计周详，布局井然，以坐落在城北的宫城为核心，宫城、皇城、郭城渐次展开。商业活动则主要集中在郭城内的东市和西市，不少文人骚客留下墨宝，描述了当年两市商贾云集、人声鼎沸的繁盛景象，如李白的"五陵年少金市东，银鞍白马度春风"和杜甫的"李白斗酒诗百篇，长安市上酒家眠"。

唐长安城是在隋大兴城的基础上修建起来的，其面积是今西安城墙内面积的 10 倍，作为当时世界上最为宏大壮丽的都市，其规划设计承前启后、影响巨大。大明宫是唐长安城的三座主要宫殿（大明宫、太极宫、兴庆宫）中规模最大的宫殿，是当时的政治中心和国家象征，位于西安市北侧的龙首原。大明宫占地 350 公顷，是明清北京紫禁城的

4.5 倍，被誉为"千宫之宫"，其建筑形制影响了当时东亚地区的多个国家宫殿的设计。大明宫宫城共有九座城门，南面正中为大明宫的正门丹凤门，东西分别为望仙门和福建门；北面正中为玄武门，东西分别为银汉门和青霄门；东面为左银台门；西面为右银台门和九仙门。整个宫城可分为前朝和内廷两部分，前朝以朝会为主，内庭以居住和宴游为主。丹凤门是大明宫中轴线上的正南门，东西长达 200 米，其长度、质量、规格为隋唐城门之最，体现了其千般尊严、万般气象的皇家气派。丹凤门沿用历史长达 240 余年，自建成之日起就成为皇帝出入宫城的主要通道，门上有高大的门楼，是皇帝举行登基、宣布大赦和改元等外朝大典的重要场所。

含元殿是大明宫的正殿，作为大明宫的前朝第一正殿，含元殿是当时唐长安城内最宏伟的建筑，它坐落在 10.5 米高的大台上，这比故宫三大殿的台基都要高。如果在唐代，站在含元殿前南望，不仅能将丹凤门与广场尽收眼底，还可以看到城南的大雁塔。含元殿东西两侧的翔鸾、栖凤二阁下，长长的龙尾道蜿蜒而上，直到三层台基之上。

2005 年中国社会科学院考古研究所与日本考古专家组成联合考古队，对唐长安城大明宫太液池进行了第六次考古，收获了许多重大发现。出土的透雕龙纹石栏板和带莲花座的蹲狮石望柱是最高等级的建筑构件，为唐代考古所首见。池底淤泥中首次大范围清理出荷叶莲蓬的遗痕，还有许多保存完整的大小螺壳，由此看来白居易《长恨歌》中的"太液芙蓉未央柳"，描写的正是这个荷叶接天、鱼螺潜底的一汪碧水的太液池，文献与考古的对接，似乎让人们穿越历史隧道在同一片土地上古人今人历史性重合，这也许就是历史遗迹的神奇魅力。

（十一）华清池

白居易有脍炙人口的诗句"回眸一笑百媚生，六宫粉黛无颜色。春寒赐浴华清池，温泉水滑洗凝脂"。华清池亦名华清宫，位于今西安市临潼区，南依骊山，北临渭水，是以汤池著称的中国古代离宫，并以3000多年的皇家园林史和6000多年的温泉利用史享誉海内外，更因唐玄宗和杨贵妃的爱情故事而驰名中外。华清池规模宏大，建筑壮丽，楼台馆殿遍布骊山上下，同时还有青松翠柏、荔枝园、芙蓉园、梨园、椒园、东花园分布其间。自西周起，各代都重加修建，到了唐代数次增建，唐玄宗大兴土木并且改名为华清宫。他每年十月份到此游玩，第二年春天才返回。从开元二年（714）到天宝十四年（755）的41年时间里，唐玄宗先后来华清宫达36次之多。飞霜殿是唐玄宗和杨贵妃的寝殿。"莲花汤"是唐玄宗沐浴的地方，占地400平方米，是一个可浴可泳的两用汤池。"海棠汤"俗称"贵妃池"，始建于公元747年，汤池的平面造型颇似一朵盛开的海棠花，因此而得名，专供杨贵妃沐浴。

（十二）唐昭陵

大唐气象在温柔之乡中惊醒，"渔阳鼙鼓动地来，惊破霓裳羽衣曲"，盛世不再来，留给陕西这片土地的是"帝王陵"。昭陵是唐太宗李世民的陵寝，位于礼泉县城西北的九嵕山上，是关中"唐十八陵"中规模最大的一座。昭陵依九嵕山峰凿山建陵，开创了唐代帝王依山为陵的先例。陵园是仿照长安城的建制设计的，周长60千米，占地200多平方千米，共有陪葬墓180余座。李世民的陵寝位于陵园的最北部，相当于宫城。在司马门内列置了十四国君长的石刻像，诸如突厥的吉利可汗、突利可汗、李思摩、吐蕃松赞干布、高昌王等，这些石刻反映了贞观时期国内各民族大团结、唐对西域的开拓以及与邻邦关系的盛况。在祭坛东西两庑房内，置有6匹石刻骏马浮雕像，驰名中外，分别名为"特勒骠""青骓""什伐赤""飒露紫""拳毛騧"和"白蹄乌"，号称"昭陵六骏"，其中"飒露紫""拳毛騧"二骏于1914年被盗运至美国宾夕法尼亚大学博物馆，其余现存西安碑林博物馆。这些浮雕皆为青石浮雕，造型栩栩如生，显示了我国唐代雕刻艺术的成就。昭陵博物馆位于陵园中心的李绩（徐懋功）墓前，是一座遗址型博物馆。博物馆收藏文物8000余件，陈列着昭陵祭坛遗址和部分陪葬墓出土的大批珍贵文物，既有瓷和红陶，也有昭陵独有的彩绘釉陶和绚丽多彩的唐三彩。张士贵墓出土的贴金彩绘文武官俑被定为国宝级文物，还有唐墓壁画碑林等等。昭陵的陪葬墓主要有长孙无忌、程咬金、魏征、秦琼、高士廉、房玄龄、李靖、尉迟敬德等墓。魏征墓碑文为唐太宗撰书，徐懋功墓碑文为唐高祖撰书。

（十三）唐乾陵

乾陵位于乾县北6000米的梁山上，是"唐十八陵"中唯一一座没有被盗的陵墓，也是唯一一座女皇陵，是唐高宗李治和中国历史上唯一的女皇帝武则天的合葬陵。陵区仿照长安城建制，据记载，陵墓原有内外两重城墙，四个城门，还有献殿阙楼等许多宏伟的建筑物。一条平宽的道路直通唐高宗陵墓碑，这条道路便是"司马道"，两旁现有华表1对，翼马、鸵鸟各1对，石马5对，翁仲10对，石碑2通。东为无字碑，西为述圣记碑，有王宾61尊，石狮1对。由于李治和武则天均在位于盛唐时期，陵墓内物藏十分丰富。

（十四）乐游原遗址

唐朝作为中国封建王朝最强盛的朝代，目前所勘探和发掘的历史遗迹不仅见证了它的兴衰，而且见证了它与亚洲各国各地密切的对外文化交流。青龙寺是长安的一个重要密宗寺庙，地处西安市西南的乐游原上，乐游原得名于汉代，早在2000多年以前的秦汉时代，曲江池一带就以风景秀丽而负有盛名。汉宣帝时，这里被称为乐游苑，汉宣帝偕许皇后出游至此，迷恋于绚丽的风光，以至于"乐不思归"，在此处建有乐游庙，乐游原就以庙得名。乐游原是唐长安城的最高点，地势高平轩敞，为登高览胜最佳景地，它与南面的曲江芙蓉园和西南的大雁塔相距不远，眺望如在近前，景色十分宜人，国人来此游赏络绎不绝，"每三月上巳、九月重阳，仕女游戏，就此拔禊登高，幄幕云布，车马填塞"。文人骚客也在此留下众多诗篇，最有名的是唐李商隐《乐游原》"向晚意不适，驱车登古原。夕阳无限好，只是近黄昏。"其外还有"城隅有乐游，表里见皇州。策马既长远，云山亦悠悠。"（张九龄《登乐游原春望书怀》）"几年诗酒滞江干，水积云重思万端。今日南方惆怅尽，乐游原上见长安。"（张祜《登乐游原》）"长空澹澹孤鸟没，万古销沉向此中。看取汉家何事业，五陵无树起秋风。"（杜牧《登乐游原》）杜甫形容乐游原是"乐游古园翠森森，烟绵碧草萋萋长"；唐彦谦称赞乐游原"杏艳桃娇夺晚霞，乐游无庙有年华"。

青龙寺就建在凭高远眺景色宜人的乐游原上，极盛于唐代中期，当时有不少的外国僧人在此学习，尤其是日本僧人居多，著名的"入唐八大家"中的六家均受法于此。公元804年，日本僧人空海入唐求法，在青龙寺拜密宗大师惠果为师，回国后开创了日本真言宗（即密宗），成为开创"东密"的祖师。青龙寺也成为日本佛教真言宗的祖庭，是日本人心目中的圣寺，是许多日本游客神往的观光胜地。1982年西安市同日本国香川、德岛、高知、爱媛四县在青龙寺遗址共同修建的空海纪念碑。1986年青龙寺从日本引进千余株樱花树，植于寺院，每年三、四月间，樱花盛开，春色满园，姹紫嫣红，风光异常，成为今下西安赏樱花网红之地。青龙寺以它传奇的历史角色和珍贵的樱花文化见证了中日友好文化交流。

千年的风吹过，历史留给陕西浩瀚的文物古迹遗存，陕西享有"天然历史博物馆"的美称。据有关统计，陕西境内有重点文物保护单位554处，其中国家级重点文物保护单位89处，陵墓8822处，古遗址5700余处，文物点21100余个，陕西古遗址、古墓葬在全国都是首屈一指的，有人戏称："几乎每一脚下去都可能踩到历史。"古遗迹的发掘和保护正是丈量文明古国历史文化纵深最直接最有说服力的佐证。

法国伟大的历史学家马克·布洛赫曾经说过："历史是以人类的活动为特定对象，它思接万载，视通万里，千姿百态，令人销魂。因此，它比其他科学更能激发人的想象力。"如果说溯源是对民族历史惊人荣耀的发现和诉说，那么保护好这文化之源和民族之根则需要更多的智慧和耐心，这是岁月流痕深情的讲述，这是文化根脉庄严的记忆，这是陕西地域文化的光荣和责任担当。

二、 超凡的心境： 宗教文化

宗教文化是陕西地域文化的组成部分，长期的国都身份，加上统治者的重视，陕西尤其是关中地区成了道教和佛教生长的沃土。此外，从域外传入的祆教、摩尼教以及一些少数民族的宗教如伊斯兰教等也曾经由陕西而得以广泛传播，陕西的宗教文化呈现出多元共存、精彩纷呈的局面。

陕西是老子开坛讲道、玄奘译经弘法之地，道释文化对国人精神境界的构筑产生重要影响。

（一） 道教

道教是中国土生土长的宗教。道学文化肇始于先民母系氏族公社，涵盖了自然界、精神界、社会界和人生的各个领域，统摄了宇宙论、社会论、本体论、认识论、价值论等多学科，体现了人类心灵的最高智慧，是人类文化史上的璀璨瑰宝，对中国乃至世界的历史文化都发生了极其深远的影响。道教渊源和发展重镇在陕西，金元时十分兴盛的全真教由陕西咸阳人王重阳创立，陕西道教的兴盛也为陕西留下许多著名道观，如楼观台、重阳宫、八仙庵、药王山、香溪洞等。

位于陕西周至县城东南 15 千米的秦岭北麓的楼观台，山水秀丽，风景优美，据说是春秋时期思想家、哲学家、道家学说创始人——老子

（李耳）讲经传道之地，是道文化的发祥地，是中华道教祖庭。据史载，周康王时，天水人尹喜好天文星象之学，结草楼于此，观星望气，精思至道，故此楼称楼观。康王拜尹喜为大夫，并封为东宫宾友（皇子的老师）。尹喜观看天象发现有一道"紫气"自东向西，测知数年后有圣贤高人西行，辞去大夫之职，请求做函谷关令。两年后，老子果然从西行到函谷关，尹喜就赶紧迎老子到故宅"楼观"，执弟子之礼。老子于是讲授《道德五千言》，据说现在的经台就是当年老子讲经授道之坛，也是著名"五千文"《道德经》的诞生地。

道家文化在秦汉时期发生了演变，形成以中国古代民间庞杂的信仰为基础，以仙之说为中心，混合道家、阴阳、五行、巫术等内容的黄老之术。秦始皇、汉武帝这两位在中国历史上具有雄才大略的帝王，囿于时代的局限，都痴迷于长生不老，醉心于道家的炼丹之术。在长安骊山、礼泉、云阳等地建立礼神宫观，召幽逸之人、方术之士居于其中，修习黄老之学，合炼不死仙药，致使尊奉黄老的修道团体在陕西活跃起来。尤其是汉武帝时期，窦太后独尊黄老之术，汉武帝本人也迷恋寻求长生成仙之道，故听取方士们的建议，在长安南郊修建了太一祠，从此确立了至上神观念，并建立起宗教活动场所、专职神职人员等一系列祭祀制度，为道教专业团体的产生准备了条件。汉武帝在国都及附近修建了大批祭祀山川和迎候神人宫观台阁。据《三辅黄图》载，仅上林苑内，即有昆明、平乐、望远、燕升、观象、便门、白原等20余观；甘泉苑内则有甘泉、仙人、石阙等五宫观；在右扶风有属玉观；在华阴市有集灵宫（现在的西岳庙）、集仙宫、存仙殿、存神殿、望仙台和望仙观。直至西汉末年，仅长安一带还保存有各种道观700多所。西汉后期至东汉中期的200多年间，黄老之学逐渐演变为黄老道，黄老道不仅完成了神学理论的创建，而且由分散的个人或小群体活动发展成为相对统一的教团，长安地区则是实现这一转变的重要地域。

隋唐以后，陕西成为道教的重地，西岳华山的玉泉院、周至的楼观台、耀州区的药王山、佳县的白云观、紫阳的擂鼓台等，都是道教的丛林圣地。如今中国道教九大名山之中，陕西有两个，即终南山和华山；在道教七座著名宫观中，陕西也占两个，即中国最早的道观——楼观台和全真道三大祖庭之一——重阳宫。目前，陕西境内现存大的道观有五座：华山的玉泉院、东道院、镇岳宫，西安八仙宫和终南山楼观台，它们都是国务院确定的全国重点道观。佳县白云观、陇县龙门洞和鄠邑区重阳宫是省级重点道观。

（二）佛教

与道教不同，佛教并非中国本土宗教，而是东汉初年由印度传播过来的，经过魏晋南北朝时期的逐步发展，南北朝、隋唐时期，信奉佛教蔚然成风。据统计，盛唐时仅长安城内的佛教寺庙就达到了 117 所。作为佛教的第二故乡，陕西成为中国佛教传播、教义研究中心，现留存丰富的佛教典籍。佛教八大祖庭之"六大祖庭"（法相宗、净土宗、华严宗、密宗、三论宗、律宗）均在关中，许多著名寺庙至今留存，如大慈恩寺、大兴善寺、兴教寺、香积寺、华严寺、草堂寺、法门寺等。

大雁塔是西安市的标志性建筑，是古城西安的象征。大雁塔位于西安城区的大慈恩寺内，大慈恩寺是唐贞观二十二年（648）时为太子的唐高宗李治为了追念他的母亲文德皇后，报答慈母恩德下令而建，故名"慈恩寺"。大慈恩寺建在隋朝无漏寺旧址上，这里地处长安城南风景秀丽的晋昌坊，南望南山，北对大明宫含元殿，东南与烟水明媚的曲江相望，西南和景色旖旎的杏园毗邻，清澈的浐河黄渠从寺前潺潺流过，正合"挟带林泉，各尽形胜"之意。大慈恩寺规模宏大，面积近 400 亩，有十多个院落，各式房舍上千间，有众多能工巧匠塑造的精美佛像，著名画家吴道子、尹琳、阎立本、王维等都有作品装点殿堂，充分反映出"贞观之治"的文化风貌，是唐长安城内最著名、最宏伟的佛寺。贞观十九年（645），从印度取经历经十八载的著名高僧玄奘法师回到长安，奉旨任大慈恩寺上座，主持翻译佛经，宣讲唯识宗等佛教教义，大慈恩寺成为唐代长安三大译经场之一，在佛教传播史上具有重要地位，大慈恩寺成为唯识宗（法相宗）祖庭。

玄奘为了保护带回的 520 夹、657 部梵本佛经，于永徽三年（652）上书唐高宗李治，建议在大慈恩寺的西院仿照西域的建筑形式，建造慈恩寺塔，唐高宗同意后由玄奘亲自督造建成了为藏经本的大雁塔。大雁塔为方形塔基，塔形仿西域（印度）制作，塔分五级，总高 180 尺（现高 64.5 米），共七层。每层中心皆有舍利。最上层以石为室藏经像，塔下层南外壁有两碑，左为唐太宗所撰《大唐三藏圣教序》，右为唐高宗在东宫时所撰《述三藏圣教序记》，皆为尚书右仆射河南公褚遂良书，具有很高的艺术价值。大雁塔作为现存最早、规模最大的唐代四方楼阁式砖塔，是佛塔这一印度佛教的建筑形式传入中国中原地区并中国化的典型物证，大雁塔因此入选《世界遗产名录》。

由玄奘口授、弟子辩机笔录的《大唐西域记》是玄奘亲见亲闻的旅行记录，是中国与中亚、印度交往的珍贵记录，千百年来《大唐西域记》是研究中亚、南亚地区古代史、宗教史以及中外关系史的重要文献。玄奘作为卓越对外使者，不仅将佛教文化传入中国，也将中国文化传到世界，他将《道德经》译成梵文传到印度，将中国的传统文化和道家文化推向中亚和南亚，进而传遍世界。玄奘，一个伟大的名字，永远铭刻在中华民族史上，如今中外游客来陕旅游，大雁塔成为"打卡"的必经地，一座玄奘大师的塑像伫立在大雁塔北广场的正南面，玄奘大师被这片土地上的人们永久记忆。

大兴善寺位于西安城南小寨附近，它始建于晋武帝泰始二年（266），原名遵善寺。隋文帝杨坚在兴建大兴城时，敕令建造大兴善寺作为国寺。因隋文帝在北周时原为大兴郡公，故取"大兴"二字和"靖善坊"的"善"字命名。唐玄宗开元年间，号称"开元三大士"的印度佛教密宗传播者善无畏、金刚智和不空，先后在寺里译出密宗经典五百多部，大兴善寺因此成为当时长安翻译佛经的三大译场之一，也成为中国佛教密宗的祖庭。密宗从印度传到中国，又从中国传向周边的日本、朝鲜，据说密宗最早传到西藏是由于当时文成公主入藏时带去了大批经典和僧人并修建了寺庙，而后来著名的莲花生大师从印度入藏后发扬光大起来，今天的密宗以西藏地区为盛。

草堂寺位于鄠邑圭峰山北麓，距西安约 35 千米。这里东临淄水，南对终南山圭峰、观音、紫阁、大顶诸峰，景色秀丽，草堂寺内松柏参天，翠竹轻拂，亭阁玲珑，意境幽邃，寺内建有三藏法师鸠摩罗什舍利塔，塔北竹林内有一井，井中常有烟雾升腾而出，与周围山岗水气及草堂寺上空缭绕的香烟混为一体，形成关中八景之一"草堂烟雾"。现存草堂寺是东晋十六国时期后秦国逍遥园内的一部分，后秦皇帝姚兴崇尚佛教，于 401 年迎请西域龟兹高僧鸠摩罗什来长安，住逍遥园西明阁，翻译佛典。后在园内建寺，供鸠摩罗什居住，由于鸠摩罗什的译经场以草荐盖顶，故得名"草堂寺"。鸠摩罗什在草堂寺翻译的 74 部 384 卷佛经，为大乘佛教初期阶段的经典，有般若经类的《大品般若经》《小品般若经》《金刚般若经》等。鸠摩罗什是中观学在中国的最初传播者，它的传入使当时盛行的般若学各派领悟到了大乘空宗的真正面貌，也由此把般若理论推向了高潮。据史料记载，鸠摩罗什来到长安后，姚兴待以国师之礼，四方义学沙门闻风而至者 800 余人，门人号称三千，著名学者不下数十人，唯有僧肇精纯守一，得罗什之真传。罗什、僧肇之后，长安大乱，僧徒四散，三论传承，记载不明。此后几经沧桑，直至南朝梁的僧朗、僧诠到法朗，三论学才又大兴。隋朝的吉藏是法朗的弟子，他以《中论》《百论》《十二门论》三部论典为依据，正式创立了三论宗，尊鸠摩罗什为始祖。草堂寺作为鸠摩罗什的译经道场，因而成为三论宗祖庭。

此外还有位于西安城南终南山子午谷正北神禾原西畔，距西安不到20 千米的香积寺，是中国佛教净土宗正式创立后的第一个道场，是净土宗的祖庭；位于西安城南长安区少陵原半坡上，距西安城约 15 千米的华严寺，建于唐德宗贞元十九年（803），是古"樊川八大寺院"之一，是华严宗之发源地；位于西安南郊长安区终南山北麓之凤凰山上，距西安城约 35 千米的净业寺，始建于隋末，唐初为高僧道宣修行弘律的道场，是律宗发祥地。

位于西安明城墙西北角，西安市内唯一一座藏传佛教寺院，广仁寺又称"喇嘛寺"。康熙四十二年（1703）十月，康熙西巡抵达西安，他接见了青海和硕亲王等多位蒙古贵族，并且让他们随同检阅了驻防西安的八旗满洲、汉军及绿旗官兵军容。多年的治国经验告诉他，"久安长治，务在因俗宜民"，于是他在阅兵的同时"周览地形，相其墺垲，命创招提"，以在陕西期间花费银两的余额为赏赐，敕建了一座闻名遐迩的藏传佛教寺——广仁寺。广仁寺内有康熙亲书"慈云西荫"殿额，还有康熙撰文的碑石 1 通，反映了当时的历史背景。还有乾隆题写的《佛教圣地》，光绪题写的《广仁寺》，康有为题写的《庄严佛士》，赵朴初题写的《广仁寺》等珍宝。广仁寺在历史上起着凝聚、促进西北边陲多民族团结的作用，是汉藏文化交流、民族团结的见证。

三、 自然的恩赐： 秦岭黄河

"依山傍水"是人类选择适合生存的主要生态环境指标，陕西之所以能成为历史悠久的地区，主要依赖于早期优越的地域生态环境。

陕西尤其是关中平原，自古就是农耕富裕之地，既有浩浩荡荡的"八百里秦川"的丰厚沃土，又有黄河最大支流的渭河、泾河的环绕，有着渭、泾、沣、涝、潏、滈、浐、灞"八水绕长安"的美丽景象，南面又依物产富饶的秦岭山脉，有名山、有林木、有山石、有溪水，可以说陕西提出的"华夏古都山水之城"旅游宣传口号，正是秦岭黄河自然生态文化的反映。

都说"一山两水"最中国,"一山"就是秦岭,"两水"就是黄河和长江,在他们的流域诞生了人类早期文明。陕西就在这"一山一水"之间。

(一)"一山"——秦岭山

广义上的秦岭,西起昆仑,中经陇南、陕南,东至鄂豫皖——大别山以及蚌埠附近的张八岭。其范围包括岷山以北,陇南和陕南蜿蜒于洮河与渭河以南、汉江与嘉陵江支流——白龙江以北的地区。广义的秦岭是长江和黄河流域的分水岭,被看作是中国南方和北方的地理分界线。狭义上的秦岭位于北纬32°~34°之间,介于关中平原和南面的汉江谷地之间,是嘉陵江、洛河、渭河、汉江四条河流的分水岭。东西绵延400—500千米,南北宽达100—150千米。

在陕西人心目中,秦岭就是指陕西段的秦岭,甚至在很长一段时间内,大家认为的秦岭山就是终南山,也被称为"南山"。在中国文化中有个非常有趣的现象,就是每个地域的人将自己最喜欢的家乡山称为"南山","南山"说起来亲切,看起来舒服,是自己家乡的山,在地域文化中"南山"就是当地人挚爱的可以寄托心灵的自然馈赠。如大家熟知的陶渊明笔下"采菊东篱下,悠然见南山""种豆南山下,草盛豆苗稀"的"南山","南山"就是能让陶渊明心灵得以慰藉的家乡山。陕西人的"南山"就是终南山,是"寿比南山"的"南山",是能带给陕西人福祉的自然馈赠——"秦岭"。从历史发展看,长安这座著名的古城的确因为秦岭的庇护才有了这片土地的长治久安,才有了中国早期文明的滋养。秦岭山水文化本质上就是一种生态文明文化,山水文化以山水互映为主,具有文化生成的积聚性特征,在中国文化体系中构成了独特的文化表达和审美意趣。

名山从秦岭走来。秦岭大致可分为西、中、东三段。西段分为三支,北支为秦岭,也称南岐山或大散岭;中支为凤岭,有黄土堆积,水土流失比较强烈；南支为紫柏山，在留坝的西北称柴关岭。这些山岭海拔均在 1500 米以上，而以紫柏山最高，海拔达 2610 米。陕西秦岭的中段称终南山，主要山岭有四方台、首阳山、终南山和东光秃山等，海拔均在 2500—3000 米。由秦岭梁向东南延坤的平河梁，主峰是广东山，海拔为 2675 米。在句河和社川河流域，有近东西向延伸的古道岭、海棠山和羊山，山势低缓而破碎，海拔在 1500 米左右。上演"烽火戏诸侯"等故事的骊山，是陕西秦岭中段北麓外延的断块山，主峰是仁宗庙，海拔为 1302 米。陕西秦岭的东段呈手指状，向东南展开。从北向南依次是：太华山、蟒岭、流岭、鹘岭和新开岭，海拔均在 1500—2600 米。太白山高山地貌景观奇特，是可贵的旅游地貌资源，历来为人们所称颂。例如，李白在《登太白峰》中写道："西上太白峰，夕阳穷登攀。太白与我语，为我开天关。愿乘冷风去，直入浮云间。举手可近月，前行若无山。一别武功去，何时复更还？"在《古风其五》中写道："太白何苍苍，星辰上森列。去天三百尺，邈尔与世绝。"《蜀道难》中写道："西当太白有鸟道，可以横绝峨眉巅。"秦岭由东向西逐渐升高，陕西境内岭脊海拔约 2000 米，高峰都在 2000—3000 米，如华山主峰海拔为 2400 米，太白山主峰为 3771.2 米，高出汉水及渭河河谷超过 3000 米之多。华山，古称"西岳"，为中国著名的五岳之一，中华文明的发祥地。1982 年，华山被国务院颁布为首批国家级风景名胜区；2011 年，华山被国家旅游局评为国家 AAAAA 级旅游景区，是中国重要的地理标志。终南山有史以来就是著名的景色宜人的旅游胜地，是长安人的"南山"，唐朝著名诗人王维隐居终南山下辋川别业时，在此写下脍炙人口的诗作《终南山》："太乙近天都，连山接海隅。白云回望合，青霭入看无。分野中峰变，阴晴众壑殊。欲投人处宿，隔水问樵夫。"他在《终南别业》写道："中岁颇好道，晚家南山陲。兴来每独往，胜事空自知。行到水穷处，坐看云起时。偶然值林叟，谈笑无还期。"其中名句"行到水穷处，坐看云起时"与陶渊明笔下"采菊东篱下，悠然见南山"的心境如此契合，"南山"成为中国文人寻求心灵的家园。

活水从秦岭走来。秦岭西段分别成为清姜河与嘉陵江、嘉陵江左岸支流与沮水河干、支流以及褒河一些支流的分水岭和发源地。秦岭中段是沣河、涝河、浐河、子午河、旬河和金钱河等的发源地。恒河、付家河和蜀河、池河等支流的发源地来自骊山的溪流，有的成为灞河的支流，有的直接流入渭河。南洛河、丹江及其支流银花河分布其间，成为山河相间的岭谷地形。秦岭主脊草链岭和太华山，是丹江、南洛河以及秦岭东段北坡山涧溪流的分水岭与发源地。秦岭北坡山麓短急，地形陡峭，又多峡谷，南坡山麓缓长，坡势较缓，但是因河流多为横切背斜或向斜，故河流中上游也多峡谷。秦岭山脉入陇南境内后，其走向为西北—东南，主脉海拔均在 2000 米以上，丛山之间形成一些小的盆地。在地质构造上，秦岭是一个掀升的地块，山脉主脊偏于北侧，北坡短而陡峭，河流深切，形成许多峡谷，通称秦岭"七十二峪"，它们分别分布在潼关县、华阴市、华县、渭南市、蓝田县、长安区、鄠邑区、周至县、眉县内，其中著名的山峪有华山峪、汤峪、大敷峪、文仙峪、蒲峪等。王维《山居秋暝》写道："空山新雨后，天气晚来秋。明月松间照，清泉石上流。竹喧归浣女，莲动下渔舟。随意春芳歇，王孙自可留。"秦岭的水就这样地流淌了几千年。

和谐从秦岭走来。秀丽的山水为多姿多彩的自然环境增添靓色，秦岭地区的秦巴山区跨越商洛、安康、汉中等地区，自然资源丰富，素有"南北植物荟萃、南北生物物种库"之美誉。特色产品繁多，如核桃、柿子、板栗、木耳、核桃、板栗、柿子等产量居全省之首，核桃产量占全国的六分之一；秦巴山区还是全国有名的"天然药库"，中草药种类1119 种，列入国家中草药资源调查表的达 286 种。秦岭以南柑橘、茶、油桐、枇杷、竹子等亚热带标志植物均可生长良好，而秦岭以北柑橘绝迹，却盛产苹果、梨等温带水果。秦岭现设有国家级太白山自然保护区和佛坪自然保护区。在秦岭里，鸟类有国家一类保护对象朱鹮和黑鹳，有称世上最为丰富的雉鸡类族群，有大熊猫、金丝猴、羚牛等珍贵品种，其中大熊猫、金丝猴、羚牛、朱鹮被并称为"秦岭四宝"。秦岭密林深处，熊猫等珍稀动物在此自由地生活着，体态丰满、头部圆润、胸腹部棕色被毛的秦岭大熊猫更像猫，憨态可掬，是"国宝中的美人"。据第四次全国大熊猫调查结果显示，全国共有野生大熊猫1864只，其中秦岭大熊猫345只，占总数量的18.5%，种群密度居全国之首。"秦岭大熊猫是一个独立的亚种，更为古老，更为珍贵。"秦岭大熊猫作为独一无二的秦岭元素，被国际最大的自然保护组织——世界自然基金会称为全球第83份"献给地球的礼物"。"金丝猴"的美名因其金光闪烁的毛色得来，秦岭当地居民又称其为"灵性兽"或"孝兽""仁兽"。秦岭是中国金丝猴分布的最北限，在动物学分类上属金丝猴四川亚种的秦岭种群。金丝猴的生活环境偏僻，食性特殊，一旦改变了它的生活环境，就极难养活。目前，除中国国内少数动物园有数十只饲养外，国外动物园还没有饲养和展览过。羚牛，是秦岭山脉的特产动物，被称为"秦岭金毛扭角羚"，通体白色间泛金黄，长相极为威武、美丽，当地人又叫它为"白羊"或是"羊子"。秦岭羚牛有两个长而粗壮的前肢，两条短而弯曲的后腿以及分叉的偶蹄，这些特点都使其能够适应高山攀爬生活，目前秦岭羚羊数量不足5000头，十分珍贵。秦岭深处的洋县是地球上唯一的朱鹮营巢地，人与自然和谐共生的理念在这里得到了最好的阐释。朱鹮是稀世珍禽，性格温顺，民间把它看作是吉祥的象征，称为"吉祥之鸟"，其优雅轻盈的状态为历代诗人所倾慕，留下了"因风弄玉水，映日上金堤""朱鹮戏新藻，徘徊流涧曲"等诗句。20世纪中叶以来，由于人类社会生产活动对环境的影响，使得朱鹮对变化了的环境难以适应，数量急剧减少，目前通过人工饲养以及自然生态环境的改善，朱鹮秀雅的姿态越来越多地呈现在人们面前。"秦岭四宝"体现了秦岭生态环境的保护，体现了人与自然和谐共生。

文明从秦岭走来。西安作为古代王朝和政权都城时间长达千年，很大程度上得益于秦岭优越的生态环境。西汉时张良曾谓"关中左崤函，右陇蜀，沃野千里，南有巴蜀之饶，北有胡苑之利""所谓金城千里，天府之国也"。班固言秦地"有鄠杜竹林，南山檀柘，号称陆海，为九州膏腴"。著名的"关中八景"其中五景"华岳仙掌""骊山晚照""灞柳风雪""草堂烟雾""太白积雪"都是秦岭的美景。秦岭是陕西的福邸，是大自然对陕西的馈赠，美景活水、丰富物种缔造了都城的文明，造就了华夏文明的孕育和发展。老子的《道德经》在秦岭著成，从这里流传，以《道德经》为核心的道家思想与儒家思想亦成为中国古代思想文化史上的两座并峙高峰。从李白的《蜀道难》到白居易的《长恨歌》，从王维的《辋川图》到山水田园诗派，面对秦岭，历代诗人挥笔豪放，书写秦岭的或雄浑、奔放，或淡雅、内敛，挥洒自己对秦岭山水的感悟。秦岭为中国黄河、长江、淮河三大流域提供了水源保障，是名副其实的中央水塔，秦岭的天然屏障和丰富的自然资源孕育了秦风雅颂的中华优秀传统文化。保护秦岭，就是守护中华民族祖脉。

（二）"一水"——黄河水

俗话说：山有根，水有源。几乎所有发展潜能巨大的原生文化，都生成于水域丰富、适宜人居的水地区，良好的水土资源是文化生成与发展的前提条件，水成为滋养文化最为基本的生态要素。黄河是中华民族的根源，是孕育和滋养华夏民族的"母亲河"，20 世纪 60 年代之前，国际学术界把中国文明称为"黄河文明"，其与埃及的尼罗河文明、西亚的两河流域文明、印度的印度河文明并称为世界四大文明。

黄河蜿蜒九曲，从神州大陆浩瀚东流，记载了中华民族的繁荣昌盛，刻烙了千秋万代的悠久历史，奠定了中华文化的历史高地，自古以来黄河文化就是中华文化的历史轴心，《汉书·沟洫志》曰："中国川原以百数，莫著于四渎，而河为宗"，黄河被誉为"四渎唯宗"和"百水之首"。

黄河横亘中原而流域绵长，黄河流域氏族部落之间的互动交融，最终在中原大地出现了中国最早的国家形态——夏朝，从而形成了黄河流域政治文明诞生的历史萌芽。此后，黄河流域便出现了一脉相承、具有连续性与正统性的中华文明，从而奠定了黄河文化在中华文化历史演进中的主杆地位。习近平总书记在黄河流域生态保护和高质量发展座谈会上强调"黄河文化是中华文明的重要组成部分，是中华民族的根和魂"。这是对黄河文化在中华文明产生和发展中的科学定位，所谓根，就是说中华文明起源于黄河文化；所谓魂，就是说中华文明的基本内核、价值观念和黄河文化一脉相承。

黄河文化是中华民族在黄河流域长期与自然共同生产生活的实践过程中形成的。一部黄河文化史，就是一部自然哺育人类繁衍的历史，黄河被称为中华民族的母亲河，是源于黄河提供了人们早期生存的最基本物质条件。在古代，人类制造生产工具的能力低下，主要是依赖自然资源谋求生存繁衍。据考古地理学研究推测，在3000多年前的殷商时代，黄河中下游地区是温暖湿润的，植物生长的土壤质地均匀、结构疏松、腐植物质含量高，既有利于植物根系发育与作物生长，也便于简陋的生产工具操作，有利于原始农业的发展。黄河及其支流为人类提供了交通和灌溉之利，我国最早的水利灌溉事业也是从黄河中下游发展起来的。黄河流域是我国最早栽培粟和黍的地区，谷物农业的发展对人类社会生活产生了全面影响，为中华民族走向文明社会奠定了物质基础。

黄河文化起源于农耕文明，黄河流域的物种演化、生态变迁对黄河文化具有直接影响。黄河文化的本质是人的作为和自然的作为之间的一种交流、沟通和转化，是黄河流域的人们在对黄河资源的认知与利用、适应与对抗、影响与改造过程中形成的。黄河流域的人们在与不确定性的自然共生过程中，逐渐联合起来，以文化形态推动着人与自然的平衡与和谐，构建起人与自然的和解与互惠，使人类社会良性螺旋运转向更高层次。"大禹治水"是黄河文化形成的早期历史传说，在满足人们更高生产生活需求和技术革新的双重动力下，人们改进农业生产工具、研究改进农业耕作技术，以集体的力量逐步开始兴修水利，利用灌溉技术对黄河水进行合理使用，推动黄河流域成为中华大地上最重要的农业区和畜牧区。随着黄河流域农业、畜牧业的发展，在此基础上产生了手工业和商业活动，人类社会的交往日益频繁和丰富。人对自然的合理利用，进一步推动生产力的发展，影响着社会生产关系的变革，进而推动人类走向文明社会，黄河文化就是在人与自然交互关系中产生和丰富起来。

以黄河文化为主体的文脉演进和扩展，造就了灿烂辉煌的中华文明。黄河及流域自然资源孕育了中华民族，中华民族在认识自然合理利用自然的过程中，运用自己的智慧和情怀创造了悠久绚烂的黄河文化。一代又一代黄河流域的人们在持续与黄河水患协同治理过程中，锻就了自强不息、艰苦奋斗的民族品格，造就了流域人们万姓同根、万宗同源的民族心理，形成了大融合、大一统的民族意识。"大一统"思想观念促进国家认同与中华民族的凝聚，实现人与人的互惠，实现人与社会的共存共荣，这是一种和谐共生的处世态度。"万邦协和"的理念体现了黄河文化吸收、容纳不同流域的草原游牧文化、农耕文化、民族文化，展现了中华民族强大的包容性，存有和而不同、同中有异、多样统一的观念，形成了多元统一的文化体系。

从黄帝开始，直至北宋，沿黄地区的经济、文化发展一直走在中华民族的前列，华夏文明的政治、经济、文化中心也一直在沿黄地区。辉煌的黄河文化在陕西段也是熠熠生辉。

黄河流域文化可分为干流文化和支流文化。陕西渭水是黄河的最大支流，其流域成为黄河文化的核心发展区，形成支流文化——关中渭河文化。据考古研究表明，渭河流域有 200 多万年前的"上陈人"、有 110 万年前的"蓝田人"、有 20 万年前的"大荔人"、有 6000 年前的

"半坡人"。渭河流域毋庸置疑是中华民族早期的居住地,渭河流域适宜的自然条件促使陕西成为中华民族农业生产开发最早的地区之一。

6000 年前的半坡人在这里从事农业生产、饲养家畜、打猎捕捞、采集果实,当时种植的谷物主要是粟,传说中最早从事耕种稷和麦的人,是陕西周人的祖先。关中平原也成为中华民族实现国家统一的奠基之地,华夏人文初祖炎黄二帝在此立根,奠定了中华民族五千年的文明基础;周秦汉唐等 13 个朝代凭借渭河流域建都长达千余年之久,使中国名列世界四大文明古国之一,并且保存了至今唯一未中断的文明体系。

黄河文化的历史脉络在渭河流域清晰可见,华胥文化构成了中华文化植根渭水的萌生之源。华胥氏是中国上古时期华胥国的女首领,她是伏羲和女娲的生身母亲,也是炎帝和黄帝的直系远祖,被誉为中华民族的文化"人祖",因而也是中华民族的"始祖母"。关于华胥的记载最早见于《列子·黄帝》记述黄帝"昼寝而梦,游于华胥氏之国"。其后上百种典籍均有记载。在 8000 多年前,华胥氏带领远古先民不断游徙,足迹遍布黄河流域,更多地集中于渭河流域,创造了中华民族的农耕文化,开创了中华文化创造史。中华民族之"华"源于华胥之"华",华胥是华夏之根和民族之母。华胥文化标识着中华文化的历史渊源,代表着中华民族历史萌生的文化之根。从华胥到华夏,从华夏到中华,形成了一脉相承的中华民族文化,华胥文化是中华民族可追溯的文化源头;炎黄文化构成了中华文明历史生成的文化标识;长安文化主导着中国传统文化的历史演进,奠定了中华黄河文化历史演进的主导轴心。黄河的自然馈赠让陕西拥有独有的中华民族"源文化"优势。

黄河文化诞生于人与河流的互动,成长于丰富的社会实践,孕育了万姓同根、万宗同源的民族心理、大一统大融合的主流意识和自强不息艰苦奋斗的民族品格,构成了中华民族认同感的来源和团结奋进的精神文化支柱,成为民族复兴的伟大精神力量和民族文化自信的重要载体。

黄河流域的故事从古说到今，传承和创新一直是不变的主题。

四、 生活的孕育： 民俗风情

　　人民是生活的享受者，更是生活的创造者。在这片土地生活的人们，会因地制宜结合自己的生产和生活日常创造性丰富自己，久而久之就会形成自己独有的民俗风情，形成民俗文化。民俗文化是最能直接体现本地域人们的生活状况、精神面貌、历史传承和聪明智慧。

　　陕西是较早有人类生活的地域，漫长的历史进程给陕西带来极其丰富的民俗文化资源。有人说陕西民俗文化的价值，绝不亚于周、秦、汉、唐文物的价值，陕西民俗文化类型囊括了联合国教科文组织所划分的所有类型，即口头传说和表述，表演艺术，社会风俗、礼仪、节庆，有关自然界和宇宙的知识实践，传统的手工艺技能这五大类型。就小品种而言，陕西民俗文化形态大约有 300 多种，如木版年画、泥塑、剪纸、皮影、饮食、语言、服饰、鼓乐、地方剧种、社火、庙会、面花等。

　　陕西民俗文化除了具备一般地域文化共同的地缘性、多样性、丰富性等特征外，"根源性"是陕西民俗文化明显与众不同的特征。陕西文化是中华民族文化的主要发源地和辐射中心，是根脉文化，这一点也决定了陕西民俗文化根源性的基本特征。8000 年前，华胥氏带领远古先民不断游徙，在陕西渭河流域创造了中华民族的农耕文化，开创了中华文化创造史。5000 多年前，黄帝部落发祥于陕北，炎帝部落发祥于陕西岐山东面，是当时中原地区最强大的两支部落。"炎黄"是中华民族共同先祖，并作为文化标识被全球华人广泛认同。周朝礼制文明代表着东方秩序文化的历史生成。随之有强盛的秦、汉、唐，陕西一直处于当时全国政治文化中心区，虽然在北宋之后政治文化中心东迁，但已形成的民俗文化，却因远离中心变革，原生形态保留较好，成为当今认识和研究历史文化的"活话本"。这里主要说说民俗节日和饮食文化，这两方面受地域和历史文化源头影响大，且一旦形成具有长期稳定性，是具有代表性的地域民俗文化。

（一）传统节日

生活是一代代延续的，民俗也是一代代传承的，在传承过程中也会发生变化，有时会只保存其形式内涵发生转变，但如果追根溯源探究源头，会发现民俗神奇的力量，那是通过代代相传的风俗将古人与今人，将文化的源头与文化的传承神奇地串联起来，让中华文明一脉相承地予以延续。

在中国人眼中春节是最隆重最重视的节日，各地上演的春节民俗活动就是一次展示各地璀璨地域文化的亮宝会，最能体现当地地域历史文化的深厚，也是对中国传统文化的传承和创新的大舞台。陕西各地春节民俗可谓是五彩缤纷。如民间社火，是春节期间陕西关中地区，流行于民间自演自娱的一种民众广泛参与传统的娱乐活动。社，即土地神；火，即火祖，是传说中的火神，在以农耕文化著称的中国，土地一直是人们的立身之本，它为人类的生存发展奠定了物质基础。火是人们熟食和取暖之源，也是人类生存发展必不可少的条件。古老的土地与火的崇拜中，产生了祭祀社与火的风俗。陕西社火活动，据史载，西汉、隋、唐及宋明时代，以"灯节""龙舞""狮舞"为主要形式的社火杂耍。社火以民间传说和戏剧故事为题材，通过一个或一组人物展现一个故事，一个故事即为一转社火。人物要画社火脸谱，穿社火服装，持社火把杖。

陕北春节民俗中"最地域"的民俗风情，就是"转九曲"和"扭秧歌"。"转九曲"据说也是为了祭祀火神，在内涵上民间的风俗是相通的，只是祭祀因地域不同采用的方式迥异。"转九曲"是陕北地区最出彩、具有地域代表性、文化特色鲜明的民俗活动。"转九曲"是陕北人的相识密码，它是有共同地域生活交织和情感的，如同方言一样，一开口就能识别是不是"本地人"，这也许又是民俗文化的神奇力量吧。"转九曲"又叫"转灯""九曲黄河阵""灯游会"等。在陕、晋、蒙靠近黄河中游的广大区域均有开展，形式、内容、内涵虽有差异，但其文化归因基本一致，都可以在"转九曲"的文化起源与功能上找到根源。气势磅礴的黄河奔流到黄土高原，转了大大的一个弯，古人们就在这大弯里留下了九曲黄河阵。岁月更替，战争尘埃落定，智慧的当地民众将这"军事阵"演变成有趣的"九曲阵"，成为当地春节的传统娱乐项目，代代相传。

如今陕北地域日新月异，"转九曲"早已褪去愚昧说辞，变成人们强身健体的元宵娱乐盛会。被誉为是神仙之阵，环套环、城套城的"九曲阵"，宛如进入迷宫，增加了人们娱乐的趣味，现在用彩色灯泡所勾勒出的场景比传统方式的灯盏更加绚丽，人们从四面八方赶来，个个喜笑颜开也进了九曲门，人流像黄河的浪花疾波，有说有笑，前簇后拥，开心的、欢愉的、放松的。人们在古老行阵中以现代的步伐表达着获得健康、丰收、快乐愿望一直存在并延续。如果有秧歌队的助兴那就更加欢快了，礼炮喷花，长号齐鸣，锣鼓喧天，大秧歌舞起了幸福生活的波浪。

"大秧歌"是流传于陕北高原地区，极具广泛群众性和代表性的民间舞蹈，又称"闹红火""闹秧歌""闹社火""闹阳歌"，不管有几种叫法，都有共同点就是"闹"，一个"闹"字点出了秧歌的精髓，就是给这贫瘠单调的地域增加力量和色彩，展现人们挑战困苦、不屈不挠、积极向上的精神面貌。陕北秧歌历史悠久，内容丰富，形式多样，主要集中在陕西榆林、绥德、米脂、延安等地，其中绥德秧歌最具代表性，是陕北秧歌的中心，那里的农村至今仍保留传统的秧歌表演程式、礼俗和风格特色，其中既有古代乡人驱傩的"神会秧歌""二十八宿老秧歌"，也有1942年之后兴起的新秧歌。

陕北秧歌表演讲究阵势，毕竟其起源就是为了增加节日的热闹，又兼历史战事遗存，在表演中强调随号令变化队伍行列。几十人甚至近百人组成的秧歌队，在伞头的率领下，踏着铿锵的锣鼓，和着嘹亮的唢呐，上下挥舞着彩色长丝绸扇，协调着脚下"原地扭""走十字步""三步一跳""斜身步""抖肩步"的动作，整齐划一地舞动在古老的黄土地，让人们深深震撼于传统民间艺术的美。

"社火""转九曲""闹秧歌"等历经千年的民俗活动，以自己广泛的民间基础承接着地域文脉，传承着中华文化根源的记忆，释放着中华文化内涵魅力。

（二）饮食文化

饮食习俗也许是地域民俗亘古不变的话题。民俗所包括的种类很多，如建筑、服饰、婚丧、生活习俗等等，但随着时代变迁、技术进步等因素，有些民俗只能成为历史。陕西有八大怪"一怪面条像腰带；二怪锅盔像锅盖；三怪辣子是道菜；四怪碗盆难分开；五怪帕帕头上戴；六怪房子半边盖；七怪板凳不坐蹲起来；八怪秦腔吼起来"。这八大怪，现如今除了前三怪还活跃在人们的唇齿之间，剩下的几怪，都不多见甚至面临消失。最让人不舍的"秦腔"，现在也存在后继乏人，贾平凹的《秦腔》无不透出哀伤和担忧。唯有这饮食，最是人间烟火味，童年的口味记忆奠定了一生的味蕾，这就是生活的孕育。

谚语"民以食为天"，具有地域特色的饮食往往成为人们的追捧，百年老字号成为新时代"网红店"，甚至成为一座城市形象的"名片"。《那年花开月正圆》的播出，让陕西一些小吃成为全国知晓的名小吃。《装台》的热播，又一次带红了陕西小吃，那一道道菜名成了陕西饮食文化响亮的名片。据陕西烹饪协会统计，陕西的小吃有上千种，仅西安就有几百种（这还不包括民间的一些小吃），风味独特，一品一味，尤其是西安回民小吃，更是一绝，不仅品种多，而且做工精致、风味独特，已经成为中国民族菜、清真菜中很重要的一支，到陕西旅游的外地人往往打卡的第一地就是回民坊。现在随着对民俗小吃的发扬光大，永兴坊异军突起，更是汇集陕西各地小吃，成为新时代民俗小吃网红地，也成为陕西人春节民俗活动的一个项目。西安被称为"小吃王国"，来自海内外的游客都对西安的小吃赞不绝口，说在世界上找不到第二个像西安这样的城市，在西安的大街小巷都能品尝到各式各样、风味独特的陕西小吃。

陕西饮食为何受到人们如此的热捧呢？究其原因应该有四点，一是悠久。陕西先民早在 7000 年前已开始从事农业生产，种植谷物、蔬菜，发明了先进的双连地灶，并有了精美的陶器。相传炎帝神农氏生于蒙峪（今宝鸡市清姜河畔），他是农业、制陶、医药等创始人，又兼后稷教稼穑，使陕西成为中国境内农业发达最早的地区之一，陕菜在几千年前就与食医、补益有机地结合起来。历时 1000 多年，西安又处于全国政治、经济、文化中心，为陕菜的发展创造了极为有利的条件，创造了中国饮食文化的多项之最。如中国最早的宴——"周八珍"；中国烹饪界公认的厨祖伊尹是陕西合阳人；最早的烹饪理论典籍《吕氏春秋·本味篇》实际上就是伊尹与商汤关于烹饪理论与治国方略的谈话；中国最豪华、最奢侈的宴席是唐时的"烧尾宴"；唐时有很大名气和较大影响的宴席就有十几种如"曲江游宴"。西安的凉皮早在秦朝就有；锅盔馍则在周代，称为"文王锅盔"；宋朝的水晶饼市场越做越大；诞生于民国时期的樊记肉夹馍是陕西的一大名吃；"陕西杜康"开酒的滥觞，历史遗迹表明，陕西白水县康家卫村是传说中酿酒发明者杜康的故里，中国的第一壶酒是经杜康在这里酿造出来的，到了唐代酿酒工艺已达到很高水平，品种也增加到 30 余种。除了皇宫的兰生酒、菊花酒等外，市场上出售的还有葡萄酒、柏叶酒、甘蔗酒等；据《华阳国志》记载，距今 3000 多年前的商周时期，陕南已开始产茶，到了唐代，包括紫阳在内的山南道，被"茶圣"陆羽在其《茶经》所述中列为全国八大产茶区之首，并参与"茶马互市"活动，长安永昌坊开创的茶铺，更成为中国最早的专业茶座。

二是丰富。陕西（尤其是西安）将传统吃食大多数完整保留了下来，据《陕西烹饪大典》记载，从周到唐的古典名菜，就有二百多种。在西安，不论大菜、小吃、糕点都是品种繁多，各式各样。西安的大菜（即陕菜），古代、现代加起来有上千种，它们山珍海味肉禽，无所不包。西安的几条小吃街，规模之大、品种之多、经营时间之长，在全国都不多见。如西安市著名的饺子宴，饺子本是北方地区"飞入寻常百姓家"的饮食，而西安饺子宴由千姿百态的饺子依次排仗组成，据说是在发掘研究唐代饺子的基础上研制成的，的确有一种宴宾筵席、恢宏宫廷盛宴的气势。再如关中八大怪之一的"烙馍像锅盖"，指的是陕西小吃锅盔，仅在关中地区就有乾州锅盔、泾阳锅盔、武功锅盔、长武锅盔、岐山锅盔、扶风锅盔、凤翔锅盔等，各地的风味都略有不同。中国的菜系一般都有很强的地域性，如粤菜的海鲜、川菜的肉、鲁菜的河鲜、新疆菜的牛羊肉、云南菜的山珍和菌类等。地域优势也是陕西饮食丰富性所在，陕西地处中国腹地，横联黄河、长江两大流域，这里北部是陕北黄土高原和毛乌素沙漠南缘，为温带气候，雨量较少，尤以大红枣、优质苹果、杂粮、小米、豆类、无膻味羊最负盛名，成为陕西名片的有洛川苹果、佳县红枣、米脂小米、定边山羊、靖边土豆等，因为适宜的地域环境，产出的农产品品质好。陕南为亚热带气候，雨量充沛，汉中盆地更是河渠纵横，一派江南风光，农产品资源非常丰富，有核桃、板栗、柿子、木耳、花椒、猴头菇、生姜、商芝菜、魔芋、薇菜、皖鱼、香菇，还有珍稀的竹荪，竹骝，柞水木耳被习近平总书记称为"小木耳大产业"，引起全国销量激增。中部的关中平原号称八百里秦川，气候温和，雨量适中，灌溉便利，农业发达，物产丰富，是小麦的主产区，有著名的秦川牛、关中驴、渭河鱼、黄河鲤、葱、姜、蒜、辣椒等调料产量大、质量高，这些丰富的物产，为陕菜提供了充足的食材。

三是包容。陕西饮食文化具有极强的包容性，南来北往的游客在陕西总能找到适合自己味蕾的食物，即使是初次品尝也是容易入口的。细究原因，还因得益于历史古都的优势。陕西的小吃传承了历代宫廷小吃之技艺，博采各地小吃之精华，兼收民族珍馐之风味，汇集内外名饮名食之荟萃，进而以品种繁多、花色奇异、民族特色浓厚、地方风味各异、古色古香古韵著称。唐时的长安是当时世界上最大的城市，有一百多万人，与全世界多个国家有贸易往来，中亚、西亚以及欧洲、日本、朝鲜人纷纷进入长安，同时也带来了世界各地的饮食及其文化。尤其是丝绸之路的开辟，从西域传入新的物种如胡萝卜、葡萄、核桃、胡椒、迷迭香、沉香等等。也传入新的菜品，西安的许多饮食如"羊肉泡""胡麻饼""饦饦馍""羊肉串"等都有很强的外域特征。长安城在唐朝发达开放，聚居了大量西域人，"石国胡儿人见少，蹲舞尊前急如鸟。织成蕃帽虚顶尖，细氎胡衫双袖小"（刘言史《王中丞宅夜观舞胡腾》）。长安城中的酒肆、饭庄里的陪酒、陪歌女大都是从西域来的能歌善舞的女子，被称为"胡姬"。唐代浪漫诗人李白笔下有"琴奏龙门之绿桐，玉壶美酒清若空。催弦拂柱与君饮，看朱成碧颜始红。胡姬貌如花，当垆笑春风。笑春风，舞罗衣，君今不醉将安归！"（《前有一樽酒行二首》）"银鞍白鼻骗，绿地障泥锦。细雨春风花落时，挥鞭直就胡姬饮。"（《白鼻骗》）还有杨巨源的《胡姬词》："妍艳照江头，春风好客留。当垆知妾惯，送酒为郎羞。香度传蕉扇，妆成上竹楼。数钱怜皓腕，非是不能愁。"唐人因为爱看胡姬的表演而到胡商那里喝酒，"胡酒"是胡人把酿造方法带到中原而酿成酒。据史料记载，唐朝已经出现红酒，这或许就是胡酒的一种。后来西安发展为旅游城市，成为国际化大都市，饮食文化的包容性更为突出。在西安，你可以吃到粤菜、川菜、鲁菜、湘菜、淮扬菜、云南菜、新疆菜、贵州菜、东北菜等全国几十个菜系的佳肴，各地的上万种小吃，而且还能品尝到香港、澳门、台湾的各色美食。同时也能吃到全世界几十个国家的餐点如美国的肯德基、麦当劳，韩国、日本料理，巴西烧烤，新加坡快餐，法国大餐和印度菜等等。西安餐饮市场有一个十分特殊的现象，那就是外地、外国的一些餐饮形式、菜系、小吃，一旦进入西安就能火起来，这从另一个侧面反映出，西安城市的包容以及西安文化的多元。

四是故事。陕西饮食的文化性体现在很多饮食的背后有一个很古老的传说，或者一个美丽动听的故事。牛羊肉泡馍是独具西安地域特色的著名小吃。传说是在公元前 11 世纪古代"牛羊羹"的基础上演化而来的。西周时曾将"牛羊羹"列为国王、诸侯的"礼馔"。据《宋书》记载，南北朝时，毛修之因向宋武帝献上"牛羊羹"这一绝，被武帝封为太官史，后又升为尚书光禄大夫。还有一段风趣的传说，大宋皇帝赵匡胤称帝前受困于长安，一天来到一家正在煮制牛羊肉的店铺前，掌柜见其可怜，遂让其把自带的干馍掰碎，然后给他浇了一勺滚热肉汤放在火上煮透。赵匡胤狼吞虎咽地吞食，感到其味是天下最好吃的美食。赵匡胤黄袍加身做了皇帝，路过长安，仍不忘当年在这里吃过的牛羊肉煮馍，同文武大臣专门找到这家饭铺吃了牛羊肉泡馍，仍感鲜美无比，胜过山珍海味，并重赏了这家店铺的掌柜，皇上吃泡馍的故事一经传开，牛羊肉泡馍成了长安街上的著名饮食。北宋大文学家苏东坡曾有"陇馔有熊腊，秦烹唯羊羹"的赞美诗句。还有西安大街小巷随处可见的澄城水盆羊肉，要和一种饼同吃，这饼叫"月牙烧饼"，据说它的来历和月宫里的嫦娥有关。陕西八怪之一的"锅盔馍"，一种说法是武则天修乾陵时，因民工在头盔中烙制而成，所以称锅盔；也有人说早在周朝就有了锅盔，所以锅盔又称为"文王锅盔"。总之，品尝西安的美食，实际上也是在品陕西的历史和文化。

五、 传统的相承： 非物质文化遗产

非物质文化遗产，并非只是简单的民俗技艺，而是千百年来人们对自己所生活地域以及日常生活的艺术化表现，蕴藏着对生命与世界的思考，具有高超艺术技能和深刻文化内涵，是人类子子孙孙值得代代传承的珍贵传统瑰宝。中共中央《关于制定国民经济和社会发展第十四个五年规划和二○三五年远景目标的建议》中明确指出，"要传承弘扬中华优秀传统文化，加强文物古籍保护、研究、利用，强化重要文化和自然遗产、非物质文化遗产系统性保护"。保护、挖掘、传承中华珍贵文化也是增加民族自豪感、增强民族自信心的重要举措。

陕西非物质文化遗产被列入国家级的有 74 项、省级的有 604 项、市级的有 1415 项、县级的有 4150 项。总体类别有民间音乐、民间文学、民间舞蹈、传统戏剧、曲艺、竞技、民间美术、传统手工技艺、民俗、传统音乐、传统舞蹈、传统体育、游艺与杂技、传统美术、传统医药等。西安鼓乐、中国剪纸、中国皮影已列入联合国教科文组织人类非物质文化遗产代表作名录。宝鸡社火、凤翔木版年画、凤翔泥塑、陕北说书、西秦刺绣、炎帝祭典等被列入国家级非遗项目。社火脸谱、西府皮影、宝鸡剪纸、凤翔草编、面花礼馍、千阳八打棍等被列入省市级项目。正式公布的陕西省级非物质文化遗产代表项目，都具有浓郁地域特征，是陕西传统文化艺术的精华荟萃，体现了陕西传统文化和民族民间文化杰出的创造力，具有独一无二的价值，对维系陕西文化传承具有重要意义。这里主要提及西安鼓乐、华县皮影、安塞腰鼓、凤翔彩塑等国家级非物质文化遗产。

西安鼓乐为国家级非物质文化遗产。始于汉，兴于隋，盛于唐的西安鼓乐，是"中国古代音乐之源"，被称为"中国古代音乐活化石"，甚至日本、韩国、越南的古老音乐都流淌着"西安鼓乐"的元素。西

安鼓乐是千百年来流传在西安（古长安）及周边地区的大型鼓乐，它是经丝绸之路引入的西域音乐与中原本土汉乐交相融合而成，又历经各代艺人糅合，在唐代达到了演奏的巅峰水平，并成为唐代皇宫的宫廷音乐。西安鼓乐是我国古代音乐的重要遗存，它特有的复杂曲体和丰富的特性乐汇、旋法及乐器配置形式，成为破解中国古代音乐艺术谜团的珍贵佐证。它乐曲丰富，调式风格各异，曲式结构复杂，极大丰富了中华音乐文化宝库，为中华民族音乐文化的进一步发展发挥重要作用。

长安及周边地区，尤其是秦岭北麓的众多寺庙和道观，其庙会活动和民间乐社是西安鼓乐得以生存的基础，但随着时代变迁，西安鼓乐赖以生存的民间人文环境等正在逐步消亡，其生存土壤正在消失，加之老艺人相继谢世，后继无人，西安鼓乐濒临灭绝，亟待抢救和保护。在2009年9月30日世界非物质文化遗产的国际评委会上，西安鼓乐的申报范本被所有评委集体一致通过。随着对传统文化的深入认知，西安鼓乐的历史文化价值得到政府和有识之士的认可，目前在西安大唐芙蓉园的紫云楼、楼观台的财神庙、都城隍庙的鼓乐社，定期传来的笙笛锣鼓，其婉转优美、神奇飘逸的声乐旋律是对这一珍贵传统的生命延续。

关中皮影为国家级非物质文化遗产。据考证，皮影戏起源于秦汉时期的皇家宫廷，唐代以后流传于民间，其起源和发展都在陕西关中地区，如今以华县皮影最具特色。华县皮影在皮影雕刻、演唱、表演上都具有原生性的美学特征，是被国内外公认的皮影艺术种类之集大成者，被誉为"中华戏曲之父"和"世界皮影之父"。华县碗碗腔皮影戏（曾名时腔），形成于清代初叶，该剧种唱腔板式齐备，伴奏乐器很有特性，细腻幽雅、婉转缠绵，表现形式丰富多彩。清乾隆、嘉庆年间，戏剧家李芳桂等人，为碗碗腔皮影著有《十大本》等许多传统剧目至今流传，并被其他剧种移植、改编搬上舞台，久演不衰。被评定为国家级非物质文化遗产的华阴老腔，也是一种皮影戏曲剧种，系明末清初年间，以当地民间说书艺术为基础发展形成的，长期以来，为华阴市泉店村张家户族的家族戏（只传本姓本族不传外人）。其声腔具有刚直高亢、磅礴豪迈的气魄，听起来颇有关西大汉咏唱大江东去之慨，落音又引进渭水船工号子曲调，采用一人唱众人帮合的拖腔（民间俗称为拉波），伴奏音乐独设檀板的拍板节奏，构成了该剧种的独有之长，使其富有突出的历史文化价值。皮影戏长年活动于民间的村镇、宅院，广阔的农村是其生存和发展的根基。现如今随着工业化城镇化进程，皮影戏渐渐失去其表演市场，面临生存和失传的危机，如何创新发展皮影戏这一流传千年的优秀传统文化，讲好陕西传统文化故事，是新时代值得思虑的问题。

2006 年 5 月 20 日，安塞腰鼓经国务院批准列入第一批国家级非物质文化遗产名录。"腰鼓"是陕北各地广泛流传的一种民间鼓舞形式，最早源于战争，本是古代军旅以增军中士气及传递情报所用，后来演变为民间的娱乐活动，已有数千年的历史。在延安市的安塞区，榆林市的横山区、绥德县、米脂县等地最为盛行，其中安塞腰鼓被称为"天下第一鼓"。安塞腰鼓以粗犷豪放、刚劲激昂、气势磅礴、威猛刚烈、铿锵有力、舞姿优美、潇洒大方、流畅飘逸、快收猛放、有张有弛、群而不乱、变化多端、热情似火的风格取胜。陕西著名作家刘成章在《安塞腰鼓》中这样描述："百十个斜背响鼓的后生，如百十块被强震不断击起的石头，狂舞在你的面前……黄土高原上，爆出一场多么壮阔、多么豪放、多么火烈的舞蹈哇——安塞腰鼓！黄土高原啊，你生养了这些元气淋漓的后生；也只有你，才能承受如此惊心动魄的搏击！"成百上千后生在广阔的黄土地上龙腾虎跃般打着腰鼓，掀起在黄土地上的狂飙，那种场面和气势震撼山川、震撼人心。安塞腰鼓融舞蹈、武术、体操、打击乐、吹奏乐、民歌为一体，表达了黄土高原地域的广袤苍茫、浑厚雄壮以及陕北民众的粗犷豪放、乐观开朗、悍勇威猛的个性与性格，是中华民族精神风貌的再现，是黄河流域文化的组成部分。安塞腰鼓以民间舞蹈的形式，表达了这片土地顽强生命的呐喊和奔突，赋予浓厚的地域气息，体现深刻的文化内涵。1984 年由陈凯歌导演、张艺谋担任摄影的电影《黄土地》剧组走进了比较封闭的安塞，他们要在这里寻找一种与黄土地相契合的、充溢着生命原动力的民间舞蹈，他们选中了腰鼓。拍摄那天，朗朗晴空下，150 名身穿一色黑袄裤、头扎白羊肚手巾、腰扎红布带的精壮的陕北汉子，脚踏厚厚的黄土，在牛皮大鼓的助威下，齐齐地舞了起来，他们前进、后退、踢腿、转身，辗转腾挪如入无人之境，勇猛如虎，翻卷如龙，酣畅淋漓，飞扬激越。摄制组的人们都震惊了、陶醉了。当拍摄到最后一个镜头：鼓手们从山坡后面涌上来时，只见黄尘滚滚，震天的鼓声和 150 条汉子的吼声交织在一起，犹如黄河咆哮、万马奔腾，场面极为震撼，人们"承受如此惊心动魄的搏击"，宛如感受到了先祖们在这片土地生存的艰辛和刚毅，那种不屈不饶的精神，似乎在《黄河大合唱》"黄河在咆哮"中找到了共鸣，那是中华民族生命力的象征，是中华民族团结一致的基因。安塞腰鼓从此豪迈地打出了黄土地，1986 年安塞腰鼓在首届全国民间音乐舞蹈比赛上夺得最高奖项；1989 年台湾电影人凌峰将恣意豪放的安塞腰鼓收入他的专题片《八千里路云和月》并作为片头镜头；1990 年安塞腰鼓敲进了首都北京，在第十一届亚运会上大放异彩。

　　凤翔彩塑也是国家级非物质文化遗产。陕西关中平原西部的凤翔县是历史悠久的古城，秦国定都时间最长的国都雍城就坐落于此。凤翔彩塑却是一种民间工艺美术品，当地人称"泥货"。相传明太祖朱元璋打下江山之后，将他的第六兵营解甲归田，落户于此，此后这一带就被称作"六道营"流传至今。这些落户的士兵中有些人原籍江西，会制作陶瓷。农闲时他们用泥捏制彩偶，到年节出售，很受群众欢迎。彩塑吸收了当地民间的艺术营养不断创造，造型浑厚饱满，形象生动诙谐，装饰意味浓厚，逐渐形成了自己独特的风格。凤翔木版年画也堪称一绝，被国外收藏家赞誉为"东方智慧的结晶"，在世界各著名博物馆皆有收藏。凤翔木版年画始于唐宋，盛于明清，是中国民间年画的一大流派，风翔木版年画继承、发扬中国传统绘画艺术的线条手法，同时吸收了历代寺庙壁画、石刻笔法、刀功特点，以线刻为主，色彩以红、绿、黄、紫为主，再衬以黑色线条，对比强烈。风翔木版年画是民间艺术中一枝古老独特、别具风采的艺术奇葩。

陕西非物质文化遗产门类齐全、弥足珍贵。有的具有促进陕西地域文化认同、增强社会凝聚力和社会稳定的作用，是文化交流的重要纽带；有的出色地运用传统文艺和技能，体现出高超的水平，具有见证文化传统的独特价值。非物质文化遗产是祖先留给我们弥足珍贵的宝贵财富，目前传承情况并不让人乐观，许多非遗面临社会生态环境的变化，处于生存狭窄区，有的是后继无人濒临消亡，有的是资本断链更新受限，有的形式陈旧缺乏市场。对此，陕西省从政府层面不断探索新方法来保护传承陕西省非物质文化遗产，相继出台了《陕西省非物质文化遗产普查工作实施方案》《陕西省非物质文化遗产代表作申报评定暂行办法》《陕西省非物质文化遗产条例》等文件，并编制实施了《"国风·秦韵"文化品牌工程规划》（2017—2021），正式挂牌成立"陕西省非物质文化遗产保护中心"，大力开展名录体系建立、传承人命名、遗产普查、重点项目保护和重大活动等工作，对陕西众多的古老珍贵遗产进行梳理保护和传承。

六、 千年的回响： 民歌艺术

陕西民间音乐紧接地气、口口相传、代代传颂，生命力旺盛。陕北、关中、陕南三大地域风貌不同，民间艺术展现形式迥异。陕北黄土高原空旷辽远，回响着悠长嘹亮的信天游；关中平原深受国都文化影响，高亢雄弘的秦腔"飞入寻常百姓家"，城墙根下、窄巷道中、广场上、公园里，从城市到农村，吼秦腔成为百姓日常；秦巴山区受蜀汉荆楚文化影响，细腻柔和成了萦绕青山绿水的优美旋律，紫阳民歌是陕南地区民歌中最具代表性的曲种。不同地域造就不同的民间音乐，传唱千年的陕西民间音乐，表达着自己不同的生活状态和生活情怀。

（一）陕北民歌

陕北民歌是陕北地区的传统民歌，分为劳动号子、信天游、小调三类。对于普通人们而言，陕北民歌就是指"信天游"，这个名称起得相当传神，完全表达出这种民歌的内在神韵和气象。"信"——信口开来，凭景而歌，有感而发，不思索不掩饰，真诚率直，体现了民歌最原生态的本质；"天"——高高的山峁，湛蓝的天空，无限的广袤，无边的天际，让人心旷神怡不自觉地想高歌一曲。"游"——则是神来之字，似乎随着口腔的声韵，声音声调字形都会随着风，游向广阔的天空、浩渺的宇宙，游走的声响，游走的情绪，游走的岁月，游走的时空，让人无限遐想，让人无比思索，让人无边沉吟。这就是"信天游"的神采，赵季平先生曾评价"陕北民歌，与诗意、鲜活的'信天游'这个名称本身一样，超凡脱俗，神奇浪漫，风情万种，魅力无限，只要你亲近接触，总会使你感慨万千，情不自禁"①。是的，风情万种，情不自禁，只要听过信天游的都会被深深吸引，驻足倾听，似乎有一种发自灵魂深处的感动和情愫，久久不能释怀，这就是信天游的魅力和价值。"信天游"的产生是与地域风貌截然分不开的，是千沟万壑的黄土高原造就了信天游的高亢绵长。

黄土高原是世界最大的黄土堆积区，黄土厚 50 米—180 米，但由于土质疏松植被稀少，夏季暴雨季节，水土流失严重，冬春季节降水稀少，又易出现旱情，天长日久的旱涝让黄土地形成独有的地理风貌，受流水侵蚀，分割出长条状塬地成为山梁，称为"梁"；梁地再被沟谷切割分散孤立，形状有如馒头状的山丘，称为"峁"，由"梁"和"峁"

---

① 王六：《陕北回眸：信天游说》，北京：商务印书馆，2019 年。

组成的黄土丘陵，高出附近沟底大都在 100 米—200 米左右，形成较大的落差。北起毛乌素沙漠、南至金锁关，东起黄河、西至子午岭的陕北地区，就处于这样的"梁""峁"之间，人们的耕种农活、拦羊放牧，以及居住的窑洞都在山峁之间，"见面面容易拉话话难""一个在那山上一个在沟，拉不上话话招一招手""瞭得见村瞭不见人"，看得见但隔着沟，人们就"吼"着说，面对黄土地的峁梁起伏、丘壑纵横的视觉感受，人们就"吼"着唱，山谷回音、高亢悠扬的"信天游"音乐特征就出现了。山山相对隔沟呼唱，非高亢不可明意，非悠扬不可绵长，"信天游"因为地形地貌开口就是高音，高音跳跃，间或声调延长，有着与生俱来的顺天顺风、响遏行云的艺术张力和感染力，这也造就了"信天游"自由开放、嘹亮磅礴的豪迈因子，成就了"信天游"独树一帜的民歌特质。

红军到达陕北，给了古老的"信天游"新的生命。从 1935 年到 1948 年，以冼星海为首的一大批 20 世纪中国最优秀的音乐家云集延安，学习陕北民歌，在保持原有特色和音乐品质的基础上进行创新，同时改编创作出许多具有陕北风格的作品，在抗日战争和解放战争中发挥了重要的作用。新中国成立后，为了继承发展陕北民歌并用多声部合唱形式来发展民歌合唱艺术，1952 年中央歌舞团成立了陕北民歌合唱队，1954 年赴全国十大城市巡回演出，改编的合唱曲目有《三十里铺》《兰花花》《绣荷包》等，陕北民歌传遍全国，为广大群众所喜爱。上海唱片厂为部分合唱灌制了唱片，中央人民广播电台同时也录制一些曲目向全国播放，陕北民歌终于从山沟沟走出，以新的生命力绽放着千年的回响。

目前陕北民歌代表乐曲主要有《东方红》《走西口》《赶牲灵》《兰花花》《推炒面》《五哥放羊》《刨洋芋》《绣金匾》《黄土高坡》《三十里铺》《绣荷包》《想亲亲》《南泥湾》《叫一声哥哥你快回来》《黄河船夫曲》《九曲秧歌黄河阵》《秋收》《翻身道情》《兄妹开荒》

《圪梁梁》《泪蛋蛋抛在沙蒿蒿林》《山丹丹开花红艳艳》等。代表人物有贠恩凤，中国著名歌唱家，国家一级演员，被誉为"黄土高原上的银铃"；王向荣作为陕北民间歌手的代表人物，被冠以"陕北歌王"的美誉，其激情的演唱风格既有陕北民歌的苍凉厚重，也有地道陕北方言的原汁原味；贺玉堂1986年在首届中国民歌音乐比赛中荣获演唱二等奖，创作三等奖，被中宣部正式命名为"民歌大王"；郭云琴被誉为"黄土高原上的百灵鸟"，两次获陕西省艺术节演唱一等奖；王二妮曾在电影《信天游》、电视音乐片《走西口》中担任主唱。

　　陕北民歌除了大家耳熟能详的"信天游"，还有一种颇具地域特色的民间音乐——榆林小曲。榆林，地处古河套文化和匈奴文化交融地带。赵汉时期这里已是陕北的文化中心，但由于历代羌、胡、突厥等少数民族迁徙频繁，乃成为兵家必争之地，使这里的文化形态呈现出一些独有的特点。据《榆林府志》载：自明成化九年（1473）建立卫城，大量移民塞边，榆林便成为我国九边重镇之一，常年屯驻重兵。到榆林做官的外省籍人越来越多，尤其是从浙江一带来榆林做官的，先后占了外籍官员总数的百分之七十以上（民间至今流行一种说法，叫南官北座）。各地人才的汇聚，促成了各类文化的交流和融合，榆林小曲就是在这种条件下生成的艺术新品种。据《榆林府志》记载，清康熙九年（1670），由江南来的谭吉聪（字舟石，浙江嘉兴人），任榆林堡同知。此人对榆林的边韦地之形与风俗非常熟悉，对江南小曲也十分喜好，来榆时带了家眷及使女、歌伎和所用乐器等，闲暇时，常令其演唱求乐，甚至在他主持修镇志时，也要请艺人来奏乐弹唱。榆林总兵徐占魁在《重修延安绥德镇志序》中说：爱时聚于署之东偏日，饮绿之堂，丝竹杂奏。筋酒间行。据《榆林府志文艺志》中记载，清康熙十二年（1673）后，榆林城内，文艺其繁，经常是夜半曲声听满城，凯歌楼上常有羌笛吹新调，秦筝弄急弦，其盛况可见一斑。榆林小曲是一种带乐器伴奏的坐唱，从南方来的官员和商人不断带来南方的丝竹管弦和乐伎，将江南的小曲、时调与当地的语言、民间音乐交融结合，使榆林小曲形成了自己独特的风韵，既有江南水乡的柔美和甜蜜，又有北方的粗犷和豪放，其唱词，融雅、俗于一体，在语言风格和语言结构上既有一般文人的遣词用字，又有当地方言土语，这在其他歌唱民间艺术中较少见。如《姐妹拌嘴》："妹子颇厌烦；斜倚靠在玉栏杆；骂声泼子你好大胆；春景天景物新鲜；金镯响玉腕；香风飘起在云端。"榆林小曲演唱形式历来以自我娱乐为目的，室内院落均可进行，没有固定的演出场合。它与当地民俗产生密切的联系，四时八节，婚丧嫁娶，生辰寿诞，喜庆节日，当地群众都有约请小曲艺人到家演唱的习俗，榆林小曲的唱词内容，基本上体现市民阶层的各种生活侧面，具有浓郁的里巷之曲的特点。榆林小曲用独有的民间歌唱演绎出榆林这座古边塞城池的前世今生，验证了华夏民族曾经的南北大交流和民族大融合。

陕北民歌，正如国家级非物质文化遗产"陕北民谚"传承人王建领所言："如果论陕北民歌的广泛影响和在中华民族主体文化中的地位，我们可以用陕北民歌'唱红了天、唱恸了地、唱出了一个欢天喜地'来概括。""唱红了天"说的就是《东方红》，作为时代的最强音影响了一个时代，并成为搭载我国自行研制的第一颗人造卫星在太空演奏的乐曲；"唱恸了地"就是现行《哀乐》，1943年边区军民公祭刘志丹时被正式当作哀乐使用；"唱出了一个欢天喜地"是指《春节序曲》，这是由著名音乐家李焕之先生根据陕北春节民间娱乐活动素材和陕北传统民间音乐，整理编创《春节组曲》中的第一乐章，这首乐曲成为我国喜庆佳节的保留节目。陕北民歌始终和着时代的主旋律和人民生活息息相关的文化品质，成为陕西乃至中国人的永恒记忆。

（二）秦腔

将秦腔放在民间音乐说，着实是因为它广泛的群众基础，对于生活在关中和陕南的陕西人而言，听秦腔看秦腔唱秦腔已成为自己生活的重要部分。许多人的童年记忆是与秦腔分不开的，在《三滴血》《周仁回府》《十五贯》等秦腔的唱段表演中，人们萌生了对中华传统文化的热爱，种下艺术审美和文化价值的种子，秦腔甚至成为一些人一生的挚爱。"八百里秦川尘土飞扬，三千万老陕齐吼秦腔"，这句民间俗语，虽然对陕西的地貌认知有失偏颇，但许多外地人对陕西的认知就从这句而来，秦腔成了陕西文化独特地域特征的典型代表，是陕西人的文化记忆。

秦腔是汉族最古老的戏剧之一，起于西周，源于西府，形成于秦，精进于汉，昌明于唐，完整于元，成熟于明，广播于清，几经演变，蔚为大观，堪称中国戏曲的鼻祖。秦腔又称"乱弹"，流行于中国西北的陕西、甘肃、青海、宁夏、新疆等地，其中以宝鸡的西府秦腔口音最为古老，而以西安易俗社、陕西省戏曲研究院的秦腔最为著名，现已发现的秦腔传统剧目有三千多种，多取材于历史故事及各种神话和民间传说，其中包括《春秋笔》《和氏璧》《玉虎坠》《紫霞宫》《麟骨床》《长坂坡》《卖华山》《临潼山》《斩单通》《取洛阳》《三娘教子》《柜中缘》《反延安》《破洪州》《三上殿》《献西川》等，脍炙人口的曲目有《三滴血》《周仁回府》《十五贯》《火焰驹》《大登殿》等，它在历史上曾流传至中原和沿海一带，影响和孕育了数十个地方剧种。

（三）紫阳民歌

陕南民歌的主要代表是"紫阳民歌"。紫阳位于陕南中部，因道教南派创始人紫阳真人张伯端而得名。紫阳民歌是流传在陕西省紫阳县境内汉族民间歌曲的总称，是陕南地区汉族民歌中最具代表的曲种。歌词借喻巧妙，风趣幽默，有较高的文学价值；所用方言似川似楚，韵味独具，可见其受蜀汉和荆楚文化的影响；其旋律优美婉转，舒展流畅，带着清新秀雅之气，高腔唱法中游移于调式音级间的色彩性颤音唱法具有独特的价值。我国古代最早的诗歌总集《诗经》中"周南"和"召南"部分25首歌谣的流传地，主要就在包括紫阳在内的汉水上游地区。紫阳民歌藏量极为丰富，对于丰富中华民族音乐宝库、弘扬中华民族音乐文化有不可低估的作用，紫阳县被文化部命名为"民歌之乡"。

民歌是一个地方民俗风情和人文精神的真实反映，涵盖了时空最大可能的悠远和丰富，是发自对生活、生命的关照，是古今心灵契合的神秘按钮。保护和传承民间音乐艺术，永葆民歌蓬勃的生命力，让来自祖先的声响永远记忆在人们的生命里。

七、 殿堂的流传： 经典文艺

"长相思在长安"，唐末五代以前，我们脚下这片土地的长安，一直是全国的政治文化经济中心，从文化地位而言是属于影响全国的国都文化，具有核心辐射作用。在千年岁月里，一直紧紧吸引着华夏其他地域甚至是世界的目光，在本土文化的基础上，兼收并蓄外来文化的精华，它生长着、吸引着多少才俊在这片土地恣意发挥自己的才华，让丰富的精彩的思想在此汇集和碰撞，创造出熠熠生辉的文学艺术，铸建了华夏文明"各美其美，美美与共"的文学艺术高贵殿堂。

周秦汉唐文化期是中国古典文艺的集大成期，也是陕西文艺最为辉煌之期，这一时期无论是陕西本地的还是客籍陕西的，诞生了一大批我们后人耳熟能详的大家大师，也留下一大批脍炙人口的名作名品。从黄帝、尧、舜时期"制律作乐"的伶伦、质、葛天氏，到西周"制礼作乐"的周公旦；秦代创制隶书的程邈（今渭南市）、汉代大史学家司马迁（今韩城市）、班固（今宝鸡市）；关中经学大师马融（今兴平市）；唐代著名诗人韦应物（今西安市）、杜牧（今西安市），画家阎立本（今西安市），书法家颜真卿（今西安市）、柳公权（今铜川市）、于右任（今三原县），哲学家张载（今眉县）等等。加上客籍陕西的老子、李斯、董仲舒、刘向、蔡琰、李白、杜甫、韩愈、欧阳询、虞世南、褚遂良、怀素等，他们以不朽著作和功绩，在人类文化艺术史上树立了丰碑。

2500年前，哲学家老子在陕西的楼观台讲授《道德经》，成就了中国古代的哲学巅峰。中国第一部诗歌总集《诗经》，其中的《周南》《召南》《秦风》《豳风》等篇章，绝大多数都是西周时期陕西地区的文人诗歌和民间歌谣，《诗经》开篇之句"关关雎鸠，在河之洲。窈窕淑女，君子好逑"，被认为是今陕西渭南合阳洽川地区的民间歌谣，《豳风》是西周时豳国（今陕西旬邑、彬县一带）的诗歌，《秦风》是周时秦地（今甘肃东南部、陕西中部）的诗歌，《小雅》和《大雅》则是西周王畿（今陕西关中地区）的诗歌。秦统治时期，李斯曾在他著名的《谏逐客书》中有这样的叙述"夫击瓮叩缶，弹筝搏髀，而歌呼呜呜、快耳目者，真秦之声也；郑卫桑间，韶虞武象者，异国之乐也。今弃击瓮而就郑卫，退弹筝而取韶虞，若是者何也？快意当前，适观而已矣"。从这段文字而言，虽然是谈及"真秦"之音不及"异国之乐"，但从另一侧面也真实反映了当时在秦国，汇集了诸侯各国歌舞艺术的上乘之作。秦统一六国后，建宫室百余处，集中女乐倡优万余人，仅上林苑"可受十万人"，能"千人唱，万人和"。

及至汉朝，汉乐府在中国文学史上具有极高的地位，与《诗经》《楚辞》可鼎足而立。汉乐府是由汉时乐府机关所采制的诗歌，这些诗原本在民间流传，经由乐府保存下来，汉人叫作"歌诗"，魏晋时始称"乐府"或"汉乐府"，汉乐府是继《诗经》之后，古代民歌的又一次大汇集，它是中国五言诗体发展的重要阶段。西汉时期的司马迁，"究天人之际，通古今之变，成一家之言"，完成了中国第一部纪传体通史《史记》（原名《太史公书》），该书记载了从上古传说中的黄帝时期，到汉武帝元狩元年，长达3000多年的历史，是"二十五史"之首，被公认为中国史书的典范。司马迁具有丰富的社会实践、进步的历史观点和高度的文学修养，尤其是他"不虚美不隐恶"的史学笔法，被历代史学家所接受和取法，开创史书良风。除此，该书生动塑造各类人物形象，详略得当描述历史事件，又被历代的文学家奉为典范，鲁迅誉为"史家之绝唱，无韵之《离骚》"，充分肯定了司马迁《史记》在中国文史两界产生的重要影响。司马迁本人刚正不阿、忠于事实的气节也成为中华民族精神的滋养，人们在为其曲折不幸经历唏嘘之余，对这位传承中华文脉的先哲充满无限敬仰。如今在司马迁的故乡——陕西韩城市，有一座为纪念其修建的司马迁祠，当地人称为"司马庙"。司马迁祠位于陕西省韩城市南十公里芝川镇东南的山岗上，东西长 555 米，南北宽 229 米，面积 4.5 万平方米，建筑自坡下至顶端，依崖就势，层递而上。登其巅，可东望滔滔黄河，西眺巍巍梁山，南瞰古魏长城，北观芝水长流，可谓山环水抱，气象万千，壮观的自然山貌和秀丽风光，映衬出司马迁的高尚人格和伟大业绩。郭沫若为司马迁祠题诗，并且铭刻在新立石碑上"龙门有灵秀，钟毓人中龙。学识空前富，文章旷代雄。怜才膺斧铖，吐气作霓虹。功业追尼父，千秋太史公"。

到了唐朝，缤纷多彩的文学艺术更是将大唐气象表达得淋漓尽致。富足的社会经济基础决定了人们对精神文化生活的更美好追求。唐朝开放通达，中原音乐和各国音乐交流融合，迎来了音乐艺术发展的高峰时期，唐代歌舞大曲传承了汉乐府曲艺，融合各民族音乐精华，歌舞百戏在长安城异常兴盛。唐玄宗李隆基，酷爱音乐，是古代君王中对音乐研究最深入最精通的君王，会吹拉弹奏各种乐器，有很高的艺术造诣。他在位时，曾选坐部伎子弟三百人教习于梨园，亲自予以指导，号"皇帝梨园弟子"，又选宫女数百，居宜春北院，亦号"梨园弟子"。白居易《长恨歌》中有"梨园弟子白发新，椒房阿监青娥老"。明朝冯梦龙《警世通言》九卷："是时，宫中最重木芍药，是扬州贡来的……玄宗天子移植于沉香亭前，与杨贵妃娘娘赏玩，诏梨园弟子奏乐。"所以直至今日，人们把"戏剧艺人"称为"梨园弟子"，把"戏班"称为"梨园"。《霓裳羽衣曲》据说是唐玄宗的得意之作，在唐宫廷中备受青睐，玄宗亲自教梨园弟子演奏，由宫女歌唱，用女艺人 30 人，每次 10 人。有关此曲的表演情景，白居易、元稹在诗中均有精彩描写，白居易称其精美："千歌万舞不可数，就中最爱霓裳舞。"《霓裳羽衣曲》之所以美妙，主要是在中国传统曲艺的基础上，兼入印度佛曲，艺术上是有独创性的，正如李泽厚先生在《美的历程》提及 "当时传入的各种曲调和乐器，如龟兹乐、天竺乐、西凉乐、高昌乐等等，融合传统的 '雅乐' '古乐'，出现了许多新创造。"白居易在《霓裳羽衣舞歌·和微之》诗中，对此曲的结构和舞姿做了细致的描绘，全曲共三十六段，分散序（六段）、中序（十八段）和曲破（十二段）三部分，融歌、舞、器乐演奏为一体。《霓裳羽衣曲》通过舞、乐、服饰，着力描绘虚无缥缈的仙境和舞姿婆娑的仙女形象，表现向往神仙而去月宫见到仙女的神话。可惜的是，随着唐王朝的衰落，名曲《霓裳羽衣曲》竟然 "寂不传矣"，就如同嵇康的《广陵散》成为华夏之绝唱。有诗叹曰 "渔阳鼙鼓动地来，惊破霓裳羽衣曲"（白居易《长恨歌》），"天阙沉沉夜未央，碧云仙曲舞霓裳；一声玉笛向空尽，月满骊山宫漏长"（张祜《华清宫四首》）。

唐诗达到了中国古典诗词文学的历史高度，而陕西无疑是唐诗的故乡。李白、杜甫、白居易、王维、孟浩然、岑参等等不同风格的大诗人都曾在陕西留下浓墨重彩的一笔，浪漫派、现实派、社会派、田园派、山水派、边塞派在长安这个阔达的舞台 "各美其美"，长袖善舞出诗歌的独特魅力，交互成唐代诗歌绚烂的风采。唐诗成为古典文学的典范，不仅仅表现的是文学样式，更是唐人社会、唐人情怀、唐人气度的综合体现，是元气充沛的高度自信，是富足有序的社会气象，让唐诗充满民族的自豪感和自信心，在唐诗的一词一韵中深切感受到文化自信的底气。有李白听召入翰林院时的得意自信 "会稽愚妇轻买臣，余亦辞家西入秦。仰天大笑出门去，我辈岂是蓬蒿人"；有杜甫 "读书破万卷，下笔如有神" "致君尧舜上，再使风俗淳" 的儒家士子责任自信；有

"长安米贵居之不易"，单凭一首"野火烧不尽，春风吹又生"的自信让自己在长安"居之易"的白居易，且有雁塔题名"十七人中最少年"的白居易在乐府诗《寄唐生》中"唯歌生民病，愿得天子知"的参政议政的自信表白；有孟郊凭借自己能力科举考试中榜后"昔日龌龊不足夸，今朝放荡思无涯。春风得意马蹄疾，一日看尽长安花"的轻松自信；即使是年仅二十七岁就去世的青年诗人李贺也讲"此马非凡马，房星本是星。向前敲瘦骨，犹自带铜声"的"带铜声的瘦骨"骨子里的自信。这就是唐诗的大气和气度，这就是盛唐气象，这就是中华文化自信的元气。唐朝的富足是这自信的底气"忆昔开元全盛日，小邑犹藏万家室。稻米流脂粟米白，公私仓廪俱丰实。九州道路无豺虎，远行不劳吉日出。齐纨鲁缟车班班，男耕女桑不相失"（杜甫《忆昔二首》）。唐朝的强盛内政外交是这自信的外化。唐朝诗人展现出的充沛生命力和才情是这自信的积聚，又散发在唐诗，让唐诗致广大之外还能尽精微，成就了唐诗的风雅。

由于唐朝实施多种思想意识并存的文化开明政策，鼓励文化创造的多样性，使得唐朝文艺成就出多面性。除了唐乐舞、唐诗成为中华文化史上最华美的乐章，还有以韩愈、柳宗元倡导的古文运动，为文坛注入新的活力，创造新的散文文风；唐代的书法、绘画也处于极盛时期，"颜筋柳骨""颠张狂素"都成为后世学习的典范。"画圣"吴道子，擅佛道、神鬼、人物、山水、鸟兽、草木、楼阁等，尤精于佛道、人物，长于壁画创作。吴道子在绘画艺术上之所以取得如此卓然超群的成就，是由于他刻意求新，勇于创作。《历代名画记》记载了吴道子这样两句话："众皆密于盼际，我则离披其点画，众皆谨于象似，我则脱落其凡俗。"由此可见他在绘画艺术上不落俗套，大胆创新的精神，使他的作品成为画师们所学习的楷模，不仅民间画塑匠人称他为"祖师"，道教中人更呼之为"吴道真君""吴真人"。苏东坡在《书吴道子画后》一文中说："诗至于杜子美（杜甫），文之于韩退之（韩愈），书至于颜鲁公（颜真卿），画至于吴道子，而古今之变，天下能事毕矣!"唐朱景玄在《唐朝名画录·序》中品评了唐朝诸画家"近代画者，但工一物以擅其名，斯即幸矣，惟吴道子天纵其能，独步当世，可齐踪于陆（探微）、顾（恺之）"。

长安是中国古典文艺的策源地、滋养地和升华地，它成就了中华古典文化的高贵，中华古典文化也成就了长安千年的盛名，为长安种下文艺创作的丰硕种子。

八、 关学的厚重： 张载"四句"

家国情怀是中华民族精神的精髓，是中华传统美德的基本因子。"修身齐家治国平天下"是中华民族历代仁人志士的美好道德追求和理想抱负，也是一种责任意识和担当精神。不推脱不搪塞，勇于担当、敢于负责的历史使命意识和社会责任感是儒家思想最为积极的入世精神，一直激励着中华民族，越是在民族危难之际，有识之士的责任和担当越是坚毅，成为"中国的脊梁"。从敬老爱幼、正心修身的责任到安世济民、治国平天下的担当，"家"和"国"是仁爱由小到大的延伸，是将个人价值与国家、社会联系起来，形成荣辱与共、相生相随的特殊情感。家国情怀体现了昂扬向上、坚忍不拔、舍生取义等民族精神，对于增强民族凝聚力、提升民族向心力，激发文化自信内生力有着重要意义。

"为天地立心，为生民立命，为往圣继绝学，为万世开太平"，是有名的"横渠四句"，集中体现了儒家思想的历史责任和使命担当，激励着一代又一代知识分子的社会责任感。这"横渠四句"又称"四为"，是张载的名言。

张载（1020—1077），祖籍河南开封，生于长安，长于陕西眉县，字子厚，号横渠，是北宋著名的哲学家、教育家、思想家，亦是关学创始人和领袖、宋明理学的奠基者之一，因其在眉县横渠镇讲学授徒，后世也称他为横渠先生。张载作为儒学发展史上承前启后的标志性人物，其思想不仅影响了中华民族的思想品格和精神风貌，启发和激励了一代又一代中国人，而且对东亚文明乃至人类文明产生了不可磨灭的影响。明代大思想家王夫之说："张子之学，上承孔孟之志，下救来兹之失，如皎日丽天，无幽不烛，圣人复起，未有能易焉者也。"（王夫之《张子正蒙注·序论》）这是对张载思想价值的充分肯定。

作为中华传统文化的主干——儒学，在陕西的关中得以创造性传承就是"关学"的建立。所谓"关学"，顾名思义即"关中之学"，它是以地域而命名的学术派别。关学有狭义和广义之分，狭义的关学是指张载创立的学术体系；广义的关学是指张载之后一直到明清之际的关中学术，它是宋明理学的重要组成部分。以理学为基础所形成的核心价值体系，无论对宋明社会还是对东南亚各国，都曾经发挥过极其重大的影响。

先秦儒学因为历代统治者的统治需要，后世经过改造，渐失其"本意"。张载"关学"起到承上启下的作用，它上承先秦孔孟传统儒学，下启后世正统阐述，在儒学发展历程中起到不可替代的作用。张载虽生活在关中之地，但他学说的影响力却是全国性的，近代以来甚至是跨国界的。张载心怀国家、情系百姓，有强烈的儒家"士"子的使命担当意识，他的博大胸怀、精神气象最终凝结成著名的"横渠四句"——"为天地立心，为生民立命，为往圣继绝学，为万世开太平"。

"为天地立心"体现了张载的信仰理念，他主张一切有社会担当和有责任心的儒家士子，应顺应自然的规律，肩负起为大众社会确立精神方向和价值系统的历史使命。在张载看来，"天无心，心都在人之心"，天地本无心，但人要为天地立心。这心，就是仁心。"为天地立心"，就是为社会建立一套以仁义礼智信、孝悌忠恕等道德伦理为核心的价值系统。"为生民立命"，是张载提出的做人的基本准则、精神方向和价值目标。"生民"就是指民众，"立命"就是说，张载要把引导民众确立正确的生活准则和价值目标，帮助他人安身立命，确立起生命存在的意义。"为往圣继绝学"，"往圣"指历史上的儒学圣人；"绝学"指历史上受到诸多因素冲击而导致被中断了的儒家传统。唐代韩愈曾指出，这个传统自孔孟之后受佛教、道教的冲击而中断了，张载以崇高的使命意识和无畏的担当精神，要在"学绝道丧"之时，承载起传承和弘扬正统儒家的历史使命，建立起新儒学体系，这既体现了张载的学术使命和价值追求，同时也为此后理学的发展指明了精神的方向。张载的最终目的，在于实现儒家终极的社会理想"为万世开太平"，"太平""大同"等观念，是周公、孔子以来的社会理想，认为只要施"仁政"和"礼治"，才能达到"大道之行""天下为公"的"太平""大同"社会，给人树立一种努力向往的目标。

张载的另一重要思想"民胞物与"对后世也产生了重要影响。对世间之人以仁爱之心待之，以平等之态处之，和谐平等发展理念成为中华优秀传统文化的重要组成部分，也是当今构建人类命运共同体的重要思想渊源。在共建"一带一路"大格局、全世界携手未来之时，"人类命运共同体"思想是中国作为负责任的大国为世界秩序提供的中国方案，也是张载关学思想的当代价值。

张载一生倡导把学术研究与解决当时社会现实问题结合起来，积极参与社会变革，调节各个社会阶层的利益冲突，这是关中学派一贯奉行的实学作风。从北宋至清末，张载开创的"关学"历时800余年，关学学脉一直没有中断，关学学风也持续被承传弘扬。较早受学张载门下的有蓝田"三吕"（吕大忠、吕大钧、吕大临）以及范育、苏昞、游师雄等，他们中的许多人终身恪守张载的学术宗旨。元代有杨奂、杨恭懿，萧维斗等；明代有王恕、王承裕、薛敬之、冯从吾、张舜典等；清代有李二曲、王心敬、王建常、牛兆濂等，牛兆濂可视为传统关学最后一位大儒，据说也是陈忠实先生《白鹿原》中关中大儒"朱先生"的原型人物。关学精神，经过众多关中学者薪火相传，誉播华夏，影响深远。明代著名学者王阳明曾说"关中自古多豪杰，其忠信沉毅之质，明达英伟之器，四方之士，吾见亦多矣，未有如关中之盛者也"。

"关学"思想造就陕西关中文化鲜明的特征，"无求生以害仁，有杀身以成仁"的理想信念；"不降其志，不辱其身"的人生信条和"富贵不能淫，贫贱不能移，威武不能屈"的大丈夫人格，儒家中华传统美德的人格魅力在以张载为代表人物的历代关学学人身上依然鲜明地持守和光大。如冯从吾，虽生活在朝廷腐败，宦官横行的明代万历、天启年间，但不畏强权，敢于仗义执言，在皇太后长秋节之日上书《请修朝政疏》，奏疏矛头直指皇帝，规劝他"勿以天变为不足畏，勿以人言为不足恤，勿以目前之晏安为可恃，勿以将来之危乱为可在忽！"险被万历"廷杖"，后被罢官。冯从吾回到西安后闭门谢客，专心致力于著述和讲学，在他的倡导下，成立了著名的关中书院。后来，宦官魏忠贤专权，冯从吾遂受牵连。天启六年（1626），魏忠贤下令毁天下书院，派人到陕西拆毁关中书院，冯从吾痛心疾首，饮恨而死。

张载创立的"关学"传承了先秦孔孟的传统儒家精神，体现了中华民族一直存有的坚持真理、不畏强权的风骨以及刚正不阿、修身治国的道德人格，这也成为陕西关中地域人们的文化基因，培育了独特的关学气象和关学精神，正如明代大儒王阳明所说"关中自古多豪杰"！

张载创立的关学绵延八百余年，是陕西极其厚重的精神财富和文化资源。"为天地立心，为生民立命，为往圣继绝学，为万世开太平"成为陕西一些中学的校训，家国情怀的使命担当在这片文化厚重的土地上永远薪火相传。

九、 信仰的源泉： 红色文化

近现代以来，陕西在中华民族发展史上也占有特殊、重要的地位。1922 年开始，陕西地区就有了中国共产党的"星星之火"。

五四运动期间，在北京大学读书的陕西籍学生李子洲（榆林人）、刘天章（高陵区人）、魏野畴（兴平市人）、杨明轩（鄠邑区人）、刘含初（黄陵县人）和耿炳光（澄城县人）等，受李大钊、陈独秀等人的影响，开始学习和接受马克思主义学说。他们利用假期外出和回陕之机，宣传革命进步思想，尤其是榆林籍学生李子洲，在京求学期间由李大钊、刘天章介绍加入中国共产党（刘天章于 1920 年加入中国社会主义青年团，1921 年经李大钊介绍加入中国共产党）。李子洲积极创办进步刊物《共进》《秦钟》等，榆林、绥德等地均有分社。共进社是当时在全国有一定影响的革命社团之一，通把许多进步青年团结在自己的周围。当时陕北的三所学校绥德四师、榆林中学和延安四中，有共进社成员六七十人，学生占大多数，他们是陕北等地党团创建的先行者、拓荒者，为这片红色的土地带来早期进步思想，为以后陕北革命根据地的建立奠定坚实的基础。

国民革命战争时期，陕西先后建立了渭北革命根据地、照金陕甘边根据地、陕北革命根据地、陕南游击根据地、川陕革命根据地、西北革命根据地等。发生了著名战役如陕西清涧起义、渭华起义、陕北游击战争等，这些宝贵的根据地为中央红军长征落脚陕北做好铺垫。从 1935 年 10 月至 1948 年 3 月，中共中央委员会和毛泽东等中央领导在延安战斗和生活了整整 13 年，陕北成为中国革命的领导和指挥中心。这是一段极其艰苦又极其具有激情的岁月，这里孕育了伟大的"延安精神"，延安精神是中国共产党的传家宝，是中华民族宝贵的精神财富，在中国的革命和建设中发挥了巨大的精神动力作用。延安精神的主要内容是：

坚定正确的政治方向，解放思想、实事求是的思想路线，全心全意为人民服务的根本宗旨，自力更生、艰苦奋斗的创业精神，它对中国历史发展进程产生了巨大和深远的影响。

西方记者埃德加·斯诺在亲历延安进行实地采访后，出版了轰动世界的《红星照耀中国》一书。《红星照耀中国》也称《西行漫记》，全书共 12 篇，真实地记录了自 1936 年 6 月至 1936 年 10 月在中国西北革命根据地（以延安为中心的陕甘宁边区）进行实地采访的所见所闻，主要内容包括：关于红军长征的介绍；对中国共产党和红军主要领导人的采访；中国共产党的抗日政策、红军的军事策略；作者的整个采访经历和感受等。埃德加·斯诺的观察点、态度和语言都具有鲜明的特色，他的纪实写作毫不做作，质朴而真实，以一名记者的名义向全世界真实报道了中国和中国工农红军以及许多红军领袖、红军将领的情况，向外界宣传真正的共产党、真正的红军状况，传达共产主义思想，使外界消除对中国共产党红军的误解。该书出版后在国际上影响很大，先后被译为 20 多种文字，几乎传遍了全世界，美国、英国、德国、法国等许多国家的政府首脑，以及外国普通老百姓都是通过这本书的讲述，才得以真正地了解中国共产党。诺尔曼·白求恩和柯棣华都曾阅读这本书，这也成为促使他们下决心来华工作的主要动因之一；从二战时期到 20 世纪末，美国多任总统承认曾阅读本书，这本书成为他们对华战略决策的一个重要参考；在日本、韩国，学者也把阅读本书作为了解 20 世纪中国的"一把钥匙"。该书不断地再版和重印，教育了千百万读者和一代又一代的青年，使它成为享有盛誉家喻户晓的读本。

在《红星照耀中国》一书中，斯诺写道"冒险、探索、发现、勇气、胜利和狂喜、艰难困苦，英勇牺牲、忠心耿耿、这些千千万万青年人的经久不衰的热情，始终如一的希望，令人惊诧的革命乐观情绪，像一把火焰，贯穿着这一切，他们无论在人力面前，或者在大自然面前，上帝面前，死亡面前，都绝不承认失败"，这是斯诺对工农红军的万里长征的评价。在延安的中国工农红军中，杜绝一切特权，领袖们躬行垂范，对普通战士的关怀，在军内尽一切可能推行文化教育，提高普通战士的思想认识水平，产生了一批在中国从未有过的年轻革命战士，一批完全不同于旧中国鲁迅先生笔下"哀其不幸，怒其不争"的国人。斯诺所到之处，每每被他所遇到的红军指战员和普通战士震惊，令他这个西方记者怀疑是不是身处中国，因为这些人同他在中国其他地方看到的，以及从别人那里得到的对中国人麻木、愚昧、呆滞完全不同的印象，他们自信、活泼、朝气、头脑清晰、意志坚强、富有行动力，尽管衣着朴素甚至褴褛，但精神面貌喜人。埃德加·斯诺在1938年上海复社的中译本前言中写道："从字面上讲起来，这一本书是我写的，这是真的。可是从最实际主义的意义来讲，这些故事却是中国革命青年们所创造，所写下的。这些革命青年们使本书所描写的故事活着。"斯诺用他的眼睛、他的心、他的笔记录了当时真实的延安。延安虽是陕北一处极为贫瘠极为普通的地方，但因为中国共产党的到来，带来了年轻、热情、活力和希望，这里成为全中国的"好地方""好江南"，吸引着全国各地满怀热血的有志青年来到延安，在这里汲取进步的力量，再英姿勃发地奔赴全国各地。中国共产党的领袖人物们，用自己伟大而平凡的精神风貌，指导和影响着中国革命青年们，而这样一批青年战士的造就也是革命成功最大的主体性因素，他们是中国人民的子弟，他们是觉醒了的人民，他们是人民军队的新生力量。延安就这样成为中国共产党的指挥中枢和战略后方，中国共产党在这里运筹帷幄，做出了关系中国革命前途命运的一系列重大决策，为夺取全国政权奠定了坚实基础，在这里中国共产党领导全国人民度过极其艰难、却又激情燃烧的岁月，中国的红星最终照亮了西北、照亮了中国，也照亮到全世界。

激情燃烧的岁月，让文艺创作也进入了历史性发展新时期。党中央提出"文艺要为工农兵服务"的口号，创立和发展了新民主主义文化，掀起了异彩纷呈的革命文艺。产生了以《白毛女》《兄妹开荒》为代表的新歌剧、新秧歌剧；以《生产大合唱》《黄河大合唱》为代表的新歌曲；以《东方红》《咱们的领袖毛泽东》为代表的革命民歌；以韩起祥为代表的新陕北说书；以平剧《逼上梁山》《三打祝家庄》为代表的新编地方戏曲；以秦腔为主体的陕西地方戏曲在延安蓬勃发展。1938 年在毛泽东倡导下，成立了以柯仲平为团长的陕北根据地第一个职业化革命戏曲团体——民众剧团，先后演出了马健翎创作的秦腔《一条路》《查路条》《好男儿》及眉户现代戏《十二把镰刀》等。随后，八一剧团、陇东剧团、陕甘宁边区保安司令部剧团（后称边保剧团）、鲁迅艺术学院平剧团、八路军后方留守兵团政治部宣传队（亦称留政宣传队，后称烽火剧团）等相继成立。毛泽东在 1944 年发表的《文化工作中的统一战线》一文中，把戏曲团体的艺术创造称之为"新秦腔""新秧歌"，马健翎获"人民群众的艺术家"荣誉称号。1936 年，中国共产党建立了第一个文艺团体——中国文艺工作者协会。1937 年，陕甘宁边区文化界救亡协会成立。同年 12 月，延安最早的群众性诗歌组织——战歌社成立。当时，延安创办的文艺报刊有《文艺战线》《大众文艺》《中国文化》《文艺月刊》《边区戏剧》《边区音乐》《谷雨》《诗刊》等数十种。全国许多著名诗人如艾青、田间、柯仲平、何其芳等云集延安。丁玲、萧军、艾青等发表了一些很有影响的杂文。周立波、刘白羽、杨朔等创作的报告文学颇受欢迎。总之，延安时期的社会文化团体和艺术研究工作如日中天，文艺运动蓬勃发展，借助有良好群众基础的地域文化，对陕西地域文化进行时代创新，使得文艺活动也成为推动革命事业发展的一支重要力量。

革命文化是中国革命实践的光辉产物，陕西是中国革命走向胜利的地方，决定了必须肩负起传承红色基因的责任。如今在陕西各地都留存有大量丰富的红色文化资源，从物质文化资源层面看，截至 2019 年底，全省 118 个市、县（市、区）共普查有 2025 处革命遗址，能够确切证明属于原址，有保护条件的革命遗址有 1959 处；从精神文化资源层面看，有延安革命精神、西北根据地精神以及中国共产党在革命战争年代形成的一系列的政治、经济、文化、思想形态、规章制度和红色风情等精神文化资源。遍布三秦大地的红色文化资源蕴含着丰富的革命精神，每一处革命遗迹、每一件珍贵文物都折射出革命先辈们的崇高理想、坚定信念、爱国情感和高尚品质，是中华民族精神的重要体现。建设陕西红色文化软实力，关键在于要以红色文化精神引导人们、鼓舞人们，激发起广大党员和人民群众的生命力、创造力和凝聚力，熔铸于山河热土激情岁月的新时代追赶超越。

延安，是中国革命走向胜利的地方，是蕴含中国革命激情岁月的圣地，一孔孔土窑洞、一辆辆旧纺车、一首首嘹亮的歌曲、一段段深情的朗诵，让人们一次次地热血沸腾，红色基因在这里如同生命图腾般被记忆。《延安保育院》《延安颂》等红色历史舞台剧让那段激情岁月带着温度走到人们面前；《话说延安精神》《中共中央在延安十三年》等图书，成为人们汲取红色力量的原动力；延安干部培训学院、照金干部学院、马栏干部学院等成为新时代干部教育的重要基地，党员干部在这里再次得到革命思想洗礼，"不忘初心、砥砺前行"是党员干部们不变的红色本色。讲述那段激情岁月，让红色革命文化以更生动更真实的质感存在被记忆、被传承。

十、 阵地的名片： 文化陕军

根植于地域文化丰厚的历史土壤，新中国成立后"陕西戏曲""文学陕军""长安画派""西部影视""陕西演艺"发展迅速，并成为陕西的文化品牌，在全国的文艺界占有重要席位。

新中国成立后，从 1950 年到 1952 年，陕西省戏曲团体开展了以"改人、改戏、改制"为中心内容的民主改革，大力发展集体和公有制剧团，大抓新戏创作和旧剧改编，发掘和整理了大批传统剧目。1952

年，西北戏曲研究院、西安易俗社、香玉剧社等组成西北演出代表团，赴北京演出40多天，演员受到党和国家领导人接见，史称"三大秦班进北京"。1959年再次赴北京演出后，又赴江南演出半年，人称"三大秦班下江南"，秦腔《火焰驹》和《三滴血》，被摄制成戏曲艺术片全国发行。2016年陕西出台《关于支持秦腔等地方戏曲传承发展的实施意见》，着力培育有利于地方戏曲活起来、传下去、出精品、出名家的良好环境，对健全秦腔等地方戏曲的保护、传承体系和人才培养体系发挥积极作用。

陕西的文学创作一直有着光荣的传统和辉煌的成就。从20世纪50年代开始，陕西作家创作了一批在全国有影响的作品，柳青的《铜墙铁壁》《创业史》、杜鹏程的《保卫延安》、王汶石的《风雪之夜》以及魏钢焰、李若冰、胡采等人的诗作、散文、文学评论，在中国当代文学史中占有重要地位。20世纪八九十年代以陈忠实的《白鹿原》、贾平凹的《废都》、京夫的《八里情仇》、程海的《热爱命运》、高建群的《最后一个匈奴》为代表的五部作品，不约而同地被京城五家出版社推出，出现了轰动一时的"文学陕军东征"。路遥的《平凡的世界》、陈忠实的《白鹿原》、贾平凹的《秦腔》、陈彦的《主角》分别荣获中国文学最高奖"茅盾文学奖"，从此奠定了"文学陕军"在全国响响当当的地位。近年来，陕西人民出版社发行"长安文心"书系，集中推介了14位陕西知名作家的14部经典散文作品，向社会展示了陕西散文创作的实力、魅力和潜力，这套系列丛书涵盖了陕西老、中、青三代文学群体，是陕西文坛的重要代表作。14位作家各臻其妙、不拘一格，用散文情寄家乡，展示陕西人文历史、风土人情的古老底蕴，展现陕西人情世相、生活态度的多姿多彩，尽显秦人气象。

陕西美术也是陕西文化艺术的优势之一，"长安画派"享誉全国。以赵望云、石鲁、何海霞为主要代表人物的一批长安画家，保持传统文化的深厚底蕴，大胆走向生活，提出"一手伸向传统，一手伸向生活"

的创作理念，以大西北的山川民俗为题材，以鲜明的地域特色、浓郁的生活气息、强烈的时代精神，开创了刚健挺拔、雄浑朴实的画风，形成了"具有民族气魄、具有民族精神"的画派——"长安画派"。

赵望云先生是"长安画派"的奠基人和关键人物，他所表现的题材，前人很少表现过，因而也无成法可循。其写生早年多画人物，后来逐渐以山水为主，但他画山水也是旨在反映现实社会生活，表现人的精神面貌。他继承和发扬了中国古代绘画中的山水与人物相结合的优良传统，他认为"一切快乐都是劳苦换得，风景的优美，亦多因为人的活动"。所以就其为民众创作的理念、数量、影响深广而言，赵望云无疑是现代中国画坛艺术大众化的先驱与代表，他的主要作品集有《农村写生集》《西北旅行画集》《埃及写生画集》《赵望云画集》等，主要作品有《重林耸翠图》，这是描绘秦岭的写生之作，代表赵望云一生山水画的最高水平。郭沫若由衷称赞曰"画法无中西，法由心所造。慧者师自然，着手自成妙。……独我望云子，别开生面貌。我手写我心，时代惟妙肖。从兹画史中，长留束鹿赵"。

石鲁是"长安画派"的领军人物，"生活为我出新意，我为生活传精神"是他的艺术理念。石鲁是 20 世纪中国书画领域的革新家，他以叙事、抒情、象征等多种手法相结合创作出的巨幅历史画《转战陕北》，取得了重大突破。正如陈传席在《画坛点将录》中所言"石鲁创作了《转战陕北》，奠定了他在美术界的地位。石鲁若无《转战陕北》一画，他在美术界的地位就不可能有今日之高。《转战陕北》的成功，关键在于他画了别人从未画过的题材，历史上有人画过北方的雄伟高山、长松巨石、飞泉流湍；也有人画南方平缓山水、草木葱茏、云兴霞蔚；因此，画南北方的山水都有现成的技法可供借鉴，但也很难突破。历史上从来没有人画黄土高原，石鲁画了，他画得很费力气，但他成功了。画上没有一棵树，一棵草，全是黄土，但他表现得好，令人耳目一新。用今天一句流行的话说：他填补了画史上的一个空白。……由于石鲁天才颖悟，又有文学修养，他善于发现、捕捉美，也善于作艺术的处理，画出来皆不同凡响，令人一览难忘"。石鲁是极具灵气和创新的画家，黄土高原和陕北风情既寄寓了石鲁对那段革命历史的深情回忆，也表现了他对美和美的价值的全新理解，这种独特的创作手法使他成为20世纪中国画坛上最具色彩的一代大师。

总之，一批以政治革命和美术革命为己任的艺术家承担了"长安画派"的主要角色，给新中国的画坛带来了新力量、新感觉，在中国画改革方面取得的丰硕成就，也赢得广大人民和美术界的高度评价。

"影视陕军"成为改革开放以来"文化陕西"的响亮品牌，值得大书一笔。有人说"中国电影是从西安电影制片厂走向世界的"，这是非常有道理的。1956年西安电影制片厂正式建立，1958年拍摄了第一部新闻纪录片和第一部故事片《雪海银山》。1979年开始拍摄的故事片《生活的颤音》《第十个弹孔》《西安事变》《没有航标的河流》《人生》等，先后获文化部优秀影片奖，其中《西安事变》获第2届中国电影金鸡奖最佳导演奖等，《人生》获第8届《大众电影》百花奖最佳故事片奖，《没有航标的河流》获美国第四届夏威夷国际电影节奖，这是西影厂第一次在国际上获奖。20世纪80年代初，西安电影制片厂提出"开发中国西部电影艺术"的口号，先后拍摄的《野山》《老井》《红高粱》《菊豆》等影片，获得多项国内、国际奖，其中《红高粱》荣获西柏林国际电影节金熊奖，这是西安电影制片厂开始走向世界的标志，西安电影制片厂也是由此拉开了中国大众艺术审美的启蒙。在20世纪80年代文艺"百花齐放"的时期，看电影是中国人最时尚、最主要的业余活动，当时夜晚最热闹的地方就是城市的电影院和农村的露天操场，中国大众艺术审美就在这一幕幕影片中培养、提升起来。

艺术之美离不开艺术家们的呕心沥血，中国电影的发展离不开一代又一代电影人的贡献，陕西电影历史的发展更是杰出电影人的鼎力接力。吴天明，是中国新时期电影的拓荒者，是扛起中国西部电影大旗的人物，是中国电影走向世界破冰船上的掌舵人。他执导的电影《人生》，获得第 8 届《大众电影》百花奖最佳故事片奖，本人凭借电影《老井》获得第 8 届中国电影金鸡奖最佳导演奖，凭借电影《变脸》获得第 9 届东京国际电影节最佳导演奖。2005 年吴天明获得第一届中国电影导演协会终身成就奖。2016 年由其执导的电影《百鸟朝凤》上映，获得第 22 届金鸡百花电影节评委会特别奖，获得第 3 届中澳国际电影节最佳导演奖。《百鸟朝凤》影片中细致刻画学好传统技艺的艰难和刻苦，更是表现了在社会变革、民心浮躁的年代里，新老两代唢呐艺人为了坚守信念的不屈斗争，影片传达的这种精益求精、人技合一以及信念坚定、至死不渝的精神和力量，让人赞叹不已心生敬仰。影片《百鸟朝凤》是对坚守中华优秀传统技艺的高度礼赞，也是吴天明自己对中华优秀传统文化执念的真实写照，吴天明的影视创作就像大秦岭一样，自然厚重，历久弥新，是电影人永远矗立的坐标。影视界著名导演张艺谋、陈凯歌、田壮壮、黄建新、顾长卫等，都是吴天明发现并培养出来的。以西安电影制片厂为核心的"影视陕军"，摄制出一大批有影响力的作品，如张艺谋的《红高粱》、陈凯歌的《孩子王》、黄建新的《黑炮事件》、田壮壮的《盗马贼》等，接连获得国内外大奖，让西影厂在全国声名鹊起，也奠定了西影厂在影视界的历史地位。可以这样说，20世纪 80 年代中国电影的中心在西安，中国重要的电影文化事件，大都发生在西安电影制片厂。

近年来，省广电局不断加大陕西影视"走出去"力度，先后推出《白鹿原》《大秦帝国》《那年花开月正圆》《风起霓裳》等一批热播剧目，将中国优秀传统文化、现代文化带进更多观众的视野。由陕文投艺达影视出品，湖南卫视与优酷视频热播的古代题材电视剧《风起霓裳》登陆 YouTube "China Zone" 频道，以盛唐景象、唐服刺绣等中国元素掀起了海外热议与关注。《风起霓裳》改编自蓝云舒所著小说《大唐明月》，该剧通过精良的细节制作与宏观的美学氛围呈现出唐风国韵的独特魅力，再现白居易笔下"霓裳羽衣曲"的绝妙，为观众带来全方位的审美享受。《风起霓裳》在 YouTube "China Zone" 频道开播以来，被译为英语、法语、意大利语、波兰语、葡萄牙语等 12 种字幕播出，受到观众的好评，让观众穿越时空全方位享受盛唐艺术之美丽。此外话剧《平凡的世界》荣获中宣部"五个一工程"奖；话剧《麻醉师》《柳青》以及歌剧《大汉苏武》荣获"中国文化艺术政府奖——文华大奖"；音乐《丝路欢歌》、戏曲《唉呀呀》、舞蹈《毛乌素沙漠的女人们》荣获中国艺术节群星奖；电视剧《岁岁年年柿柿红》获飞天奖；话剧《长安第二碗》入选国家舞台艺术精品创作扶持工程。

由西部电影集团有限公司、陕西文化产业（影视）投资有限公司、陕西广电影视文化产业发展有限公司等 20 余家陕西影视公司组团的"影视陕军"集体亮相第 24 届香港国际影视展，向国内外各参展公司及专业买家推介 50 余部影视项目。此次活动旨在利用"香港影展"影视交易平台，进一步强化陕西影视企业的国际交流与合作，宣传和展示"影视陕军"特色和优势，推动陕西影视企业"走出去"。香港影展由香港贸发局主办，作为世界三大影视交易市场之一，每年吸引世界各地的娱乐业界精英汇聚香港交流营商。活动期间，"影视陕军"带来了《回望长安》《野王》《秦火》《柿子花开》《白鹿原》《周恩来回延安》《好先生》等多部影视作品。

新时代陕西聚焦追赶超越，紧扣"五个扎实"，增强文化自信，建设文化强省，不断发扬光大"陕西戏曲""文学陕军""长安画派""影视陕军"等文化陕西品牌，奋力谱写陕西文化新篇章。

第三章

丝路与担当——"一带一路"倡议下陕西地域文化的使命

　　"走得再远都不能忘记来时的路。"历史留给陕西颇为丰富的文化资源。回眸之间能更清晰地认知到历史的使命、现实的担当。西汉时期"丝绸之路"的开凿带给陕西，带给中华大地繁荣昌盛，在新时代"一带一路"倡议下，陕西文化肩负着重任，承载彰显陕西新形象的使命担当。

　　陕西文化作为一种地域文化，在多元一体的中华文化发展史上占有突出地位，一定程度上也可以说是中华传统文化的根源和主干，代表了中华文化的主源流。陕西在唐之前一直处于中国政治、经济、文化的中心，这使得陕西文化既有地域性又有超地域性的双重特点，一些发端于陕西地方性的文化转变为辐射全国的主体文化元素，如西周礼乐文明影响了中国近三千年；秦朝郡县制一直延续到两千年后的清代；大汉风起铸就了中华文化英勇刚健的民族气质；隋唐科举制实行一千多年，打破教育的门阀制度，为中国社会发展注入新的活力，甚至促进了世界教育文化的发展；大唐气象更是展现了中国在世界上的历史地位，成为当时世界上最强盛最繁荣的国家，大唐的海纳百川、雍容自信、璀璨文明大放异彩，成为中华文化最绚丽的诗篇，是中华民族共同的荣耀。汉唐的强盛铸就了中华文化的灿烂，"丝绸之路"的开凿更将中华文化远播海外。

2100 年前西汉时期，张骞从长安出发，用脚步连通了中国通往中亚的"丝绸之路"，至此，从汉到唐长达 1000 多年的时间里，东起长安、西达罗马的"丝绸之路"成为连接古代东西方的纽带，被誉为全球最重要的商贸大动脉，缔结出繁荣的发展图景。"丝绸之路"不仅仅是东西方的经济贸易互通的地理区域，更是促进了东西方文明的交流，是一条文化之路，它空前地将古老的中国文化、印度文化、波斯文化、阿拉伯文化、古希腊文化和古罗马文化连接起来，丰富了沿途各个国家的文化生活，推动了世界文明的进程，许多国家深受浸润，至今仍见一斑，丝路文化成为"丝绸之路"沿线各国所共同拥有的永不忘怀的文化记忆和文化符号。

一、"丝绸之路" 开启交流互鉴

"九天阊阖开宫殿，万国衣冠拜冕旒"，辉煌磅礴的中华文化承载了千年的自豪与自信。汉唐气象是陕西文化的底气和底蕴，汉朝鼎盛时期，汉长安城拥有 50 万人口，是当时世界最大的城市。唐长安城作为唐朝都城，人口一度超过百万，是中世纪的世界名城，是当时世界上最为宏大壮丽的都市，其面积是今西安城墙内面积的 10 倍。汉唐一切的繁荣和气象，都离不开开放包容的胸怀和格局，锦绣丝绸的华丽延展就是它的历史记忆。

（一）漫漫征途开启丝绸之路

回眸陕西与西域的交流，可以追溯到公元前 10 世纪，周穆王出镐京（今西安长安区）向西出游，开启与西域间玉石之路。公元前 7 世纪，秦穆公西征西北戎狄游牧族群，"秦"的声名就随着戎狄的西迁而传播域外，"秦"的音译词汇逐渐成为印欧语系众多语言对中国的指称。公元前 3 世纪，秦帝国完成了统一中原的伟业，开辟了以咸阳为中心的交通网络，推动了东西方文明的交流。西安临潼秦始皇陵陪葬坑中出土的兵马俑、青铜车马和青铜禽鸟等器物类型与铸造工艺空前绝后，包含希腊文明和波斯文明元素，是中西方文化的交流直接佐证。直至公元前 2 世纪，西汉时期汉武帝派遣张骞带领使团，从长安出发出使西域，正式拉开影响深远、意义重大、绚丽多彩的"丝绸之路"帷幕。公元 6 至 9 世纪，隋唐王朝兴盛为丝绸之路的繁荣奠定了基础，唐长安城开放包容，城内各族群和平共处，佛教、道教、祆教、景教等宗教交相辉映，长安成为当时世界先进文化和价值观的汇聚地和输出地，一方面通过丝路吸收外来物质文明和精神文明，一方面又通过丝路向外传播中华文化，推动了东亚汉字文化圈和儒家文化圈的形成，就此成就著名的"丝绸之路"中西方文明交流的大动脉。19 世纪 70 年代，德国地理学家李希霍芬（F. von Richthofen）在他的《中国》一书中，把从公元前 114 年到公元 127 年间中国与河中地区（指中亚的阿姆河与锡尔河之间的地带）以及中国与印度之间，以丝绸贸易为媒介的这条西域交通路线，叫作丝绸之路（德文作 Seidenstrassen，英文作 the SilkRoad）。其后，德国历史学家赫尔曼（A. Herrmann）在 1910 年出版的《中国和叙利亚之间的古代丝绸之路》一书中，根据新发现的文物考古资料，进一步把丝绸之路延伸到地中海西岸和小亚细亚，确定了丝绸之路的基本内涵，即它是中国古代经由中亚通往南亚、西亚以及欧洲、北非的陆上贸易交往的通道，因为大量的中国丝和丝织品经由此路西传，故此称作丝绸之路。中国古丝绸之路东起古都长安（今天的西安），西至地中海东岸，在中国境内经过陕西、青海、宁夏、甘肃、新疆等省，跨越陇山山脉，穿过河西走廊，通过玉门关和阳关，抵达新疆，沿绿洲和帕米尔高原通过中亚、西亚和北非，最终抵达非洲和欧洲。

（二）丝绸开启文明交流之门

"丝绸之路"就像一条大动脉，沟通了东方与西方，促成东西方源远流长的互通交流。中国是一个文明古国，拥有优秀且丰富多样的文化资源，随着"丝绸之路"的开辟，中国先进的文明便源源不断地传入西方，并从其不同的社会层面加以影响，甚至左右其发展。中国对西方的文化交流，是以丝绸为载体的。早在公元5世纪丝绸已经越过帕米尔高原传入印度和波斯，并随着丝绸之路的不断开拓，进一步西传。西汉以后，丝绸已然成为这条贸易之路上的大宗商品，当时汉长安城的丝绸纺织业相当发达，官府有东西织室生产优质的丝织品，长安上林苑中还有蚕室和茧馆，丝绸作为一种生活品或艺术品为西方社会带来了意想不到的惊喜，西方上流社会把拥有来自中国的丝绸引以为时尚。罗马时期，罗马贵族的社会时尚之一就是能够穿上中国丝绸质的衣服，恺撒大帝和其他贵族都喜欢穿中国丝绸织成的衣服。据记载，有一次在罗马剧场演戏时，恺撒大帝突然穿着中国丝绸制作的长袍，出现在剧场内，耀眼的光辉、绚丽的色彩把全场观众惊得目瞪口呆，尽管演出的节目很精彩，但观众们将羡慕的目光始终集中在恺撒大帝一人身上。在罗马，丝绸已成为上层社会奢侈品的代名词，之所以说是奢侈品，是因为古罗马市场上一匹高级丝绸料子的价格，曾一度飙升至每磅12两黄金的天价。中国丝绸的华美、柔软、透亮的质感以及穿上丝绸衣服后的飘逸动人，令罗马人痴迷不已，同时中国精湛的手工艺也让世界为之惊叹。据古罗马学者普林尼统计，仅罗马一国每年购买中国的丝绸就会耗去约7万英磅金币。同时，丝绸也传入东南亚一些地区，东南亚各国出现了诸如绢画、刺绣、绢扇等以丝绸为原材料的精美工艺品。通过丝绸对外的广泛输出，它极大地丰富和美化了世界人民的物质文化生活，丝绸的质地华美再次彰显了中华文明的气象，同时也带动了文学艺术及其他文化形式的传播。

　　李明伟先生在《唐代文学的嬗变与丝绸之路的影响》一文中指出，唐诗的繁荣正好伴随着汉代以来开拓的丝绸之路的繁荣，它对唐诗风采以及唐人气质、观点的变化，有着不可忽视的影响。岑仲勉先生也曾指出，丝绸之路的繁荣实为"唐诗革新的开基"。另外，"社会事物的流动传播过程中存在着一种附流现象，即当社会上某种事物加速流动的时候，必然要带动其他事物前进"。丝绸之路的情形正是如此，发达的交通，对外系的活跃，带动了文学文化交流的大规模进行，敦煌莫高窟里大量的唐诗写本就是丝绸之路促进唐诗的传播和流传的最好例证。公元5世纪的中亚粟特人，在现在的塔吉克斯坦修建片治肯特古城，在其中一幅残存的壁画上，可以看到具有中国元素"龙"的形象。1965年和1973年先后在汉长安城内和扶风县发现外国铅饼15枚，饼上铭文是传写失真的希腊字母，应是安息"法拉克麦"钱币上的铭文。1980年汉武帝茂陵北侧出土的希腊文铅饼平面呈圆形，凸面饰云龙纹，凹面有希腊文一周，意为"王中之王"。这些铅饼的出土为汉代长安与东西商业文化交流提供了实物证据。越来越多的考古发现证实了丝绸之路上的文化交流几乎未中断过。

　　丝绸之路也成为西域文化传入中国的主要通道。西域文化主要是指来自西方的宗教和艺术，丝绸之路的开辟使得欧洲、南亚等地的宗教得以传入中国，特别是佛教的东来，给中原固有文化以很大的冲击，中国古代文化正是因为与佛教相遇，才发生了较大的变化，佛教对中华文化和中国人精神世界更有着广泛而深刻的影响。佛教的传入始于西汉或更早，路线是经葱岭，沿丝路经塔里木盆地的南北二道传入西北，北道以龟兹为中心，南道以于阗为中心，逐渐向东扩散。汉唐时期，佛教已传入天山以南及河西走廊一带，西域及河西高僧辈出，传教译经盛极一时，修寺凿窟成风，于阗、龟兹、高昌、敦煌、凉州成为著名的佛教圣地和传播中心。

　　此外西域文化艺术传入中国，也极大丰富了中国的传统艺术。无论在艺术种类、艺术形式还是在艺术思想方面，西域文化艺术对中华文化都有所影响，西来的文化艺术与中国固有的文化艺术相结合，形成了独具特色的艺术形式与文化内涵，主要体现在以下几个方面：（1）音乐与舞蹈。"舞四夷之乐始于张骞通西域"，西域音乐传入中国，主要有乐曲、乐器、音乐家等多种方式。中亚乐器如箜篌、琵琶、胡笳、胡笛等传入长安，许多著名的音乐家出身中亚或是中亚人的后裔，他们为中华音乐实践和理论都做出了突出的贡献。另外，西域音乐参与了对中国古代音乐系统的构建，如在唐初（武德时期）的九部乐中，龟兹乐、疏勒乐、康国乐都是来自西域。西域舞蹈也进入中国，如胡旋舞和胡腾舞在唐代名噪一时，中国传统舞蹈吸收西域各民族的舞蹈成分，有了异域风情。（2）服装。早在战国时期，赵武灵王就"变俗胡服，习骑射"。丝绸之路开通后，中西方各民族往来日益频繁，服装交流的局面也因此而形成，隋唐宫廷盛行西域风格的服装，如尖顶番帽、小袖胡衫、宝带和锦靴等等，甚至于唐朝军队的锁子甲也是源于西域。（3）百戏。百戏就是各种杂技的总称。西方杂技传入中国的时间大致是在汉代时期，"奇戏岁增变，甚盛益兴，自此始"。杂技在中国本来就有悠久的历史，在吸收了西域的杂技后，使之更加丰富多彩。据记载："永宁元年，掸国王雍由调复遣使者诣阙朝贺，献乐及幻人，能变化吐火，自支解，易牛马头。"此外，如吞刀、吐火、屠人等魔术，都是来自大秦（今罗马）。（4）绘画。西域绘画技法的传入，促成中国绘画进入一个新的时期。印度佛教东渐，融入希腊、罗马艺术成分的犍陀罗绘画雕塑艺术随之跟进，使中国的传统绘画在古朴中增加了富丽色彩和雄壮气魄。西域艺术也通过佛教传播在中国留下印记，如石窟、造像、壁画等，尤其是敦煌、云岗、龙门等石窟都是中西文化交流的艺术结晶。除了受希腊、罗马文化艺术的影响外，波斯文化也影响了中华文化，如在吐鲁番等地出土的唐代丝绸刺绣、在敦煌等石窟壁画中出现的"联珠对鸟"、列雁方格兽纹等图案均有着波斯艺术的风格。

（三）文明互鉴成就了汉唐雄风

公元前 138 年、公元前 119 年，汉外交使臣张骞两次从陕西长安出发，出使西域，开辟了丝绸之路，打开了中国对外交流的大门，开启了国际商贸、国家外交、人民交往、文化交流的新纪元。古丝绸之路曾有至少 1500 年的辉煌，促进了商品、货币的成熟和流通，造福了沿线各国人民，推动了欧亚大陆的繁荣发展，加速了农耕文明的进程，奠定了人类社会由农耕经济向商品经济过渡的重要基础，同时也造就了中华民族辉煌的汉唐盛世。

丝绸之路开启汉长安的繁荣强盛。汉朝鼎盛时期，汉长安城拥有50 万人口，是世界最大的城市，汉未央宫是当时罗马帝国城的 3 倍，汉朝的经济总量，占世界经济总量的 50% 以上。班固在《汉书》中记载："太仓有不食之粟，都内有朽贯之钱。""都鄙廪庾皆满，而府库余货财，京丝师之钱累巨万，贯朽而不可校；太仓之粟，陈陈相因，充溢露积于外，至腐败不可食。"汉武帝邀请很多外国宾客来长安观光，"令外国宾客偏观各仓库藏之积，见汉之广大，倾骇之"（《史记·大宛列传》），国之富强由此可见。长安作为"丝绸之路"的起点和东方文化中心，聚集了相当多的各国各色人等，长安的藁街还出现了专门供外国商人聚居的蛮夷邸，市场上毛皮店有外国的"狐貂裘千皮，羔羊皮千石"，毡席店中有外国运来的"旃席千具"，布匹店中有"榻布皮革千石"。

丝绸之路造就唐长安的空前盛世。据《唐书》记载盛唐时期，唐长安城在册户籍 381 万户，人口 5000 万，是世界上最大的城市，唐长安城中商贾云集，空前繁华，常驻外国人士在 5 万人以上，是名副其实的国际化大都市，大唐的经济总量，占世界总量的 68%，国之富强，十分罕见。唐长安城在它所存的三个多世纪中，是当时世界上最宏伟壮丽的城市，长安城由此成为日本、新罗等周边国家建筑自己京城的模板。

唐朝繁荣发达的经济、灿烂辉煌的文化对亚洲、欧洲和非洲各国都产生强大的吸引力,据《唐六典》卷四《尚书礼部·主客郎中》条记载,唐朝曾与当时 300 多个国家和地区往来,长安皇城含光门至朱雀门内设有鸿胪寺（相当于外交部）和鸿客馆（国宾馆）,另外还有典客署和礼宾院等外事机构。东罗马帝国（即拜占庭帝国或拂菻国、大秦国）曾 7 次派遣使节到长安;中亚有九个以昭武为姓的国家,康国（乌兹别克撒马尔罕）、安国（乌兹别克布哈拉）、曹国（乌兹别克撒马尔罕北）、石国（乌兹别克塔什干一带）、米国（乌兹别克撒马尔罕东南）、何国（乌兹别克撒马尔罕西北）、火寻国（今阿姆河下游一带）、戊地国（乌兹别克布哈拉西）和史国（乌兹别克沙赫里夏勃兹）与唐互通使节（近几十年西安出土昭武九姓墓志数十方）;阿拉伯帝国（大食）从唐高宗永徽二年（651）与唐建立联系,此后半个世纪,大食遣使 36 次;唐高宗时波斯王泥涅师自长安,统帅返国复辟的部属达数千人;日本正式遣唐使从 630 年持续到 894 年,260 余年间除 3 次任命而未成行外,正式的遣唐使共计有 12 次,初次使团有 200 余人,乘船两艘,以后增为四艘,人数增为 500 余人。在长安的外国留住生（留学生）、求法僧、学问僧数量众多,盛唐时期长安有国学六馆,太学诸生 3000 人。不少西域人愿意长期居住长安城,唐德宗时一次查出胡客在长安 40 余年不愿归国的就有 4000 多人。2020 年 12 月陕西省考古研究院在西咸新区空港新城底张街道布里村北,发掘了两座唐代纪年墓葬。考古工作人员清理出近 100 平方米的精美壁画,其中胡人驯马图和胡人牵驼图最为生动,具有重要的艺术和考古价值。据墓志记载,墓主康善达系初唐时代的马政官员,咸亨二年（671）终于原州,咸亨四年迁葬于咸阳。墓道壁画所绘的驯马、牵驼者皆为胡人形象,或许与墓主人的族属和生前生活有关,凭借驯马特长,许多粟特人成为中原地区马政官员。在唐太宗昭陵祭坛内有 14 国宾王像,有西域诸国,还有婆罗门（印度）和新罗（韩国）。唐高宗乾陵 61 尊宾王使臣,有波斯大首领南昧和卑路斯。

唐长安城的国际贸易更是空前繁荣、规模庞大。通过丝绸之路来到长安的有波斯、大食、拂菻（东罗马帝国）、突厥、回纥人等。擅长经营珠宝的波斯商人使长安的珠宝业兴隆昌盛，他们开设店铺，并出卖名酒"三勒浆"；西域及西方各国的良种马、牛、羊，毛皮，珍禽异兽大量运抵长安，其中尤以马匹交易为最，"每岁赍缣帛数十匹，就市戎马"。1970年5月在西安市何家村发现和出土窖藏波斯银币、东罗马赫拉克利留斯金币、阿拉伯金币。1987年位于陕西扶风的法门寺佛塔地宫出土的唐代宫廷供养器物中，有两千多件价值极高的文物珍品，其中一级甲等以上和国家级文物占三分之一，在这三分之一的珍贵文物中半数以上从造型、质地、纹样、工艺等方面看都与西域文化有着密切的联系。

文物遗存真实地展示了"丝绸之路"文明互鉴繁荣的轨迹，汉唐文化代表中华文明站在"丝绸之路"的一端，融合着更辽阔、更新奇的世界文明营养。汉唐文化的包容、开放的气度，使得中华文明通过丝路呈现出的精神、气度、价值和意义为世界所接受。通往"丝绸之路"的桥梁，美索不达米亚文明、埃及文明、花剌子模文明、印度文明和中华文明得以联结、传播，促进了世界文明的交流、融合和人类文明程度的共同提高。

（四）上下求索重启辉煌之路

随着世界格局的变化，陆上丝绸之路相对衰落，海上丝绸之路成为欧亚大陆东西方贸易的主要通道。随着海上新航路的开辟，欧洲人主导了海权时代和世界的近代化进程，传统意义上的丝绸之路正式从繁荣走向衰退，从熙攘走向沉寂。而在唐朝以后，随着王朝政治中心东移，长安降格为地方城市，日益成为远离东西方贸易大通道的内陆城市。

"五色交辉，相得益彰；八音合奏，终和且平"。"一带一路"倡议的提出，奏响重启文明互鉴的号角。陕西西安作为古代丝绸之路起点，见证了丝绸之路的开通、发展、繁荣和鼎盛，陕西与"丝绸之路"一起经历了辉煌，走过了低谷，留下了厚重的文化遗产。文化是陕西永不消失的魅力和核心竞争力，随着"一带一路"建设的深入，陕西作为西部中心区位的文化优势凸显，尤其是古都西安在古老亚欧文明体系的认同度、知名度和美誉度从未消失。意大利前总理马泰奥·伦齐认为"美国媒体在做东西方对比的时候选择了一个意大利的标志形象大卫像和一个中国的标志形象兵马俑。这说明我们两国的关系代表着东西方两种文明的交流"。

堪称"天然历史博物馆"的西安拥有丰富的中华文化资源和丝路文化遗产，在国内外拥有广泛影响力。西安作为中华文化符号的形象，烙印在丝路沿线不同地域族群的记忆之中，西安一直都是与罗马齐名的国际性文化都市。西安是古"丝绸之路"的推动者、见证者，是欧亚大陆多元文化汇聚融合的中心，在欧亚大陆文明体系中具有重要地位，以西安为中心，强化陕西作为西部大开发的重地，能够进一步优化中国地缘格局，促进区域均衡发展。新时期"一带一路"倡议，为陕西发挥文化科教优势、打造内陆型改革开放新高地、建设"丝绸之路经济带"新起点、重塑陕西新形象，提供了绝佳时机。

文明互鉴、和谐包容，成就盛世繁华。重启"丝绸之路"，重铸文化辉煌，陕西在"一带一路"建设中有着不可缺席的使命和担当。

二、 深厚底蕴承载陕西地域文化时代担当

陕西地域文化绵延数千年，有其独特的价值体系，在新时代的坐标上，应当具备坚定文化自信、传播中华优秀文化、建设社会主义文化强国的时代担当。

陕西地域文化起源久远，根脉深厚。陕西文化肇兴于史前时期，旧石器时代早期的"蓝田人"，中期的"大荔人"，晚期的"黄龙人"，是

古人类及文化遗存的主要代表。以"中国文明的前夜"入选 2012 年十大考古新发现和"世界十大田野考古发现"以及"二十一世纪世界重大考古发现"的陕北神木石峁遗址，是中国已发现的龙山晚期到夏早期时期规模最大的城址，可能是夏早期中国北方的中心，属新石器时代晚期至夏代早期遗存，据专家研究有可能是黄帝的都城昆仑城，石峁遗址被称为是探寻中华文明起源的窗口。半坡遗址、姜寨遗址和临潼康家文化等，这些是黄河流域新石器时代不同发展阶段颇具代表性的遗址，为中华文明起源的多元性及其衍生过程提供了全新的研究资源。此外，上古传说中的华胥氏、女娲氏、炎帝和黄帝都在陕西留下了大量的文化遗存，因而这里成为中华民族根的象征和精神家园，被称为中华民族文化的摇篮。

陕西地域文化内涵丰盈，底蕴厚重。陕西见证了中国历史上四个强大封建王朝周、秦、汉、唐的辉煌。陕西文化在周、秦、西汉时期得到了三次大的发展，并在唐代达到了极盛局面。西周是在陕西境内建都的第一个全国性王朝，这一时期，农具得到了较大的改进，有了较为完善的灌溉系统，青铜器制作、制陶、纺织等手工业也得到了全面的发展，西周主张制礼作乐、以礼治国，中国的礼乐文明就是在这里起步并发展起来的，周礼作为儒家"礼学"基础构筑了中国封建文化的核心，为源远流长的华夏文明奠定了基础。秦国通过"独霸西戎"和商鞅变法等一系列发展变革，完成了统一六国的兼并战争，建立了中国历史上第一个统一的、多民族中央集权制国家。周朝和秦朝在中国历史中地位斐然，在经济、政治、文化、礼乐、民俗等诸多方面贡献突出，形成了深沉悠远的周秦文化。汉朝是中国历史上第二个大一统封建王朝。其在政治、经济、外交上采取的一系列措施，特别是武帝时期张骞出使西域，开拓了"丝绸之路"，加强了汉朝同西北各少数民族之间经济、文化联系，打通了与中亚、西亚的陆路交通，增强了中外经济、文化交流。中国始称为"汉"，"华夏"改称"汉族"皆由此而起。唐朝随着国家统

一、社会安定、经济文化的全面发展，造就了中外文化交流史上的第二次高潮，唐朝都城长安成为与世界经济、文化交流的中心，开创了大唐盛世的壮观局面。

陕西地域文化遗存众多，独一无二。陕西文化遗存非常丰富，历史文物绚丽多姿，艺术形式独特鲜明。有旧石器时代的"蓝田猿人"遗址，新石器时代的西安半坡遗址，有距今五千多年的中华始祖轩辕黄帝陵，三千年前的西周都城遗址和周原遗址，两千多年前的秦阿房宫遗址，有汉长乐宫、未央宫和建章宫及长安古城遗址，唐大明宫、兴庆宫遗址及明城墙遗址等，历史遗址多，时间跨度长。作为文博大省，陕西拥有着众多的文物保护部门，如陕西历史博物馆、秦始皇陵博物院、汉阳陵博物馆、乾陵博物馆、大唐西市博物馆、西安半坡博物馆、西安碑林博物馆等，这里收藏和保护着大量珍贵历史遗存，是中国历史演进的鲜活物证。陕西艺术形式众多，地域特色鲜明，绘画、雕塑、戏曲、舞蹈、书法等艺术源远流长，丰富多彩。半坡人面鱼纹盆体现了远古绘画的构思与审美，汉唐彩绘与壁画展现了线条与色彩的完美糅合，秦始皇陵的兵马俑、汉墓石雕及乾陵的石雕石刻展示了造型艺术的细腻与新奇，唐三彩和耀州瓷体现了陶艺烧制工艺的精湛，秦腔、皮影戏等民间戏曲显示了生活与艺术的完美融合，这些非凡的成就和令人叹为观止的艺术群像凸显了陕西地域文化特色和独特艺术风格，成就了陕西地域文化的独特魅力和历史价值。

陕西地域文化名人辈出，影响深远。农业创始人后稷——农神（今武功县），史学家司马迁（今韩城市）、班固（今咸阳市），著名使者张骞（今城固县）、班超（今咸阳市），著名诗人王昌龄（今西安市）、韦应物（今西安市）、白居易（今渭南市）、杜牧（今西安市），考古学家吕大临（蓝田县），医学家孙思邈（今铜川耀州区），画家阎立本（今西安市），书法家颜真卿（今西安市）、柳公权（今铜川耀州区）、于右任（今三原县），水利专家李仪祉（今蒲城县），哲学家张载

(今眉县)等。司马迁的《史记》首创纪传体编史方法，是中国历史上第一部纪传体通史，同时也是一部优秀的文学著作，在中国文学、史学界都有重要地位。张载开创的"关学"及表达其精神追求的"横渠四句"，体现了士大夫阶级自我意识的觉醒和社会担当，为陕西地域文化注入了深厚的理论价值和哲理基础。这些陕西地域名人对陕西地域文化以及中华文化都产生着久远影响。

充分发挥陕西地域文化资源优势，在"一带一路"建设中全面展现丰富浓郁的陕西地域文化特色，弘扬中华民族文化精华，展现陕西地域文化的时代价值和担当。

延续历史文脉。树立系统保护理念，加强对历史遗址的保护意识，提升对历史遗存的保护水平，加大对历史文化街区、传统村落的保护力度，在继承和发扬中最大限度保留传统文化风格。加强对神木石峁遗址、周公庙遗址、汉长安城、统万城等遗址保护。强化延安等革命旧址保护，加快推进陕北文化生态保护实验区建设。提升秦腔、安塞腰鼓、华阴老腔等民俗文化的保护水平。

挖掘时代价值。立足富集的陕西地域文化资源，发掘作为华夏之源、千年古都、丝路起点、革命窑洞的历史文化价值，实施精品文化工程，加强对黄帝陵、秦始皇陵等中华文明的精神标识，延安宝塔山、陕甘宁边区革命遗址等中国革命的自然标识的保护和价值挖掘。做强"文学陕军""长安画派""陕西戏曲"品牌，加强陕西历史文化题材的艺术创作，加强文化与科技深度融合，推动陕西历史文化、红色文化、民族文化传承。

展示文化魅力。让陕西文化"走出去"，加大宣传推介力度，搭建文化交流平台，利用丝绸之路国际艺术节、传统文化品牌项目"国风·秦韵"等在国内外重要城市举办陕西传统文化周，传递陕西声音，讲述陕西故事，讲好守护根脉、传承文明的历史故事，讲好理想如炽、信念如铁的革命故事，讲好革故鼎新、开放共赢的发展故事。推动文化旅游融合发展，加快建设丝绸之路起点风情体验旅游走廊、大秦岭人文生态旅游圈、黄河文化旅游精品景区、红色旅游系列景区等"四大旅游高地"。拓展更多的传承载体和传承渠道，借助"一带一路"文化交流平台，通过丝绸之路与沿线国家、与世界各国展开积极的交流和对话，讲好陕西故事，扩大陕西文化影响力，传播好陕西新形象，让陕西地域文化在新时代以新的形式展现其独特魅力。

习近平总书记指出，人类社会每一次跃进，人类文明每一次升华，无不伴随着文化的历史性进步。一个国家、一个民族的强盛，总是以文化兴盛为支撑的。在几千年的历史流变中，中华民族遇到了无数艰难困苦，都挺过来、走过来了，其中一个很重要的原因就是世世代代的中华儿女培育和发展了独具特色、博大精深的中华文化，为中华民族克服困难、生生不息提供了强大精神支撑。无论哪一个国家、哪一个民族，如果不珍惜自己的思想文化，丢掉了思想文化这个灵魂，这个国家、这个民族是立不起来的。坚定文化自信，建设社会主义文化强国，离不开对中华文化历史的科学认知和与运用，中华文化既坚守本根又不断与时俱进，使中华民族保持了坚定的民族自信和强大的修复能力，培育了共同的情感和价值、共同的理想和精神，以此为强大精神动力，在传承中华优秀传统文化基础上发展社会主义先进文化，实现时代担当。

三、 文化先行战略助推陕西融入"一带一路"

"一带一路"倡议是我国在新的历史条件下实行全方位对外开放的重要举措，也是我国为世界提供的一项充满东方智慧的共同繁荣发展的方案。"一带一路"倡议拓宽了中国与世界的交流渠道，极大推动国家间文化交流，提升了中华文化的辨识度和"中国吸引力"。习近平总书记提出："文明因交流而多彩，文明因互鉴而丰富。文明交流互鉴，是

推动人类文明进步和世界和平发展的重要动力。"① 他还强调，推进
"一带一路"建设，要处理好经贸合作和人文交流的关系、务实推进与
舆论引导的关系等。这些思想高屋建瓴，为推动"一带一路"建设不
断取得新成果提供了指南。

　　陕西与丝绸之路经济带有着极为深厚的历史渊源，要紧抓"一带
一路"历史机遇期，在"文化先行"战略指引下，更好地利用国际国
内"两个市场""两种资源""两类规则"，聚集各类资源要素，基于
文化交流和文化认同下的产业、贸易等经济形式的发展，以文化相交聚
民心，将陕西与"一带一路"沿线国家、地区间文化经济发展进行有
机的衔接和融合，实现地区间的"互联互通"，提升陕西创新发展的国
际视野和发展层次，充分发挥古丝绸之路起点和中国西部中心区区位的
优势，借势借力，使陕西成为丝绸之路经济带的新起点和桥头堡。

　　文化是陕西走向世界最突出的优势，也是文化自信的丰富源泉，是
陕西构建新形象最深厚的底蕴。陕西确定"文化陕西"为全域推广语，
认为历史与现代交相辉映、传统与时尚完美融合是构建陕西新形象的总
要求。近年来陕西深入贯彻落实习近平总书记来陕视察时提出的"扎
实加强文化建设"要求，坚持深植于陕西地域文化的沃土，实现陕西
文化创造性转化和创新性发展，最大限度释放陕西文化资源所蕴含的动
力和潜能，在文化自信中传承优秀传统文化，在深入认知优秀传统文化
中进一步坚定文化自信。

　　2015 年习近平总书记来陕视察时指出，黄帝陵、兵马俑、延安宝
塔山、秦岭、华山等，是中华文明、中国革命、中华地理的精神标识。
从"精神标识"到国家和民族的"灵魂"，陕西丰富的文化资源对于文
化自信理论的诞生有着深长的意味，陕西提供了从文化自觉到文化自信
的最佳理论土壤和最佳实践地。陕西在扎实加强文化建设方面重点抓好

---

① 《习近平在联合国教科文组织总部发表的演讲》，人民日报，2014-03-27。

四项工作：一是注重学习和研究陕西文化；二是旗帜鲜明唱响主旋律；三是繁荣文化事业、发展文化产业；四是保护历史文化遗产。2017年陕西省第十三次党代会提出"彰显新形象"，将陕西的文化发展融于陕西发展大格局，不断增强追赶超越的文化自信。

文化的底气是涵养出来的。陕西作为中华民族与华夏文明的重要发祥地，是中华文化的重要根脉所在，在中华文化乃至世界文化中都有深远影响。

陕西文化有固本培元坚定优秀传统文化的基石作用。炎黄文化的凝聚精神，周文化的敬德重礼精神，秦文化的革新统一精神，汉文化的开拓进取精神，唐文化的开放包容精神，红色文化中的斗争奉献精神一起构筑起了陕西文化的精神脉络，成为中华文明的重要构成部分。丰厚灿烂的文化精神既是文化自信的源头，也是今天滋养陕西不断前行、持续发展的精神源泉。新时代这些文化精神仍以新的面貌和样态呈现在陕西人们生活的方方面面，为陕西提供修己安人、经世致用、自我超越的价值借鉴。要从丰厚的文化精神中萃取精华，努力挖掘历史文化的价值理念、道德规范、思想魅力，找准历史与现实的结合点，溯到源，找到根，寻到魂，为陕西新形象建设构建坚实的精神基石。

陕西文化有凝心铸魂坚定传承创新的不竭动力。陕西丰富的历史文化资源构筑起陕西经济发展的源动力。近几年来，陕西坚持以文化带动经济发展，以经济促进文化繁荣，在进一步整合陕北、关中、陕南文化资源的基础上，着力搭建陕西文化品牌"走出去"的平台和载体，大力支持文化产业和文化企业发展，通过不断扩大文化产业投资，推动文化产业结构调整和布局优化，使得文化产业的规模显著扩大，文化金融服务体系越发完善，文化产业对全省经济增长的支撑和拉动作用明显提升。另外不断加强对陕西历史文化资源的挖掘和研究，在深入分析陕西历史文化资源的主题意义、思想魅力和理念价值，找准历史与现实的结合点，推动优秀传统文化的创造性转化和创新性发展，为陕西新形象建设提供不竭动力。

陕西文化有弘德立信坚定追赶超越的信心。2020 年 4 月习近平总书记再次来陕调研时说："陕西是中华民族和华夏文明重要发祥地之一。要加大文物保护力度，弘扬中华优秀传统文化、革命文化、社会主义先进文化，培育社会主义核心价值观，加强公共文化产品和服务供给，更好满足人民群众精神文化生活需要。"陕西地域文化有着丰富的内涵，优秀的历史文化中蕴含着包容、仁爱、重礼、奋斗等精神内涵，优秀的红色文化中蕴含着理想信念的力量，追求真理的精神，人民至上的理念、矢志奋斗的力量，为陕西新形象的树立注入了源源不断的精神动力。另外，雄厚坚实的科教文化和昂扬奋进的现代文化与历史文化、红色文化一起，共同奏响了陕西当代文化鲜活、生动的新乐章。在现代文化中，开放、包容、共赢、合作已成为当下社会发展的主旋律，社会主义核心价值观的培育、"厚德陕西"道德建设、讲好陕西故事等一系列活动的开展，最大限度地感染、熏陶着人民群众，激发他们的斗志，调动他们的热情，为陕西经济、文化的建设汇聚了强大发展合力。"厚德"成为陕西这片热土中的当代品质，陕西在全省范围内积极实施立德、尚德、遵德、载德、润德、弘德"六德"工程，使全省社会公德、职业道德、家庭美德、个人品德显著提高，社会文明程度大幅提升，社会文明风尚基本形成。中华美德是中华优秀传统文化特色和民族精神，传承美德就是坚定文化自信，让传统美德根植于地域文化，潜移默化影响人们的思想和行为，成为人们日用不觉的价值观，用"无比深厚的历史底蕴"续写中华民族的豪迈与自信，谱写新时代伟大篇章，以中华文化博大气象和高度自信实现中华民族伟大复兴的中国梦。

文化自信来源于文化自知，深厚丰韵的文化资源是文化自信的丰富源泉，深入认知本民族、本地区优秀文化，坚定文化本身所具有的自信、耐力和定力，是坚定文化自信的底气，是增强文化自信的强大动力。在十九大报告中，习近平总书记说："站立在九百六十多万平方公里的广袤土地上，吸吮着五千多年中华民族漫长奋斗积累的文化养分，拥有十三亿多中国人民聚合的磅礴之力，我们走中国特色社会主义道路，具有无比广阔的时代舞台，具有无比深厚的历史底蕴，具有无比强大的前进定力。"这就是文化自信，是来自民族灵魂深处的力量，这种力量如浩浩春水滋润着我们的过去、现在和未来，滋养出民族文化的枝繁叶茂。

中华优秀传统文化是文化自信的源泉。"观乎天文，以察时变；观乎人文，以化成天下。"（《周易·贲卦》）文化的力量贯穿在人类文明进程的始终，习近平总书记在党的十九大报告中深刻指出，"文化是一个国家、一个民族的灵魂。文化兴国运兴，文化强民族强。没有高度的文化自信，没有文化的繁荣兴盛，就没有中华民族伟大复兴"。"文化自信是一个国家、一个民族发展中更基本、更深沉、更持久的力量"。

文化自信传递文化理念和文化价值观。中华文化有绵延五千多年不间断的文化创造，本身的智慧、魅力、底蕴是中华民族无比自信的源泉，对于走向新时代的中国来讲，文化自信既是文化理念又是指导思想。文化自信是基于当代中国发展所面临的国内外现状提出来的，是对古往今来的中华文明蕴含的中华民族智慧的深切认同，是对民族传统文化的自信，是中国现实发展道路的自信，是中国未来发展前景的自信。坚信中华文化在人类现代化历史进程中的独特价值，肯定中国智慧的开放性、平等性和包容性。

当今世界处于"百年未有之大变革"的大发展、大调整时期，也处于不同文化之间的相互体认、多元共存的时代。在时代大势的客观基础上，每个国家和民族都需要在自己的文化实践中，一方面坚守自身文化发展方向和独特价值，另一方面坚持世界文化的交流互鉴。"一带一路"倡议"共商共建共享"理念，赋予了古代丝绸之路新的时代内涵，承载着沿途各国重续发展繁荣的梦想，主张文明宽容，尊重各国发展道路和模式的选择，促进不同文明之间的对话，求同存异、兼容并蓄、和平共处、共生共荣。

"文化先行"战略是丝路合作区域国家形成的共识。凭借文化交流合作，唤起古丝绸之路沿线国家的"丝绸之路"情结，重新缔结沿线各国两千年来形成的世代友情和亲情，进一步宣传中华文化，进一步增进彼此了解，赢得相互信任、赢得合作伙伴，实现民心相通，为丝绸之路经济带沿线国家加强区域大合作创造有利的人文发展软环境。陕西是古丝绸之路的起点，陕西文化元素是丝绸之路的重要符号和典型代表，具有文化方面的天然优势，文化是推动开放、加强交流的先导，突出"文化先行"战略，让世界了解中国，先从了解陕西开始；了解中华文化，先从了解陕西文化开始。

四、　万变有宗引领陕西地域文化强基固本

地域文化在历史进程中为当地人文传承、经济繁荣、社会稳定做出了重要贡献。但是，站在新时代的历史方位审视地域文化，都存在一定历史局限性，随着时代的发展变革，需要地域文化在传承与创新中不断激扬浊清、与时俱进。

任何一个时代，都有其核心价值观作为全社会价值准则。党的十八大以来，中央高度重视培育和践行社会主义核心价值观，习近平总书记多次做出重要论述和指示，中共中央办公厅印发《关于培育和践行社会主义核心价值观的意见》，为加强社会主义核心价值观教育实践指明了方向，提供了重要遵循。社会主义核心价值观从我国基本国情出发，在兼顾国家、社会和个人三个层面的基础上，实现目标、导向及准则的统一，有着极其丰富的文化内涵，是全国人民追求美好生活的共同价值表达。"富强、民主、文明、和谐；自由、平等、公正、法治；爱国、敬业、诚信、友善"24 个字是社会主义核心价值观的基本内容。富强、民主、文明、和谐是国家层面的价值目标，自由、平等、公正、法治是

社会层面的价值取向，爱国、敬业、诚信、友善是公民个人层面的价值准则。

社会主义核心价值观根植于中国源远流长的历史文化土壤，践行社会主义核心价值观，必然要深入挖掘中华优秀传统文化的思想精髓和道德理念。社会主义核心价值观的国家、社会、个人三个层面与中华优秀传统文化的"修身齐家治国"高度契合，社会主义核心价值观有着中华优秀传统文化底蕴，有着与中华优秀传统文化和人类文明优秀成果的历史契合，同时又代表当代中国人民的共同理想和价值取向，是建设中国特色社会主义发展的时代回应。

坚持以社会主义核心价值观引领地域文化发展，以社会主义先进文化指引地域文化创造性转化、创新性发展。社会主义核心价值观包括马克思主义指导思想，中国特色社会主义共同理想，以爱国主义为核心的民族精神和以改革创新为核心的时代精神，其中既包含了当代经济、社会发展所特有的价值理念，也包含了中华传统文化的优秀因子。中华优秀传统文化是社会主义核心价值观的重要思想来源，而作为传统文化组成因子的地域文化，是社会主义核心价值观植根的土壤。社会主义核心价值体系作为主流文化，在社会中占据主导和支配地位，地域文化作为社会主流文化的组成部分和存在载体，在一定程度上决定着主流文化的社会化程度。要使社会主义核心价值观真正内化为人们的内心信仰，使其自觉践行，就要抓住地域文化这个根。地域文化由于地缘和心理情感的缘故，生活在不同地域中的人们，其价值取向首先受到地域文化的浸染和影响，用地域文化来培育和践行社会主义核心价值观，能够唤起人们对"生于斯长于斯"的地域最直接最深厚的情感。同时挖掘地方文化资源、升华中国传统节日、传承传统优秀家风家训，将家国情怀教育、社会关爱教育、人格修养教育寓于人们的日常生活中，促进社会主义核心价值观的大众化、生活化。社会主义核心价值观引领地域文化，最终形成人们自然接受的价值取向，增加人们对社会主义核心价值观的

认同感、亲近感、自豪感和责任感，并更加自愿和主动地践行社会主义
核心价值观。

在实现"两个一百年"的奋斗目标和实现中华民族伟大复兴中国
梦的崭新征程中，坚持用社会主义核心价值观引领地域文化的传承和创
新意义重大，赋予地域文化新内涵，丰富地域文化新内容。地域文化依
托特定地域的地理环境、民风民俗而存在，传统历史文化延续的痕迹较
重，需要马克思主义思想加以指导，需要用社会主义核心价值观充实其
内涵，积极培育和践行社会主义核心价值观，让习近平新时代中国特色
社会主义思想深入人心，巩固全党全国人民团结奋斗的共同思想基础。

结合陕西地域文化，增强陕西文化自觉和自信来助推社会主义核心
价值观的培育和践行。陕西文化自觉和自信，要在正本清源基础上讲清
楚陕西文化的历史渊源、发展脉络、基本走向及逻辑演变过程，以及陕
西文化的独特创造、价值理念、鲜明特色及其与社会主义核心价值观的
联系，正确认识陕西文化特色和优势，科学合理把握陕西文化在中华文
化发展中的独特价值和重要意义，适应当前陕西社会发展要求，推动陕
西文化发展历史责任的主动担当。

陕西作为华夏古文明最重要、最集中的发源地，其地域文化是中华
传统文化的源流之一。陕西地域文化源于炎黄时期，形成了中华文明的
起源。周秦时期的陕西地域文化，走的是家国合一的道路，从夏礼、殷
礼一直到周礼形成系统的理论伦理文化。在周礼基础上，儒学得到发
展，成为封建传统文化的核心。汉唐文化继承和发扬了周秦文化的优秀
成果，形成中华优秀传统文化的重要基石。新民主主义时期，中国共产
党人培育的"延安精神"，是中国新民主主义文化的核心和精髓，蕴含
社会主义核心价值体系的"中国新时代社会主义文化则是继承中国传
统文化和新民主主义文化而来，是对传统文化和新民主主义文化的继承
和发展"。

立足于当前陕西社会发展，要求科学评价和正确对待陕西地域文

化。陕西地域文化发展要有时代意识与文化担当，既要认识到陕西地域文化所反映的民族精神、文化理念和价值追求所赋予的时代借鉴意义，同时认识到在陕西优秀文化之外，还有一些与社会主义核心价值观的不相适应、与时代精神不相匹配的消极因素。究其历史原因，唐末五代之后，随着封建社会政治中心的东迁，陕西作为政治、经济、文化中心的历史地位不复存在，原本多元繁盛的商业经济被单一的小农经济所取代，开放包容的社会风气被固陋和义理所约束，百家争鸣的文化被"尊先王遗风"的义理所束缚，陕西由开放走向保守，由包容走向狭隘，也由繁盛走向衰落，与之相伴的是陕西人在思想上慢慢变得保守内敛、因循守旧，"城墙思维"无论是在思想上、行为上还是文化中体现得淋漓尽致。安分守己、小富即安、思维固化、憨实不灵活的精神特征，严重束缚和制约了优秀传统文化的传承和创新。在弘扬和培育社会主义核心价值观的今天，我们要结合陕西地域文化中的优秀价值理念和文化精髓，克服文化自身的惰性阻力、外来文化的渗透抑制阻力，实现陕西地域文化与社会主义先进文化的融会贯通。

陕西把培育和践行社会主义核心价值观作为强基固本的战略工程。目前陕西有国家级爱国主义教育示范基地 19 处，省级基地 69 处，市级基地 144 处，县级基地 145 处，运用这些教育基地实现社会主义核心价值观引领陕西地域文化创造性转化和创新性发展，通过地域文化将社会主义核心价值观与人们实际日常生产生活相连通，实现社会主义核心价值观与具体价值理念和文化精神有机结合，并由此赋予这些具体价值理念和文化精神的特色内容和形式，使核心价值观转变成为人们喜闻乐见和日用而不知的具体价值观念和行为准则，自觉践行社会主义核心价值观。习近平总书记指出，一种价值观要真正发挥作用，必须融入社会生活，让人们在实践中感知它、领悟它。要注意把我们所提倡的与人们日常生活紧密联系起来，在落细、落小、落实上下功夫。社会主义核心价值观的引领作用在于把这些观念、理念深入到人民的思想深处，进而改

变看问题的态度，端正对是非价值的判断，使其真正成为民众精神层面
上的宝贵财富，并运用其强大的价值力量，影响引领中华民族的价值取
向。由思想到行动，由个体到群体，由局部到全面，潜移默化、多措并
举，尤其是借助地域文化传统搭建实践平台，最终将社会主义核心价值
观在民众生产生活中落地生根。

陕西著名文化学者肖云儒曾说，"没有一个空间是没有文化内涵、
不能成为文化平台的"，让地域文化空间成为陕西新形象"走出去"的
直播间，成为优秀文化旅游产品"火起来"的展示台，成为社会主义
精神文明建设的宣传岗，成为培育和弘扬社会主义核心价值观的主
阵地。

五、 科技融合助力陕西地域文化行稳致远

陕西具有明显的历史文化资源和西部地理中心区位优势，与中亚乃
至丝绸之路沿线国家具有广阔的合作空间和合作潜力。在新的历史条件
下，陕西理所当然应成为丝绸之路经济带的新起点和桥头堡，如何让陕
西丰富的资源从地下走上来，从书本里走出来，让"死"的东西"活"
起来，让分散的东西合起来？这是数字化时代到来对文化的影响或者说
文化传承面临的新形势新要求。

文化是国脉传承、生生不息的精神纽带，科学技术则能为社会进步
提供丰富的物质财富和强大的国力支撑。数字化时代新技术特别是数字
技术带给社会全方位影响。加拿大学者哈威·费舍认为，"在人类历史
上，数字革命是一个确定以及决定性的运动，如同我们人类学会使用火
源一样重要。它看起来似乎是一场没有流血的非暴力革命，但是数字技
术，实际上却是非常强大的，它正在侵入并根本上改变我们的生活，包
括技术科学、经济、教育、文化以及公众和个人等"。传统文化资源的
数字化已成为文化建设中的热点话题，数字技术创意产业成为六大战略

性新兴产业之一，数字技术与互联网相结合，派生出网络游戏、数字视听、三维动画等一系列新兴业态，充分运用数字技术将传统文化资源最大限度地转化为社会共享的文化成果，从受众角度出发创新传统文化的表达形式，从点到面的广泛传播，扩大传统文化影响力，使其具有民族特色的精神文化内涵魅力永存。

文化与科技深度融合发展的过程就是文化要素与科技要素集聚互动的过程。这个集聚就是文化、科技从量变到质变的演进历程中显现出的特征，是文化与科技的融合结果。文化发展离不开科技支撑，科技发展也需要创新文化滋养，文化既是科技的发展环境，也是科技成果的运用市场。文化的发展是以世界观、价值观等人类对世界的认识为前提的，而人类对世界的认识、对客观世界规律的探索、对世界的改造，是必须依靠科学和技术的。从要素层面来说，科技要素中的核心是人，而人的知识、技能等必然是支撑文化发展的共同内核；没有科技系统的要素投入，文化也就难以顺应社会发展的需求，更谈不上文化自身的演进；缺少规范的科技制度、科技发展环境，文化的表现形式、文化的载体自然难以表达，文化的物质化就难以实现，文化的进步就成了虚无缥缈的云雾而已。人类社会文化的进步和发展是伴随着科技的进步及其演化而发展的。文化产业的出现和发展是文化与科技要素互动融合的结果，同时也创造着文化与科技融合发展的空间。文化与科技的深度融合，是增强文化产业核心竞争力的重要途径。文化与科技的融合有利于特色文化资源的整合、开发、利用，促成特色文化的产生。比如，造纸术的产生，是中华古代文化与创新探索的互动成果，造纸术的日益成熟、进展，必然促进印刷术从书籍的印刷到字体的多样化艺术化，从而带来了图片印刷、绢丝印刷等。不同的科技文化融合互动会形成相应特色文化产业，对文化产业发展规模、发展质量、转型升级、价值重构，提升文化产业竞争力、推动文化产业可持续发展具有重大意义。

文化与科技深度融合的实践体现在文化科技产业或科技文化产业的

探索上。文化的核心是创意，科技的核心是创新，创新和创意相结合，在现代市场经济条件下，在政府利好政策的刺激和引领下，就形成了一个相对单独的产业——文化科技产业。文化与科技的融合发展随着科学技术的现代化，特别是现代信息技术、智能技术的发展科技为文化内容提供了新的载体和创新形式、传播渠道，让文化与科技从一般性的融合发展走向了深度融合之路，让文化有了更多的符号表现，推动文化产业向多方位多视角发展，催生了大批新的文化形态和文化业态，这是一种由数字技术和网络信息技术推动的文化与产业深度融合。比如，"文化+"产业的出现，是以文化为核心，以创意为翅膀，文化可以加上各种创新发展的元素，融合互联网、新媒体、高科技等手段，实现从传统的单一文化产品到多元、现代、高科技的文化产业转型升级，既拓宽了文化产业的覆盖面与内涵深度，又增加了产业附加值与竞争力。文化科技产业不是文化与科技的简单相加，不是在科技产业中增加文化要素，也不是在文化产业中加入科技内涵，不是一般意义上的融合，而是一种文化要素与科技要素的互动融合，这种要素层面的融合，形成了一个新的产业，有人形象地称为文化创意产业，这种产业成为现代文化产业发展的新的增长极，甚至成为各地产业转型发展大力追捧的新的产业形态。近几年来，"文化+科技"的深度融合在全国各地的文化界蓬勃发展。利用"文化+"等形式，使收藏在祖国各地博物馆里的文物"活"了起来，文化创意与科技创新不断发生"化学反应"，从地下走到地面，从馆里走到荧屏，从观赏者变为参与者，从实物到数字化展陈，文化领域各行各业借助于科技的翅膀，呈现出前所未有的缤纷多彩，科技对文化发展的推动力表现出史无前例的强劲。

科技与文化深度融合的态势凸显，数字网络等高科技浪潮在改造提升传统文化产业、服务文化事业发展的同时，催生了大批的文化形态和文化业态，科技与文化深度融合发展大有前途。在双循环战略背景下，"文化+科技"融合发展将使中国文化产业面向更加广阔的全球市场，驱动产业发展空间不断增长。基于新基建战略实施搭建底层体系架构，文化与科技的融合将重点面向场景创新、民生应用，以 VR 游戏、在线逛展、沉浸展览、特效电影、智慧旅游、在线教育、直播带货等业态为代表的，出现在人们日常生活场景中。"文化+科技"的双轮驱动效应，将进一步体现在与产业发展相适应的产业配套、金融服务体系、现代文化治理体系以及相关制度的创新中。

数字技术的广泛应用，极大地提升了文化的创新力、影响力、表现力、传播力和吸引力。在数字化时代，借助文化与科技的深度融合，不仅能够为社会经济注入新动能，促进文化领域的新变化，还可以带来观念的碰撞和思想的交锋，给改革发展提供新思路和新方案。数字技术成为文化的生产要素和重要载体，带给文化传播全方位影响，数字化、网络化、智能化相互结合创造出在现实空间和网络空间的相互交错奇迹。2010 年上海世博会中国馆中的动态数字版《清明上河图》，高 6.5 米、长 130 余米，由 12 台电影级投影仪投射到屏幕上拼接而成，新作比原作放大了近 100 倍，2000 万人同时观看动态数字版《清明上河图》，直接体现了数字技术和文化创意联姻的魅力。

全媒体时代下的"网生代"，他们所处的生活环境与前代人完全不同，受数字技术的影响，他们的审美趣味与文化行为与前代人很是不同，他们乐于接受数字技术营造的虚拟的穿越式场景，乐于在多元互动的沉浸场景中获得体验，所以借助虚拟现实、混合现实、人工智能等新数字技术，丰富文化空间，使"网生代"对传统文化有兴趣地承接。例如"数字故宫"的成功运作，"玩转故宫"的微信导览小程序，提供了更便捷的故宫行前规划能力。有 AI 导览助手，语音、文字多种形式交互；"紫禁城 600"是故宫迄今第十款手机应用程序，它聚焦故宫古建筑文化，汇集了大量故宫专家的研究成果，引领用户探索建筑知识和它背后的宫廷故事；"故宫名画记"让公众能细致入微地观察几千年的画作。数字故宫，实现了文物触碰到指尖的神奇和惊喜，让公众真正身临其境历史文化场景，古老的神话回响在人们的耳畔，传统文化以全新方式获得时空延伸，融入日常生活，互联网技术和数字技术实现了从千万级博物馆走向亿万级的博物馆。

文化与科技深度融合为陕西地域文化发展展示了更大的空间和平台。"一带一路"倡议的提出，是陕西扩大对外开放的重要战略机遇，2015 年习近平总书记来陕视察工作时进一步指出：陕西是西部地区的重要省份，是实施"一带一路"倡议的重要节点。陕西借助丝绸之路起点的契机，打造新的丝绸之路经济带的新起点、建设内陆型改革开放新高地。陕西地域文化要借助"一带一路"发展机遇，抓住陕西地域文化与科技深度融合时机，担当起重要时代使命，解决陕西地域文化过于凝重、平面、单调的问题，让陕西地域文化做得更好走得更远。

悠久丰富的陕西历史文化资源是文化与科技深度融合的重要保障，陕西雄厚的科技实力是文化与科技深度融合的有力支撑。党的十八大以来，陕西省高度重视文化与科技融合发展，狠抓科技支撑引领文化产业发展，围绕文化科技融合，启动实施了陕西省科技与文化融合示范工程，大力推进西安国家级文化和科技融合示范基地建设，推进文化旅游、移动互联网、动漫游戏、数字出版、新媒体等文化产业新业态发展，有针对性地突破文化产品创意、生产、传播、运营、展示、消费等环节的关键技术和集成应用技术，推进文化旅游、动漫游戏、新媒体等新业态发展，推动文化产业从产业链低端向高端转移，促进文化产业集群发展。

一是出台了《关于加快推进文化与科技旅游金融融合发展的意见》（陕办发〔2013〕7 号）。该《意见》结合陕西实际情况，围绕文化强省的战略目标，分别规划了文化与科技、旅游、金融融合发展的总体思路和主要目标，提出了推动融合发展的重点任务和工作机制。其中，文化与科技融合主要围绕文化科技创新攻关、文化科技领军企业和产业集群培育、文化科技服务创新体系构建等方面确定了 12 项重点任务。

　　二是建设国家级文化和科技融合示范基地。陕西充分利用西安高新区的科技优势和曲江新区的文化优势，以培育文化创意产业等新兴文化业态为主线，以文化旅游、移动互联网应用、动漫游戏、数字出版为支撑，整合科技资源，创建国家级文化与科技融合示范基地，发挥"1+1>2"的示范效应。通过探索合作模式，统筹两区科技文化资源，加强两区战略合作，实现强强联合、互通有无、协同发展，扩展彼此发展空间，增加新的业务增长点，增强文化产业整体竞争力，对西安市乃至陕西省实现产业升级、经济转型、科技振兴和文化崛起等都具有至关重要的战略意义。

　　三是组织实施陕西省科技与文化融合示范工程专项。为进一步支持国家级文化与科技融合示范基地建设，做大做强科技文化产业，从2012年起，在科技统筹创新工程计划中，设立了陕西省科技与文化融合示范工程专项，并启动实施了西安文化与科技融合示范工程项目。该项目重点围绕文化产业新业态发展，突破多模式文化产品展示平台集成技术、三维动漫生产平台集成技术、现代科技文化产品传播服务可信性保障技术等关键技术，建设西安动漫数字博物馆、西安动漫游戏研发公共技术支撑平台、中华文化全球云推广平台、西安曲江文化科技融合体验中心等四大服务平台，形成国家级文化和科技融合示范基地创新服务体系，以进一步完善西安动漫产业发展环境，促进地方传统文化传播，彰显文化和科技融合创新魅力，推进西安国家现代服务业创新发展示范城市建设。

　　四是进一步推动文化科技创新体系建设。支持产学研战略联盟和公共服务平台建设，建立以文化企业为主导，政产学研用相结合的文化科技创新体系，打造专业化研发机构，推动科技与文化融合领域的工程技术研究中心、重点实验室、企业技术中心建设。

　　在"一带一路"背景下，陕西地域文化与科技深度融合是时代之趋势，尤其是陕西丝路文化的传播，更是要借助数字化技术让悠久古老的陕西丝路文化重新焕发光彩，让世界更多的人重新目睹辉煌的丝路文化，让中华文明在新时代通过科技"丝绸之路"再次闪亮世界。利用数字技术赋能陕西丝路文化高质量发展，以效能和品质增强传承力度，利用新技术手段、制作方式、传播载体的颠覆式变革，适应年轻群体文化需求，并积极引导弘扬丝路传统文化和新时代文化价值，在数字科技构建中蕴含传达传统文化价值和社会主义核心价值观，服务当代人的精神养成和文明生发，在技术、商业与文化价值共赢中赢得大众，创造文化传播新生态。

　　数字化时代，文化生产的技术要素比重越来越重，文化价值却被稀释，在文化消费中对形式多样化的关注度大于内容的体味。如何使技术要素与文化价值和谐共融，让文化在技术的促动下更加熠熠生辉而非被技术所掩盖，这也是文化与技术融合过程中值得重视的问题。

　　把陕西文化价值内容与新形式要素结合好，实现技术要素、文化价值、商业利益的统一，真正推出数字文化精品力作。通过数字技术让陕西文化要素"活起来""动起来""走出去"，向现代生活传递传统文化的价值，向传统文化赋予现代时尚的审美元素，打造陕西文化新生态，实现陕西文化的现代诠释和价值。重点实现让陕西文化中的古建筑、人物、服饰、场景、音乐、舞蹈、美食、娱乐等传统文化要素，在二次创作中得到新升华，如西安大庆路上的丝路群雕扩大规模重新建设成丝绸之路公园；唐长安城开远门遗址作为丝路起点遗址；西安博物院举行"新丝路·半生缘"长安华服·丝巾发布会；秦汉新城打造琵琶演奏《印记·传承》、舞台剧《我的小伙伴》、纪录片《从秦始皇到汉武帝》《风雨老字号》以及电视剧《兰桐花开》等陕西丝路文化 IP 新名片。

　　文化是一个国家或地区的"软实力"，科技是一个国家或地区的"硬实力"。文化与科技的融合就是软实力与硬实力的融合，文化产品走出去，是一个国家硬实力支撑软实力的体现。国际经验表明，一个国家或地区的文化产业"走出去"，不仅有利于该地区的产业结构的转型和升级，而且有利于国家或地区的影响力和国际竞争力。推动中华文化"走出去"，提高国家文化软实力，让世界了解丰富多彩的中华文化，文化输出实际也是文化自信和文化繁荣的具体体现。

文化与科技深度融合有利于文化的行稳致远，在这一过程中传承和弘扬中华地域文化的优秀因子，坚持用中国特色的社会主义精神文明统领文化建设，坚持用社会主义核心价值观凝聚共识、汇聚力量，全面提高文化科技创新能力，提升文化产业核心竞争力，通过创新性发展和创造性转化，推动中华文化走出国门，参与国际文化交流，创造文化新语境，树立国家文化形象。

第四章
守正与创新——地域文化时代表达的战略取向

历史的发展、社会的繁盛、人类的进步，都离不开文明的滋养和引领。立足新发展阶段、贯彻新发展理念、服务新发展格局，以社会主义核心价值观为引领，坚定文化自信，坚持地域文化的守正创新，充分发挥地域文化深入基层，文化工作引领风尚、教育人民、服务社会、推动发展的作用。

用好地域文艺作品、文化产品、旅游产品等载体，可以从理性表达、全景呈现、精准营造三个方面作为推动地域文化建设的着力点，以点带面，推动形成适应新时代要求的思想观念、精神面貌、文明风尚、行为规范，展现地域新形象。

一、 基因传承地域文化的优秀内核

中华文化是多个区域、多个民族、多种形态的文化综合体，费孝通先生所言中华民族是"一个你来我去、我来你去，我中有你、你中有我，而又各具个性的多元统一体"。

中华民族的文化是经数千年各地域文化、民族文化不断融合、互补、协同而发展起来的，也就是说，不同地域、不同民族的文化构成了中华文化发展的基础，成为中华文化统一体的有机组成部分和多元支撑。各地的地域文化在其形成和发展过程中受到当地自然风貌、经济发展、民俗风格的影响，具有比较鲜明的地域特色，展现出与众不同、风格各异的精神魅力。正是地域文化鲜明的个性特征和洋溢的个性魅力汇聚形成了中华传统文化的璀璨光芒，构筑了中华民族灿烂深厚的精神命脉。

地域文化根植于人们的实践生产生活中，深入挖掘地域文化的优秀内核，对培育和践行以中华优秀传统文化为根、以革命文化为基、以社会主义先进文化为魂的中国特色社会主义文化自信具有积极意义。

文化是社会实践的产物，并在不同历史阶段形成与之相适应的主要文化表现形态。中华优秀传统文化是中华民族历经千年岁月凝结而成的中华智慧，积淀着中华民族最深厚的精神追求，习近平将中华优秀传统文化概括为"讲仁爱、重民本、守诚信、崇正义、尚和合、求大同"[1]，这也是表达形式各异的地域文化的优秀内核。渊源流传的民风民俗、世代传承的民间工艺、滋养心灵的民歌民曲都是中华优秀传统文化的重要载体，无不浸染着中华民族优秀的品质和价值追求，是祖先留给我们的宝贵财富，是我们与遥远的先辈精神信念联系和沟通的渠道，地域文化是中华文化的具体展现，地域文化的优秀因子也是中华优秀传统文化的重要组成，积淀的文化理念、审美取向成为中华民族的精神和传统。

新民主主义革命时期形成的革命文化，"从文化属性上看，它是马克思主义与中华优秀传统文化相结合的产物，是在马克思主义中国化的过程中孕育出来的新的文化形态"。井冈山精神、延安精神、西柏坡精神，是对中华优秀传统文化在新的历史条件下的传承和跨越式发展，革

---

① 中共中央宣传部：《习近平总书记系列重要讲话读本》，北京：学习出版社，人民出版社，2016年。

命文化延续了中华民族的文化血脉，为其注入新的活力，也为地域文化
注入新的时代内涵，同时开启社会主义先进文化。社会主义先进文化是
在党领导人民推进中国特色社会主义伟大实践中，在马克思主义指导下
形成的面向现代化、面向世界、面向未来的，民族的、科学的、大众的
社会主义文化，代表着时代进步和发展要求。

习近平总书记在十九大报告中指出，"中国特色社会主义文化，源
自于中华民族五千多年文明历史所孕育的中华优秀传统文化，熔铸于党
领导人民在革命、建设、改革中创造的革命文化和社会主义先进文化，
根植于中国特色社会主义伟大实践"，"没有中华优秀传统文化、革命
文化、社会主义先进文化的底蕴和滋养，信仰信念就难以深沉而执
着"，这三种文化统一于中国特色社会主义的伟大历史进程中，共同支
撑起社会主义文化强国建设。

中国特色社会主义文化建设在具体落实的工作中，也要结合不同的
地域、不同的民族传统加以创造性的应用。这些发源于特定地域的文化
在长久的历史积淀中，刻上了深深的民族印记，又有鲜明的时代特征，
它汲取优秀传统文化的精华，采用民族文化的形式，为当地人文传承、
经济繁荣、社会稳定做出了重要贡献。中华民族自古而今几千年生生不
息，中华文明绵延几千年代代相传未曾中断，都与扎根于中华大地具有
强大生命力的地域文化息息相关，地域文化蕴含了中华民族优秀文化的
基因。

在新的历史时期，尤其是在当今世界经济全球化的进程中，文化的
开放和交流也是一个国际性问题。文化交流的前提是多元文化的并存，
维护多元文化的存在，并保持和发展自己民族文化的主体性，使各自的
文化都得到丰富和发展，成为当今世界文化交流值得关注的问题之一。
"各美其美、美美与共"，文化是与一个国家的历史、民族精神和传统
紧密相关，在文化交流中，只有始终坚持自身文化的主体性，坚守本民

族优秀文化基因，才能理性地、科学地审视、吸收外来文化的有益成分，以开放包容的态势，丰富和发展自己的民族文化。习近平总书记说："站立在九百六十多万平方公里的广袤土地上，吸吮着五千多年中华民族漫长奋斗积累的文化养分，拥有十三亿多中国人民聚合的磅礴之力，我们走中国特色社会主义道路，具有无比广阔的时代舞台，具有无比深厚的历史底蕴，具有无比强大的前进定力。"

坚持文化守正创新，坚守民族优秀文化基因，坚定文化自信，坚信来自民族灵魂深处的力量，这力量如浩浩春水滋润着中华民族的过去、现在和未来，滋养出民族文化的枝繁叶茂。

二、 理性表达地域文化的生态演进

先有理性认知才有理性表达，在文化领域亦是如此。只有历史地、科学地、实践地认识地域文化，才能客观合理地以文化的形式展示地域形象，体现地域文化适时转变的时代特征。

以文化的生态演进认识地域文化。文化的发展有其自身的生态，有文化自身的演进特征。只有理性认识，才能正确应对；只有理性认识，才能理性表达。第一，要坚持正确的阵地观或者立场观。要将地域文化置于中华优秀文化的大熔炉里，在中华文化的大视野下找寻地域文化的方位。习近平总书记强调："在带领中国人民进行革命、建设、改革的长期历史实践中，中国共产党人始终是中国优秀传统文化的忠实继承者和弘扬者，从孔夫子到孙中山，我们都注意汲取其中积极的养分。"离开了中国优秀传统文化，中国特色、中国气派和中国风格就无从谈起。要站在新的历史起点，为马克思主义中国化，为中国特色社会主义发展道路提供文化沃土，更好地同中华文化相融通，展示地域文化的当代价值。

第二，要坚持发展观。地域文化是中华文化的重要组成部分，明晰

地域文化的时代使命。习近平总书记在十九大报告中强调："深入挖掘
中华优秀传统文化蕴含的思想观念、人文精神、道德规范，结合时代要
求继承创新，让中华文化展现出永久魅力和时代风采。"这里"结合时
代要求"明确了文化的时代使命。文化不是僵化不变的，而是顺应时
代发展变化且为时代发展服务的，唯有适应时代发展进步的文化，才能
"展现出永久魅力和时代风采"。世界正处于百年未有之大变局，在市
场、社会主体关系的嬗变中，挖掘地域文化的优秀特质，构建有利于现
代化经济体系建设的价值导向，成为亟待解决的问题。

第三，要坚持开放观。承认不同文化的差异性和多样性，要在开放
环境或在开放视野来考量地域文化的价值。"一带一路"提倡就要建立
开放包容的文化观念，"一带一路"沿线的60多个国家和地区，各地
的文化的差异较大，包括语言的差异、宗教的差异、价值观念、道德标
准的差异，以及行为习惯与风俗的差异等等。这些差异是由历史文化地
理等因素造成的，对此需要有理性的认识。理性的认识要尊重不同的文
化，运用辩证思维，历史的方法，尊重其他地域文化，尊重世界文明的
多样性，在文明交流中跨越外界隔阂，在文明互鉴中超越外界冲突，在
文明共存中僭越外界傲慢。

要理性对待陕西地域文化资源，树立正确的阵地观、发展观、开放
观，消除谈及历史文化"沾沾自喜"，谈及现代表达"垂头丧气"的现
象。要深入认知陕西地域文化，以现代恰当方式表达陕西的厚重、陕西
的气质、陕西的形象，特别是在深度融入共建"一带一路"的时代使
命下，通过深入认知陕西地域文化资源的内涵，文化的类型与特征，认
知陕西地域文化在"一带一路"建设中的时代价值，适时转变相应的
发展理念，创新时代表达形式，要在文化互鉴交流合作中引发共鸣和认
同，稳步增强其自身的生命力、影响力和引领力，提升陕西地域文化软
实力，实现陕西地域文化真正意义上的创造性转化、创新性发展，实现
陕西地域文化走出去，担当起"一带一路"建设中的使者。

以文化的使命担当定位地域文化。陕西有黄帝陵、兵马俑、延安宝塔山、红色照金、秦岭、华山等，是中华文明、中国革命、中华地理的精神标识和自然标识，文化的使命担当，陕西极具代表性。陕西曾是周秦汉唐这几个封建鼎盛王朝的都城所在，中华传统文化资源积淀丰厚；陕西是中央红军长征的落脚点，是孕育中国革命走向胜利的地方，战争时期形成的红色"延安精神"光芒万丈；陕西是中国西北五省重要省份，是国家构建"一带一路"重要枢纽，社会主义先进文化光照三秦。习近平总书记两次来陕考察讲话均强调陕西文化的使命担当。2015 年习近平总书记提及要扎实推进文化建设，他强调："对历史文化，要注重发掘和利用，溯到源、找到根、寻到魂，找准历史和现实的结合点，深入挖掘历史文化中的价值理念、道德规范、治国智慧。"2020 年习近平总书记再次到陕西视察，讲话指出"要加大文物保护力度""弘扬中华优秀传统文化、革命文化、社会主义先进文化，培育社会主义核心价值观，加强公共文化产品和服务供给，更好满足人民群众精神文化生活需要"，这是对"扎实加强文化建设"的再深化，是对陕西新时代"发掘和用好丰富文化资源"，为"保护传承弘扬黄河文化""坚持以社会主义核心价值观引领文化建设制度"指明文化使命。

"读经传则根底厚，看史鉴则议论伟。"陕西地域文化既是祖祖辈辈陕西人勤劳和智慧的记忆，更是中华民族文明发展脉络的记忆，发掘和用好丰富灿烂的陕西地域文化，对扎实推进新时代陕西地域文化建设具有重要的价值和意义。深入发掘陕西文化资源，做到以文化人、以史资政。守护好陕西的历史文化遗产，让人们通过文物承载的历史信息，记得起历史沧桑、看得见岁月流痕、留得住文化根脉，把陕西的文化事业做大、做强、做实。特别是在深入融入共建"一带一路"，构建人类命运共同体的大背景下，陕西地域文化更显得责任重大、使命光荣，陕西地域文化在中国文明进程中的历史地位，使其具备在新时代构建人类命运共同体的过程中特殊的价值，从陕西地域文化与丝绸之路沿线国家和地区的文化演进脉络来看，陕西地域文化的演进过程也代表了丝路文化的演进过程，是丝绸之路文化的标志性名片。

以文化的时代功能彰显地域文化。文化是人类改造自然、社会及人类自身的活动、过程、成果等多方面内容的总和。文化作为一种精神力量，能够在人们认识世界、改造世界的过程中转化为物质力量，对社会发展产生深刻的影响，所以文化有其自身的功能。英国著名人类学家马林诺夫斯基的文化功能理论从文化的起源出发，基于人的三种不同层次的需求出发来说明文化的功能，这三种不同层次的需求包括：生物性的基本需求、社会性的衍生需求和精神层次的综合需求；他认为这三种层次的需求回应构成了复杂的文化体系。换言之，文化的功能就是满足作为生物的人、作为社会的人、作为精神象征的人的这三种需求。马林诺夫斯基指出："文化是包括一套工具及一套风俗———人体的或心灵的习惯，它们都是直接的或间接的满足人类的需要。"这种功能，不仅影响个人的成长历程，而且还表现在影响民族和国家的历史中。人类社会发展的历史证明，一个民族，物质上不能贫困，精神上也不能贫困，只有物质和精神都富有，才能自尊、自信、自强地屹立于世界民族之林。所以文化的时代功能往往显示了这个时代的文化特色和文化所在地域特有的气质。

陕西地域文化曾发挥了作为中华传统文化的枢纽、中国革命文化的象征的时代功能，并沉淀为陕西发展社会主义先进文化的基因源泉，新时代陕西地域文化要充当中国发展和陕西追赶超越的符号性角色，彰显陕西固有的时代气质和精神。陕西曾有"赳赳老秦共赴国难"的秦人开拓精神，也曾有"风在吼马在叫"不屈的黄河民族精神，新中国成后更有"胸怀大局、无私奉献、弘扬传统、艰苦创业"的"西迁精神"。

为了社会主义建设和国防建设的需要，改变当时高等教育布局不合理的局面，支持西部地区经济社会发展，1955 年国务院决定交通大学从上海迁往西安，以适应新中国大规模工业建设需要。接中央指示当月，时任交通大学校长兼党委书记彭康即率资深教授亲往西安踏勘校址，新校区建设随即破土动工。1956 年首批师生开赴西安，1959 年迁至西安的交通大学主体部分定名为西安交通大学，交大西迁历时四年。当时的西安，发展水平与上海差距很大，大西北的生活工作环境与优渥的上海无法相比，而且新校区建在当时西安南郊田野中，马路不平、电灯不亮，晴天扬灰路，雨天水和泥，夏无大树遮阳，冬无暖气御寒。但是交大 70% 以上教职工在彭康校长带领下，听从党的召唤"到祖国最需要的地方去""向科学进军"，凭着西迁乘车证登上"交大支援大西北专列"，义无反顾地成为支援西部开发的先行者。他们中不少人将位于上海繁华地段的房产无偿或低价交给国家，向西出发；有的人不光自己踊跃报名，还动员大家庭里的成员，扶老携幼，举家西迁。钱学森的老师、被誉为我国"电机之父"的钟兆琳先生，听闻交大西迁的国家号令后，坚决要求到西部来。但当时，钟先生的夫人正卧病在床，他把家里的事情安顿好后，便随着西迁大军只身来到西安，吃食堂、住宿舍，亲手建起了我国西部地区第一个电机实验室，临终时还嘱咐儿子，要把骨灰埋入他奉献一生的黄土地。

大树西迁，绿树成荫泽被后人。这样一批胸怀国家、无私奉献的交大知识分子，在曾经汉唐古都皇家园林的旧址上，向现代化进军的著名学府拔地而起，带给这片古老土地新的生命力和曙光，带给落后的大西北新时代的文明与科学。他们用自己的青春年华、才华缔造了"西迁精神"，《人民日报》把"西迁精神"与社会主义建设时期的大庆精神、红旗渠精神、焦裕禄精神等并列，共同作为中国共产党的精神谱系，这是对"西迁精神"的高度定位。从黄浦江畔到渭水之滨，交大西迁不仅是一所学校的位移，更是一代知识分子爱国精神力量的体现。

习近平总书记明确指出，"西迁精神"的核心是爱国主义，精髓是听党指挥跟党走，与党和国家、与民族和人民同呼吸、共命运，具有深刻现实意义和历史意义。总书记指出"交大西迁对整个国家和民族来讲、对西部发展战略布局来讲，意义都十分重大"。他勉励广大师生不忘初心、牢记使命，大力弘扬"西迁精神"，把西安交大办好，抓住新时代新机遇，到祖国最需要的地方建功立业，在新征程上创造属于我们这代人的历史功绩。

记忆是为了更好地传承发扬，直至今日西迁已过60余年，"西迁精神"却历久弥新。"胸怀大局，无私奉献，弘扬传统，艰苦创业"的"西迁精神"已积淀为陕西文化的一部分，有着重要的时代价值。"西迁精神"已凝聚成陕西干事创业的一种时代精神，指引着新时代的陕西党员干部们学习老一辈交大人敢为天下先，披荆棘洒热血的大无畏精神、胸怀大局的爱国精神、锐意进取的创新精神，学习他们"哪里有事业，哪里就有爱，哪里就有家"，对事业理想的无比挚爱以及令人敬佩感动的家国情怀。2018年12月11日，交大西迁博物馆向社会开放。目前交大西迁博物馆正式获批"陕西省青少年教育基地"。以兴学强国为己任，发扬传承"西迁精神"，听从党的时代号召，实现陕西新时期追赶超越。

三、 全景呈现地域文化的人文精神

地域文化是在一定的自然环境、特定的历史背景和独有的文化积淀等条件下形成的一种亚文化，具有很强的地域性、传统性和独特性。地域文化并不单单是指向场景和物体本身，其本质指向主要是景观背后的东西，即景观所固有的内涵、所传送的信息、所隐藏的秘密和所带来的意义。地域文化的呈现，必须是整体的、多角度的、全方位的。

以历史为主线。地域文化是在历史的长河里沉淀下来的，是地域的品牌，是地域的特色，更是地域形象的核心，反过来说地域形象是地域历史文化的高度体现。世界上著名的城市都具有独特的文化特征，其城市形象核心体现是这些独特的文化，并且形成了文化品牌形象，使得城市的知名度闻名遐迩，因此城市形象塑造其核心内容是城市的独特历史文化。

每一座城市、每一个地区在发展进程中都会形成自己独特的历史文化，这种历史文化是这个城市有别于其他城市的个性特征。只有文化才是城市的灵魂，才能让城市形象形成品牌，才能提振人们的精气神，才能让公众产生向往，才能让城市区别于其他城市而形成独特的形象特征。历史文化是城市精神内涵，是城市发展中留下的宝贵财富，每一座城市的发展都离不开历史文化的延续，不同的历史时期所形成的历史文化在城市里留下深深的烙印，历史越悠久，文化的底蕴就越深厚，城市形象就越鲜明，越具有特色。城市的历史文化是城市形象塑造的根源，塑造良好的城市形象，就需要系统梳理地域历史文化，全方位地呈现地域历史文化，展现历史文化的脉络，值得强调的是，要展现出地域历史文化的典型代表。在城市的历史发展中，沉淀下的优秀社会文化和人文精神，是每个城市所特有的内涵和品质，构建成其独特的城市文化。在新城市的开发与建设中，不能破坏城市的历史文化，更不能脱离城市历史文化而凭空创造一个新的形象，传承地域的历史形象，需要进行继承、延续和创新，城市形象的塑造是长期的、系统的，必须长远计划，整体规划，继承文化，突出特色。

陕西省内的历史文化名城共有17座，其中国家历史文化名城6座，即西安、延安、榆林、韩城、咸阳和汉中；省级历史文化名城11座，分别是黄陵、凤翔、乾县、三原、蒲城、华阴、城固、勉县、府谷、神木、佳县。这17座历史文化名城，建城时间早，文化积淀深厚，并存有大量珍贵的历史古物古迹，它们的存在真实呈现了陕西在中国历史上尤其是宋以前辉煌的城市风貌以及陕西悠久的文明发展史，是陕西成为中国独一无二的地域不可或缺的证据，也是当下陕西建设文化大省、强省最有力、最丰厚的文化资源。

省会西安，古称长安，素有"膏腴天府"和"帝王州"之誉，与开罗、雅典、罗马并称为世界四大文明古都。有母系社会半坡、商代老牛坡、西周丰镐、秦阿房宫、秦始皇陵及兵马俑坑，有大雁塔、小雁塔、明城墙、钟楼、鼓楼、文庙、城隍庙、关中书院和西安碑林等众多文物古迹。汉长安城和唐大明宫遗址，在拟列入《世界遗产名录》的国际研讨会上，被评估为"是中国历史上不同发展时期的重要标志，是中国历史上最辉煌的汉唐时期最具代表性和典型性的文化遗产"，"已成为研究人类文明史的重要依据"。现代史上震惊中外的"西安事变"也发生于此，并促成了国共第二次合作和抗日民族统一战线的建立。

关中西部的凤翔、咸阳、乾县和三原，均曾是历史上的都城。凤翔，古称雍州，秦建雍城，德公元年（前677）至献公二年（前385）建都于此，历时294年。一直是秦朝的主要政治文化中心，后秦虽迁都咸阳，但雍城仍是秦人宗庙所在地。咸阳是中国历史上第一个统一的封建王朝秦帝国的建都地。自公元前350年秦孝公筑咸阳城并迁都于此，至秦亡历时144年。乾县，秦为好畤辖地，唐设奉天后改乾州，唐高宗与武则天合葬的乾陵即坐落于此。乾陵依山而筑，气势壮阔，雄伟的陵墓石刻群，展示了"大唐雄风"和帝国的旷世辉煌，此外还有隋恭帝庄陵、唐僖宗靖陵，以及秦甘泉宫、梁山宫遗址、明乾州鼓楼、香严寺塔等。三原，秦名汤社，汉设池阳，北魏始易今名。现存有西汉唐高祖献陵、敬宗庄陵、武宗端陵，还有省内保存最完整的城隍庙古建筑群、宏道书院和近代书法大师于右任故居遗址与遗物等。

关中东部有韩城、蒲城、华阴历史名城。韩城，古称韩源，秦置夏阳，隋设韩城。是西汉史学家司马迁的故里及长眠地，现有司马迁墓和祠，城内有被誉为"民居瑰宝"的明清两代形成的四合院民居——党家村寨，还有文庙、城隍庙、九郎庙、三清殿等点缀其间。蒲城，秦置重泉，唐设秦先县，杜甫"朱门酒肉臭，路有冻死骨"就出自其《自京赴奉先县咏怀五百字》，此奉先即为现在的蒲城，西魏始易今名。城区有著名的南寺唐塔、北寺宋塔、文庙和陕西仅存的清代考院，还是辛亥革命先驱井勿幕、爱国将领杨虎城和水利专家李仪祉的故里，现尚存杨虎城、李仪祉旧居等。华阴，以地处华山之北而得名。历代帝王祭谒华山的西岳庙保存完整。城内有魏长城、汉京师仓遗址和战国阴晋、西汉华阴故城，又为弘农杨氏代出俊杰之地，汉末大才子杨修、隋文帝杨坚和"初唐四杰"之一的杨炯均出于此地。

陕西北部有延安和榆林古代边塞之地，属于中原文化与游牧民族交汇之处。延安，古为白翟部落和匈奴人的聚居地，秦设高奴，唐改延州，宋置延安府，一直为屏障关中的军事重镇。革命战争时期，党中央在此 13 年，延安被誉为"革命圣地"，也成为了解现代中国的窗口。现在凤凰山、杨家岭、枣园、王家坪等地，保留有中共中央、中央军委、陕甘宁边区政府等机关的旧址、重要会议会址，以及毛泽东等党中央领导人的旧居。榆林素有"塞上古城""塞上明珠"之称，历汉唐，迄明清，是古长城脚下的军事重镇和蒙汉贸易的集散地。历史上的榆林还是北京的战略屏障，是全国唯一的皇帝钦定的城墙高度可超北京的城市。现存明代城墙尚完整，城内跨街立有新明楼、万佛楼等结构独特的古建筑，还保留有戴兴寺、洪济寺及部分古老民居；城北有明长城、镇北台、易马城和红石峡摩崖，城南有凌霄塔、榆阳桥等。地属榆林地区的府谷、神木、佳县、米脂、绥德，均为历史名城。府谷、神木各得名于唐、宋，坐落于古长城脚下，曾是抗击辽、西夏的将门之家折氏、杨氏的乡梓及统辖地。佳县，东濒黄河天堑，曾为宋、西夏、金鏖兵之地。北宋葭芦寨故城为今县城所在，附近尚有神泉寨、乌龙寨故城及烽火台多处。米脂，古称"银州"，地处榆林、绥德两重镇之间，地理位置优越，2014 年被授予"千年古县"称号。现存有古街古巷古民居，独具特色。毛主席等中央领导轻战陕北时，曾在米脂杨家沟生活战斗了

4个多月，召开了具有历史意义的"十二月会议"。绥德，素有"秦汉名邦""天下名州"之誉。历史上秦太子扶苏、大将蒙恬曾率部驻守，是抗金名将韩世忠的故乡。1924年时任绥德四师校长的李子洲提出"读书勿忘救国，救国勿忘读书"的办学理念。

陕西南部有汉中、城固及勉县等历史名城。汉中，系战国楚郡，秦置南郑。向北通三秦、南接巴蜀的军事重镇和贸易集散地。楚汉之际，刘邦"王巴蜀汉中，都南郑"，奠定统一大业。蜀汉诸葛亮出祁山，伐曹魏，也以汉中为基地。今城区尚有古汉台、拜将台遗址。城固，春秋时期为楚地，秦置"成固"。自古水运和水利建设发达，代代受益，今仍沿用。城区有别具一格的城固钟楼，又为汉通西域使者张骞和谏臣李固的乡梓及安息地，今二冢仍存，张骞墓前尚有汉代石兽镇卫。勉县，战国时属白马氏东境，秦设沔县，汉改沔阳。建安末年，刘备在此设坛自立为汉中王，武侯诸葛亮伐魏时在此制作木牛流马，今定军山北麓的武侯墓保存尚好。陕西的历史文化名称何其多，这里只是撷取部分代表以叙。

以景观为载体。文化景观，又称为人文景观，是人文特质与自然景观的融合体。文化景观在学术界有很多不同的定义，一般是指历史形成的、与人的社会性活动有关的，包括建筑、道路、摩崖石刻、神话传说、人文掌故等。文化景观带有其形成时期的历史环境、艺术思想和审美标准的烙印，文化景观包括的范围很广，涉及面很宽，类型多样，归纳起来主要包括历史古迹、古典园林、宗教文化、民俗风情、文学与艺术等类型。

陕西历史文化资源丰厚，文化景观也比比皆是。历史古迹景观，主要包括人类历史文化遗址、古代建筑、古代陵寝和历史文物等，如西安市浐河东岸半坡遗址、陕西秦始皇陵及兵马俑博物馆、碑林；咸阳原上有秦公陵、永陵，以及西汉9座帝陵、北周孝陵和唐武则天之母顺陵；韩城城郊有旧石器时代禹门口洞穴、战国魏长城、汉扶荔宫等遗址；蒲城有唐督宗桥陵、玄宗泰陵、宪宗景陵、穆宗光陵等。更有世代炎黄子孙共祭的黄帝陵，坐落于地属延安市的黄陵，黄陵古称桥国，汉置翟道，晋设中部县，1944 年始易今名，县北桥山，周围古柏环卫，景致肃穆，附近尚有北宋迁建的轩辕庙和传说中的黄帝手植柏，后者树围达10 余米，为北方古柏之冠。县内还有秦直道、烽燧、北宋双龙石窟、坊州故城和宋明烽火台等。陕南汉中有山河堰（萧何堰）遗址；勉县有明代迁建的武侯祠和马超墓祠等。

山水园林景观，是在一定地域内，就势利用自然山水地貌或者人为地开辟山水地貌，形成供人们观赏、游憩的山水景观。西安兴庆宫公园，是西安市最大的城市公园，位于西安城墙外东南角的咸宁路上，因建在唐代皇宫兴庆宫遗址得名，是我国最古老的历史文化遗址公园。公园依托中国古典造林"一池、三山"的大结构进行建制，"一池"是指公园内的兴庆湖，兴庆公园占地 780 亩，兴庆湖面积 150 亩；"三山"是园内已有的三座假山。公园内龙堂、长庆殿、沉香亭、华萼相会楼和亲政务本楼等高大建筑物，环绕一泓碧水的龙池，池中种植有大量荷花、菱角和各种藻类等植物，道路两旁绿树茵茵景色胜美。近年来为提升城市形象，西安市对兴庆宫公园进行园林式改造，将公园建成集文化、休闲、娱乐、健身等功能为一体的综合性游园景区，并将公园提升改造开发项目列为西安市政府丝绸之路申报世界遗产的项目之一。还有位于渭南市华阴市的华山景区，华山又称"西岳"，为五岳之一，自古以来就以"奇险天下第一山"著称于世，"其高五千仞，削成四方，远而望之，又若花状"（《水经渭水注》），又有李白诗云"三峰却立如欲摧，翠崖丹谷高掌开。白帝金精运元气，石作莲花云作台"（《西岳云台歌送丹丘子》）。华山诸峰，皆巍然耸削，峻险壁立，华岳仙掌被列为关中八景之首，让人惊叹于大自然的神斧之功。此外还有陕南汉中的褒斜道石门及其摩崖题刻和宝峰寺、天台寺等山水园林景区。陕西自古人杰地灵，自然山水景色宜人，稍加改造就是引人流连忘返的园林景区，成为提升地域形象的显著标志。

宗教文化景观，包括宗教建筑景观、宗教活动景观和宗教艺术景观，如西安的大雁塔、小雁塔，扶风的法门寺和周至的楼观台，陕北佳县还有云岩寺、佛堂寺石窟，以及凌云塔、香炉寺和雄冠西北的白云山庙等等。

民俗风情景观，是一个地域民众在特定的自然和社会环境条件下，在长期生产、生活中所表现出来的各种风俗习惯，主要包括饮食习俗、特色民居、传统服饰和民间工艺品、婚丧习俗、民族歌舞和节庆活动等。民俗风情景观在陕西各地均有呈现，比如关中民俗风情园、三原的孟店周氏民宅、韩城的党家村寨、礼泉的袁家村、西安东郊的白鹿原等等。

文学与艺术景观。人们在旅游或生产生活中将感悟记录下来，具有文化审美的价值和功能。文学艺术的主要形式有游记、风景诗词、神话传说、影视、戏曲、书法、绘画、雕塑等。

以现实为表象。地域文化彰显地域形象必须是以现实为表象，以现实实践为原型展现文化的力量，体现地域的形象。表象背后承载着具象化的社会现实，是人们建构一座城市文化认知的渠道，并塑造出一定的城市文化印象。这里主要提及建筑文化和影视文化。建筑文化是物化的不可移动的文化表象，影视文化是传播力极强的符号文化，这两类文化都必须是以现实为表象的。

"影视陕军"是陕西地域文化的一个品牌。陕西影视剧创作深深根植于陕西特色文化，推出了《黄土高天》《一个都不能少》《装台》《大秦赋》等一批优秀作品，陕西影视剧影响力不断提升。2020年中央一套播出的电视剧《装台》获得广泛好评，很大程度上在于其呈现陕西特色的民间烟火气，彰显陕西地域文化力量。该剧通过热气腾腾的市井生活演绎了一出人间温情大戏，演尽了人间百态，演活了平凡人奋斗着的生活。"烟火气"是人们对《装台》电视剧热议时提及最多的一个词，《装台》坚持真实、自然、接地气的创作原则，西安城中村的文化景观空间建造、陕西民俗的文化传达、诱人的陕西美食、逗趣的"陕普"、西安的标志性建筑都体现了极高的地域文化艺术创作水准，再经过陕西籍主要演员真实自然的高超表演，让小人物的日常生活透出浓浓的人间烟火气，时不时地能与观众产生共鸣与碰撞，衍生出多重思考，让观众能在剧中找寻到身边的影子，这种认同、共鸣恰是对现实的呈现。《装台》的热播给国产电视剧带来很大示范效应，电视剧应该更加关注人间烟火，关注老百姓的现实生活，关注小人物，不要过于粉饰生活，脱离生活本身的原生态。文化必须要从生活中来，从生活的本质里面去寻找真实的生活感受，文学创作一直根植于现实的土壤，作家更多地从自己熟悉的领域去开拓，努力寻求合理的表现方式，发掘带有地域特色的文化符号，更加有效地对地域文化阐释，寻求积极的地域影像表达，增强人们对地域文化的认同感，构塑出地域文化品牌。

建筑是地域形象的塑造，也是一种文化的塑造，一种社会观念和社会风尚人文精神的塑造，是人类物质文明和精神文明的城市社会文化最为宽广和持久的载体，是一个国家和历史文化精华的积淀。城市文化赋予了城市形象美好的品质和丰富的内涵，2013 年习近平总书记在中央城镇化工作会议上指出："城市建设水平，是城市生命力所在。城镇建设，要实事求是确定城市定位，科学规划和务实行动，避免走弯路；要体现尊重自然、顺应自然、天人合一的理念，依托现有山水脉络等独特风光，让城市融入大自然，让居民望得见山、看得见水、记得住乡愁。"美国现代设计之父埃利尔·沙里宁认为，通过城市的形象就能看出这个城市的居民在文化上追求的是什么，城市的文化会在城市形象上体现出来。

随着城市化的推进，中国目前许多城市的建筑出现了严重同质化现象，要对城市形象进行反思和塑造，就应将视野扩展到整个文化领域，用建筑这一载体体现城市形象塑造的人文目标。建筑是地域人文精神的文化和物化的表现，是可以传播的、可以构建的、可以设计的。城市在特定历史时期形成的文化，往往又会以文化和历史景观的形式积淀下来，致使不同地域文化中的城市有着明显的文化区别。地域文化是对城市历史发展较为通俗化的表现，也承载着对民间文化传播的再现，它既能把握城市的文化脉络，又关注着文化发展的多样性和层次性，有利于构建独特的城市文化意象。

拓展以建筑为代表的地域本土语言，推动中国建筑在争论与矛盾冲突中、在传统与现代的碰撞中，以及中外建筑文化的交融中，逐步形成具有本土建筑特色语言之路。在城市建筑的设计上，要让新老建筑相得益彰。将传统建筑巧妙地组织到现代建筑景观中，关注新老建筑在视觉景观上的关联性，传统文化与现代文明融合发展。善于运用传统地方建筑的典型符号，来强调地域传统特色和民俗风格，讲究建筑的符号性和象征性。标志性建筑往往因为其文化内涵而成为地域的标志，这是城市形象塑造的基础，是城市形象塑造的价值标准。

城市标志性建筑容易识别、记忆，各地几千年形成的独特地域文化，是构思建筑景观的重要源泉。城市是人类文化精华的精神家园，人文精神是城市形象塑造关键点，无论是构建起城市形象的建筑文化，或是对城市形象传播极强的影视文学创作，都要立足地域文化，突出现实主义，增强人们对城市"人间烟火气"文化体验和感知，形成清晰真实的城市形象。

以科技为手段。科学技术的进步是推动文化发展的重要因素，技术是文化成为产业的必要条件，文化成为产业是技术发展的结果，技术从来都是文化产业发展的关键要素之一。从某种意义来说，文化产业的形态是由科学技术的样式所塑造的。从世界文化技术史来看，当今的"文化科技"概念，并不是一次崭新的历史性出场，而是具有历史的必然脉络和发展轨迹。从文化的发展历史来看，科技与文化的关系是逐步加强的，由相对孤立走向深层次促进的。

在人类文明的早期阶段，科技与文化同根同源同体同质，早期技术与以早期宗教为代表的早期文化相杂糅，人类的物质生活与精神生活界限混沌。古代社会，文化对科技呈现弱支配，即文化相对高阶，并以哲学指导和支配人类社会的科技观。随着以纸为代表的载体技术、以印刷术为代表的记录技术和以电报电话为代表的传播技术不断进步，科技变革对文化繁荣的引导力加强，文化与文化产品也随之大众化、全民化。在新技术革命的背景下，科技与文化的关系呈现出彼此分野但天然深度互动、相互促进的强互动格局。文化与科技彼此互动，文化丰富发展的"内容"，科技丰富发展的"形式"，共同推进文化事业产业发展。

当代信息技术的运用，使收集、选择、传递、储存文化资源的手段和方式发生了根本变革，极大地促进了文化传播、继承和发展。随着以5G、人工智能和大数据等为代表的新技术革命的风起云涌，科技创新从业态结构、文化创作、传播方式、管理体制等多方面深度赋能文化产业，为社会主义文化繁荣注入强劲动力。新技术革命成果不断运用于文化产业，驱动文化产业时代性变革。提高文化产品感官体验，推动新的文化科技变革，已经成为新的文化展示形态。如90后知名短视频博主李子柒，她制作的关于中国传统美食、工艺等内容的视频，不仅在国内拥有大量观众，在海外社交媒体上拥有的各国粉丝数量也多达700多万，她每个视频的播放量都在500万以上，引发广大外国网友对中国文化的浓厚兴趣，成为中国文化对外传播的一个现象级话题。她2015年开始拍摄美食短视频，2016年凭借短视频《兰州牛肉面》获得广泛关注，2017年正式组建团队并创立李子柒个人品牌，获得新浪微博超级红人节十大美食红人奖，2018年原创短视频在海外运营后相继获得了YouTube平台白银和烁金创作者奖牌，一直到2019年李子柒成了成都首位非遗推广大使，并在超级红人节上获得了"最具人气博主奖""年度最具商业价值红人奖"。李子柒充分利用现代社会的网络化传播技术，以视频的方式，用心呈现原汁原味的中国传统文化和工艺，让很多只存留在中国人记忆中的非物质文化遗产，生动呈现在人们面前，体现中国衣食住行之美、展现中国传统文化之精致。有外国网友说："这简直像是在看国家地理+迪士尼+厨神当道""她正在教我们认识我们所不了解的中国"，李子柒的视频展现出了浓浓的"中国味""中国风"，展现了勤劳、朴实、与自然和谐相处这些中国人的传统品质，展现了一个美好、亲和的中国形象，让很多网友感叹"很想去中国看看"。

陕西也非常注重文化与科技的深度融合，正如在第二届中国（西安）丝路经济带人力资源发展高峰会上，全球最大的学术书籍出版公司——施普林格·自然集团负责人这样说："西安是中国重要的科教中心，汇聚了众多高等院校、科研机构和科研人员，我们十分荣幸能强化与西安的合作。"一向以科技与创新为标志的西安高新区，依托中国传统春节文化以"西安年，最中国，潮西安，GO高新"为主题，开展了光影的视觉盛宴，汇聚世界顶尖灯光技术，利用高科技互动光影装置，创造性地继承并发展传统春节文化，表现古城富有创造力和创新力的一面。文化的展示，需要以生动的形式来呈现，以真实的情感来沟通，以科技的手段来传播。

四、 精准营造地域文化的特质禀赋

地域是一个空间概念，同时也是一个思想、精神概念。地域文化，就是按照地域界定而出现的一种文化类型，是某一地域由于地理环境和经济发展而呈现出的一种有别于其他地区文化风貌的一种文化形态，地域文化是最能体现一个空间范围内人的特点的文化类型。

主题化。地域文化的主题化，成为地域文化精准呈现的有效形式，越来越受到各地的重视。形式各异的主题文化公园、地域文化产品的差异化发展，无不突出各自地域文化的主题。可以说，地域文化的主题化，正成为地域文化精准营造的、地域形象精准彰显的基本路径。城市主题文化以城市的特质形成发展理念和价值观为核心思想，具有目标和价值标准的意义。凡有特色的城市，都孕育着一种特殊的文化生命记忆，成为城市发展的灵魂。这种记忆是由城市独有的地理特质、人文特质、经济特质所决定的，这些独有的特质就是城市的主题文化。城市主题文化，是城市特色文化、特色经济、特色建筑、特色景观、特色精神的总和，它是一个城市所追求的目标和价值标准。它是城市独有的创造，又作用于城市自身的塑造和发展，规范了一个城市发展的框架和方向，从内在的意义上规定和推动了城市朝着自己形成独一无二的主题文化发展方向前行。

在城市建设相当长的时间里，主题化是不被重视，或其概念是不够清晰的，不能起到对特色城市的引领支持作用，致使城市建设千篇一律，特色渐渐消失。有了城市主题文化，特色城市建设就有了明确的指导以及方向与遵循，对外彰显的城市形象更有品质。

陕西在地域文化主题化方面做得比较成功的案例，一个是展现唐文化的西安大唐芙蓉园，另一个是展现民间黄土文化的绥德石狮文化风情园。

大唐芙蓉园位于西安城南的曲江新区大雁塔南广场东南，是我国第一个全方位展示盛唐风貌的大型皇家园林式文化主题公园。早在历史上芙蓉园就是久负盛名的皇家御苑。秦时，利用曲江地区原隰相间，山水景致优美的地理环境，秦朝在此开辟了皇家禁苑——宜春苑，从秦汉到隋唐，一直作为皇家禁苑历时长达 1300 年之久。隋朝大兴城（西安）依曲江而建，并以曲江为中心，再次营建皇家禁苑，因广植芙蓉于水中，莲花雅称"芙蓉"，易名"芙蓉池""遂成（京）都人游玩观赏之地"。隋炀帝时代，黄衮在曲江池中雕刻各种水饰，臣君坐饮曲池之畔享受曲江流饮，把魏晋南北朝的文人曲水流觞故事引入了宫苑之中，给曲江胜迹赋予了一种人文精神，为唐代曲江文化的形成和发展奠定了基础。到唐代，曲江进入了繁荣兴盛的时期，在隋朝芙蓉园的基础上，唐代扩大了曲江园林的建设规模和文化内涵，并修建了紫云楼、彩霞亭、凉堂与蓬莱山等重要建筑，随后又开凿了大型水利工程黄渠，扩大芙蓉池与曲江池水面，曲江的园林建筑达到最高境界。唐玄宗为能经常去曲江芙蓉园游幸作乐，沿城墙专门修筑了从大明宫途经兴庆宫，直达芙蓉园的夹城（长 7960 米，宽 50 米），每逢曲江大会唐玄宗则携宠妃百官登临芙蓉园紫云楼与民同乐，唐长安城万人空巷，皆欢聚游宴于曲江，这里成为皇族、僧侣、平民汇聚盛游之地，大唐盛况可见一斑。"江头宫殿锁千门，细柳新蒲为谁绿。"曲江流饮、杏园关宴、雁塔题名、乐游登高等在中国古代史上脍炙人口的文坛佳话均发生在这里，唐时的曲江成为首都长安城唯一的公共园林，成为唐文化的荟萃地、唐都长安的标志性区域。

今天的西安大唐芙蓉园建于原唐代芙蓉园遗址上，仿照唐代皇家园林式样建造，以"走进历史、感受人文、体验生活"为背景，展示了大唐盛世的灿烂文明。大唐芙蓉园占地面积 1000 多亩，其中水域面积 300 多亩，园内建有紫云楼、仕女馆、御宴宫、杏园、芳林苑、唐市等许多仿古建筑，组成全国最大的仿唐皇家建筑群。有全球最大的水幕电影及水景表演，集声、光、电、水、火为一体，是首个将人们的视觉、听觉、嗅觉、触觉、味觉五官完美融为一体的主题公园。有全国最大的展现唐代诗歌文化的雕塑群以及全方位再现唐长安城贸易活动的场所——大唐集市。园内分帝王文化、女性文化、诗歌文化、科举文化、茶文化、歌舞文化、饮食文化、民俗文化、外交文化、佛教文化、道教文化、儿童娱乐、大门景观文化、水秀表演十四个景观文化区，展示了唐王朝辉耀四方的精神风貌，璀璨多姿、无与伦比的文化艺术。

绥德石狮文化风情园是集绥德石雕工艺文化、陕北黄土文化融合的文化主题公园。绥德石雕艺术历史悠久，源远流长，据史料记载和实物考证，绥德石雕艺术的发展伴随着人类社会的进程，历经了原始时期的新旧石器生产和秦汉时期的发展，唐、宋、明、清时期的繁荣与新中国成立以来的鼎盛时期。诸如原始时期的凿石狩猎新旧石器；秦时扶苏监军驻绥时"太子府""赏月台"遗址；现已出土的 500 多块东汉画像石以及至今残留保存的唐宋明清时期的庙宇石狮、旗杆香楼、雕栏画栋、摩崖石刻等景观以及无法考证历年的民间炕头石狮，都足以证明绥德石雕的源远流长，世代相传。绥德石雕工艺种类繁多，用途各异，据调查统计，按照不同用途可分为七大类别，其精湛的烧制技艺，不朽的艺术价值，充分体现了古代劳动人民的卓越才能和艺术创造力。

黄土风情园以黄土景观为载体，以人文历史和民俗风情为核心，凝聚特色的历史民俗文化，创造绥德文化的"城市客厅"，展示黄土高原的风土人情。园区按照"一线两翼五区二十八景"进行整体规划设计，"一线"即以主干道为线索的沿线自然风光和人文景观，以龙湾、龙沟为核心的龙脉线；"两翼"即：一线内侧的民俗文化摄影基地，一线外侧的军事文化扩展区；"五区"即：入口风情区、景园博物馆、军事体验区、宗教文化区、旱码头文化区；"二十八景"即：石魂广场、摩崖石刻、演艺长廊、风情会所、民俗文化村、秧歌台、腰鼓坪、碾磨情缘、唢呐之声、风情谷、李广寨、后军营寨、中军大营、龙城尚武、李广射虎、战马嘶鸣、前军营寨、烽火传情、五龙庙、迷雾佳境、游方登界、了世凡尘、百级天阶、拜雨台、秋雨谷、马帮驿站、商旅文化街、旱码头。①

石雕广场是黄土风情园景区的标识符号和门户，集绥德民间艺术的精华，选取当地石头为材料建造，采用了象征、含蓄、寓意深刻的笔触，古朴粗犷的风格、精雕细刻的刀法融入陕北石雕、牌楼、窑洞等元素，形成气势恢宏的石狮阵容，体现绥德民间艺术的地域性和唯一性。具有极强生命力的石雕既源于中国传统的雕刻技术，又富有时代的创新精神；既具有本土的文化特色，又融合其他雕刻手法。特定的地理位置和代代传承，造就了绥德丰富的山石资源和人才资源，绥德石雕艺术更

---

① 马龙：《绥德县依托人文优势打造黄土文化风情园》，榆林日报，2011-4-25。

是绥德男人们的艺术，是"绥德汉"情感世界的一种张扬，表现了
"绥德汉"高大、强悍、坚韧的品格，也展现了黄土地上的人们在恶劣
自然环境下生长起来的不屈不挠、敢于斗争、不怕苦不怕累的精神风
貌。黄土风情园以其深厚的文化内涵、自然的设计理念、精湛的雕刻技
艺、丰富的黄土文化资源成为陕北乃至全国独一无二的文化旅游产业，
为绥德石雕之乡再添浓重一彩。

品牌化。国风浩荡，秦韵悠长。作为华夏文明的重要发祥地之一，
陕西拥有丰富独特的文化资源，无论是厚重辉煌的历史文化，还是特色
鲜明的民俗文化；无论是能补精神之钙的红色文化，还是充满时代气息
的现代文化，都有很强的标识性。更好地挖掘、利用这些文化矿藏，打
响陕西地域文化品牌，彰显历史与现代交相辉映、传统与时尚完美融合
的文化陕西新形象。

立足历史文化资源打造文化品牌，文化软实力已成为助推陕西实现
追赶超越发展的重要动力。把这些文化资源转化成影响力，让过去沉睡
的文化资源活起来、动起来，创造出陕西的拳头产品，强势文化品牌。
陕西著名评论家李星说："陕西历史悠久，文化积淀深厚。首先，具有
源远流长的史前文化、独具特色的周文化、气势磅礴的秦文化、兴盛发
达的汉文化和丰富多彩的隋唐文化，仅历史文化资源就为我们留下了蓝
田猿人遗址、半坡遗址、周原遗址、丰镐遗址等大量历史遗存，这些得
天独厚的资源不仅是其他兄弟省市无可比拟的，在世界上也不多见。另
外，陕西最具特色的'陵文化'也是独一无二的，如黄帝陵、秦始皇
帝陵、乾陵、茂陵、汉阳陵等。尤其值得一提的是以圣地延安、红色照
金为代表的红色文化资源，老一辈革命家在延安生活、战斗了13年，
留下了枣园旧址、杨家岭旧址、清凉山旧址等大量的革命文化遗址。除
了这些，秦腔、眉户、户县（鄠邑区）农民画、陕北剪纸、陕北民歌、
关中皮影、凤翔泥塑等独具魅力的民间民俗文化，也是重要的文化资
源。再加上司马迁祠、张骞墓和秦岭、黄河、华山等人文与自然文化资

源，陕西地域文化资源数不胜数。"

丰富而独具特色的文化资源为陕西文艺创作提供了丰富的素材和广阔的舞台，也为陕西地域文化品牌的树立奠定了坚实的基础。多年来，在这片文化沃土的滋养中，形成了众多享誉全国的文化品牌。陕西文艺评论家协会主席、陕西师范大学教授、博士生导师李震说："陕西的文化品牌多到难以统计，如果仅从历史文化品牌来说，中国绝大部分文化品牌都在陕西，委实值得秦人自豪。对于今天的陕西而言，文化品牌也是琳琅满目，譬如文学陕军、陕西戏剧、长安画派、陕北民歌、易俗社等，而且，与这些品牌相关的人物也都已经成为文化品牌了。"对此，李星也认为与文化品牌相关的人物就是文化大树、文化高山，如路遥、陈忠实、贾平凹、刘文西、赵季平、张艺谋等各个领域的杰出代表，他们本身就是一种品牌。文化品牌的魅力在于创意，打造文化品牌的动力在于创新。与陕西厚重的历史底蕴和丰富的文化资源相比，如何站在新的起点，在品牌塑造的过程中，让沉睡的文化苏醒、让埋在黄土里的文化涅槃重生，显得尤为重要。一方面要继承、提升、擦亮西部影视、长安画派、文学陕军等已有的"老字号"，让它们发挥足够的当代价值和影响力；另一方面要融合现代文化，结合现代科技，勇于创新，用新的视角审视、开发和利用重要文化资源，碰撞、定位出新的文化品牌。

文化品牌是民族精神和文化价值的重要载体，代表和反映着文化软实力和竞争力。如今，陕西正处于发展最好最快、最具活力的黄金时期，深入挖掘优势文化资源的底蕴和价值，做好顶层设计，促进文化创新，充分发挥陕西科技大省的优势，制定文化与科技融合的具体政策和措施，推动文化与科技融合发展，要制定保护和奖励文化创意的政策，吸引并留住创意人才。打响陕西地域文化品牌，将进一步坚定文化自信，扩大陕西地域文化影响力，开创陕西地域文化大发展大繁荣的新局面。

平台化。古丝绸之路传播了东方文明，如今"一带一路"不仅促进经贸往来，也伴随着人文交流，成为民心相通的纽带。当世界各地的友人们一次次走进西安时，这座古老的历史名城，因文化的包容与博大，显得多姿多彩、风度雍容。构建"一带一路"文化交流平台，打造丝路文化交流合作新高地文化交流平台，与两千年前那条驼铃声声的漫漫长路相比，早已蜕变飞跃为一条立体多维的宏大经济走廊。

"一带一路"倡议提出以来，丝绸之路国际艺术节、丝绸之路国际电影节等一系列重大文化艺术活动先后在西安举行，100 余个"一带一路"沿线国家及地区的文化艺术名家，跨越欧亚大陆相聚西安。丝绸之路国际艺术节是国内唯一一个有关丝路文化的国家级综合性国际艺术节，经党中央、国务院批准永久落户陕西，艺术节包括文艺演出、美术展览、文化论坛、惠民巡演四大板块。同时举办国际现代艺术周、国际动漫游戏周、国际儿童戏剧周、国际青年汉学家研修计划等活动，旨在弘扬以"和平合作、开放包容、互学互鉴、互利共赢"为核心的丝路精神，提供"一带一路"建设和丝路沿线国家文化交流与合作等方面平台。

陕西借助自己独特的地理区域和别具一格的地域文化，搭建平台与多个国家开展文化艺术交流活动，传递陕西声音，塑造陕西形象。西安版《图兰朵》在陕西大剧院开幕，这是西安音乐史上第一次以如此强大阵容，来演绎一场歌剧文化的视听盛宴。作为引进世界经典歌剧，首度将其内化、提炼、升华为西安版《图兰朵》，是一次以展现丝绸之路文化精神为契机，彰显西安文化自信的绝佳创意。这部属于西安出品、世界格局的歌剧《图兰朵》，被意大利及欧洲主流媒体盛赞是一次影响深远的文化合作。

"中国·西安老城根 G park 法国国际水秀音乐节"在西安上演，来自法国的艺术家们携《水舞年华》《水秀狂想曲》《彩虹水道》《水形物语》《生命之树》《印象水帘》《廊桥彩云》等多组创意水秀音乐艺术作品，用高科技且富有法国浪漫气质的表演，为西安市民及游客带来一场异域风情的艺术盛宴，也为西安人民提供一个了解法国的平台，展示新时代西安全新的城市形象，打造具有国际影响力的艺术文化活动品牌。

"城墙之外——西安当代艺术展"走进意大利佛罗伦萨。97 件来自西安的当代艺术作品，在米开朗琪罗生活及工作的地方美第奇·里卡迪宫亮相。这些带有强烈西安特征与符号的艺术作品，成为展示西安当代艺术风貌的最佳方式，也成为意大利观众及世界游人了解古老西安城市变迁和社会图景的方式。"城墙之外"策展人、西安美术馆馆长杨超说："我们需要把传统文化和当代文化进行有效的对接，突破城墙思维，从精神上走出城墙，建构现代西安的当代文化体系，实现西安文化强市的梦想。"

音乐艺术表达着千年的不同文化元素交流和思路联通，传递着人类互通的情感和伦理。西安市全面启动"音乐之城"建设，以音乐产业发展为主题，搭建交流合作平台，积极拓展音乐产业的外延，建设现代音乐产业综合体系，促进传统业态与新兴行业的合作。不论是硬件改造还是软件升级，西安音乐产业在融合发展后正在形成"1+1>2"的效果，并正在为大文创产业开拓版图，为音乐之城打造良好生态环境，为把大西安打造成"一带一路"乃至世界音乐文化交流中心平台进行大胆地探索。

"陕西丝绸之路文化交流中心"是发挥陕西与中亚"陕西村"的历史人文优势建立的平台。中心于 2014 年在西安挂牌成立，旨在丝绸之路经济带上给中国和中亚这几个国家大量帮助、合作，当好桥梁。"国际汉唐学院"入驻沣东自贸新天地，意味着陕西"一带一路"国家人文交流新平台开启。国际汉唐学院依托陕西优质的高等教育资源，承担着创建与"一带一路"沿线国家人文交流模式的重任，对推广中国传统文化走出去和世界各国文化走进来的双向交流，具有重要意义，推行文化走出去战略的重要举措，更是自贸区创新"一带一路"教育合作机制的重要成果。

　　"请进来"是对陕西地域文化的宣传，"走出去"更是彰显自信，传播中华文明魅力、向世界讲述中国故事的途径。以丝路为主题的节会、联盟、交流中心等成为陕西搭建文明交流互鉴的平台，以加强人文交往、促进民心相通为主旨，积极推动丝路沿线国家文化交流，不仅努力打造丝路文化合作的新高地，更为提升中华文化国际影响力、坚定陕西地域文化自信做出了贡献。

第五章

时代与表达——地域文化彰显陕西新形象的探索

中华文化五千年的发展史，是在不断学习、不断融合、不断提升中，与时代同频共振。这是中华文化连绵不绝的原生动力，也是中国人民生生不息的智慧所在。与时代共融共生，让文化一直根植于人们的生活，文化才能"时时生长"，时尚发源于传统，传统借力于现代表达，传统文化与现代科技文明的"融圈"，凝结出现代时尚的才智之美、设计之美、创意之美。

中华优秀传统文化的弘扬、传承与创新，是当代文化蓬勃发展的生命线。费孝通先生曾提出"回到历史里边去找现实的来路"，在建设文化强国的进程中，传统文化尤其是各地独具特色的地域文化正带给人们越来越多的惊喜。《国家宝藏》讲述动人的国宝传奇、河南春晚《唐宫夜宴》节目火遍全网、"李子柒式"短视频走红海外、各地博物馆争相推出爆款文创产品、《衣尚中国》将传统服饰融入现代生活、乡村"非遗+产业"发展得红红火火。有人说这是频频"出圈"的传统文化，有人认为是一种"回归"，实际上文化没有那么高深莫测，文化本质上就是生活，很鲜活地"活"在人们日常生活中，文化是在人们生产生活中创造出来的，烙印在人们的日常生活中，最终还是要活跃在人们的生活中去。

中华优秀传统文化，有着从古至今一以贯之的特色和魅力，蕴含着自然山水纯净的美、诗歌音乐典雅的美、服饰饮食多彩的美、建筑风格迥异的美、超然睿智心智的美、坚韧平和团结的美，中国古人把生活过得如诗如画，"人类诗意地栖息"这句话，用来诠释中国传统文化在人类社会生活中的痕迹和记忆恰如其分。中国传统文化这种强大的内在生命力，只要深入了解认识，便会深深地融入其中。正如全国人大代表、上海音乐学院院长廖昌永所言——他过去两年参与了大型文化音乐节目《经典咏流传》的录制，"这个节目让中国传统的古典诗词和音乐进行化学反应，让大家在寓教于乐的过程当中，亲近我们的传统文化，让更多人来了解古典诗词的语言美、文学美，以及美学之美"。文化不是高深莫测，它一直根植于人们生活。将其"创造性转化"和"创新性发展"，实现传统文化的现代表达，实现经典文化的流行传递，实现高雅艺术的大众传播，实现民族地域的世界展示，是建设文化强国的最有效手段。

随着国家的软实力不断增强，人们文化认知水平的提升，中华传统文化的生命力和吸引力逐渐凸显，人们对中华优秀传统文化有了更加深刻的认同，尤其是年轻的一代，表现出对中华文化尤其是光辉灿烂、源远流长的中华优秀传统文化有强烈的自豪感和好奇心。这几年主打传统文化的电视节目，受到 90 后乃至 00 后群体的广泛喜爱，这一代年轻人出生并成长于物质生活逐步富足、综合国力日益强大的时代，古人云"仓廪实而知礼节"，当物质基础达到一定程度，精神需求便会愈加凸显。

寻求传统的现代表达，让中华文明的灿烂、中华艺术的风骨和中国艺术的精神在与时代同频共振中永葆生命力，欢快活跃于华夏大地。陕西文化作为中华文化的重要组成部分，有着同样的同频共振，寻求现代表达让三秦大地丰富的历史文化资源"活起来"是时代的使命和担当。

中华优秀传统文化从未走远，它一直存在于人们的记忆之中，并以与时代结合的表达形式，焕然一新地再展现其别具一格的魅力。

一、 国家遗址文化公园新模式

陕西是文物大省，众多的历史遗迹是陕西的宝贵财富，同时也给了陕西在现代化发展进程中必须面对的问题，就是文物保护与开发之间的平衡协调问题。

国家考古遗址公园是国家推出的大型文化遗产保护开发新模式，2010 年 6 月国家文物局颁布了《国家考古遗址公园管理办法（试行）》和《国家考古遗址公园评定细则（试行）》，为规范考古遗址公园的发展开了先河，国家文物局组织开展了国家考古遗址公园评定工作，评出了第一批国家考古遗址公园名单和立项名单，并公布了第一批包括西安唐大明宫遗址在内的 12 处国家考古遗址公园，这标志着考古遗址公园的正式启动。经过近 10 年的探索与实践，这种新模式在一定程度上已经得到认可。

国家考古遗址公园的主体对象都是历史文化价值较高、遗存保护现状良好、考古研究比较完备的大遗址，其建设初衷就是为了让这些尘封已久的大遗址"活过来"，使中华文明起源、演变与融合不同文明时段，通过严谨的提炼、阐释与转化，将中华文明因有切实的实物载体而变得脉络清晰。打造历史重现的时间空间地标，同时身为兼具科研、教育和游憩等多种功能的文化遗产保护新模式，国家考古遗址公园最显著的特点就是让遗址"活起来"，让它不再是只有专业人士才可接触了解的"神秘"，考古遗址公园非常关注现实的社会效应，不仅要利用遗址公园激活遗址本身的经济潜力，用文旅融合的方式满足城市、城郊和乡村等不同地域的社会发展要求，更要坚持以"公益性"为主导的方针，充分发挥园区的生态环境保护、社会普及教育、社区人文关怀和公共文化空间等社会功能。

欧洲许多国家早在中世纪时期就已意识到地域古建筑、古文化的价值所在，多种相关法令明确禁止拆除历史悠久的文物建筑，这种保留不仅为世人留下了珍贵的研究资料，更凸显了自己本国文化的辉煌。意大利罗马是历史悠久的古城，文艺复兴以来，西方学术界及罗马人民对古城的挖掘以及研究极其重视。庞贝古城，虽经历了战火与自然灾害，但经过 400 年不断地挖掘，被维苏威火山爆发后掩埋的城池终于露出本初的容貌，其残存的神庙、屋舍以及热闹的街道，在灾害来临的那一刻戛然而止。目前所挖掘保留的遗迹已规划为国家公园，成为当地独有的地域形象元素，供市区人们和各国游人追忆。

中国地域文化的系统研究起步较晚，对考古文化的保护工作也较为迟缓，但随着对传统文化认识的深入，作为中华文明载体的历史遗址越来越受到国家的重视，国家遗址公园的设立就是为了保护历史文化遗存，守护好精神标识。我国以往的遗址保护工作主要以被动抢救性保护为主，大都是对遗址本体进行修补式的局部保护，而国家考古遗址公园建设是主动出击，根据遗址的规模和格局，以及其本体和背景环境进行的全面规划和综合性保护，实行开放式展示，兼顾城乡发展和人民生活需求，实现城乡建设与遗址保护之间平衡发展。遗址建设过程中还要解决与旅游发展之间的矛盾，遗产价值是遗产保护的核心，但不一定是文化旅游的核心，旅游可以不像保护工作一样紧密围绕价值开展，有时会发生旅游设施建设与旅游主题的衍生曲解甚至破坏遗产价值。此外以文物为代表的文化遗产保护更多地强调价值阐释与展示利用，强调文化与知识的传承，强调科学保护的严肃性，这往往导致"束之高阁"的静态保护与说教为主的展示方式，很难与追求轻松愉悦的大众体验旅游融合。要解决这些矛盾和问题，顶层设计上应在文化遗产保护与旅游发展的法律法规、技术规范层面增加对彼此的关注，统筹文化资源的保护和利用，加快相关部门研究"文旅融合规划"编制技术标准，改变现有旅游规划或策划中对于旅游资源要素评估仅重价值高低不重价值内涵的现状，旅游规划策划或产品设计者要理解"价值"对于遗产的核心作用，形成尊重遗产价值的观念，鼓励旅游结合遗产价值进行主题与产品策划，不应对遗产价值相关的载体与环境产生负面影响。2018年国家将文化部门和旅游部门合并，成立文化和旅游部，这一行政职能变化举措，有效地解决了原国家文物局负责文物等传统文化资源的保护，原国家旅游局着眼于文化资源开发，两个部门各执一端，协调难度很大的问题，两部委的合并组建为推动国家考古遗址公园建设提供了体制保障。

不同于自然保护区和旅游景区，国家考古遗址公园以生态环境、自然资源保护和适度旅游开发为基本思路，是国家为了保护一个或多个典型生态系统的完整性，划定的需要特殊保护、管理和利用的自然区域。从实践看，国家考古遗址公园不仅有效促进了生态环境保护，也带动了旅游业和地方经济社会发展，做到了资源的可持续利用。国家考古遗址公园有三个突出特点，一是强调景观资源的保存与保护，二是注重资源环境的考察与研究，三是强调旅游观光业的可持续发展。国家考古遗址公园建设是从国家层面对有重要价值历史古迹进行一种可持续的有效保护的模式。当然，并不是所有遗址都适合建立这样的模式，需要因地制宜，国家文旅部会依据实际情况组织开展国家考古遗址公园评定工作。目前陕西被评定为国家考古遗址公园有六家：秦始皇陵国家考古遗址公园、汉长安城未央宫国家考古遗址公园、汉阳陵国家考古遗址公园、大明宫国家考古遗址公园、统万城考古遗址公园、龙岗寺考古遗址公园。其中秦始皇陵国家考古遗址公园、汉长安城未央宫国家考古遗址公园、汉阳陵国家考古遗址公园、大明宫国家考古遗址公园虽地处西安大都市的近郊或市内，因保护和开发得当，实现了遗址文物保护、传统文化传播、城市形象建设、国民经济效益、生态环境美化等的综合治理，促进了遗址保护和开发良性发展。国家考古遗址公园这种模式是比较适合陕西这片地域的，陕西拥有周秦汉唐中国封建社会前期和鼎盛期遗留的众多历史遗址，需要国家力量才能予以科学合理有效地保护和开发，让中华文明的辉煌历程世代传颂。在陕西，唐大明宫国家遗址公园是国家考古遗址公园建设的典范案例。

链接：

唐大明宫遗址公园的成功范例①

中国的历史文化遗址大多位于城市建成区或城乡接合部，随着经济快速发展，尤其是改革开放初期，城乡建设、经济效应与遗址保护之间的矛盾日益突出，亟待探索出一条适应时代需求的大遗址保护路径，建设国家考古遗址公园就是这样应运而生。

大明宫遗址位于西安市火车站北边，此地被西安人称为"道北"，西安道北是指西安火车道以北的区域，狭窄的小巷子、拥挤的大杂院、气味逼人的旱厕和上着锁子的自来水龙头，这些画面构成了道北棚户区给人的第一印象。当年大明宫遗址发掘现场遍布周围居民的生活垃圾，臭气熏天，在这种环境中，大明宫遗址面临消失殆尽的危险。中国社会科学院考古研究所安家瑶研究员于 2004 年初写了一份提案，呼吁抢救大明宫遗址，得到了许多政协委员的支持。2007 年 10 月，西安市政府确定了大明宫遗址区保护和改造工程项目，全面搬迁和安置大明宫遗址内的居民，这个西安现存最大的棚户区，3000多户居民逐渐搬离，并拆除占压遗址的城中村建筑。到了2010 年，大明宫国家遗址公园终于建成并正式对外开放。

---

① 部分资料来源：任冠虹：《专访安家瑶：汉唐遗址考古与丝路文明研究》，中国社会科学网，2021-1-28。

丹凤门遗址现在是大明宫遗址公园内的一个标志性建筑。在规划遗址公园时，文物考古人员想按照国际上文化遗产的保护原则建立保护罩或保护厅，尽量保留遗址的真实性和完整性；而城市规划部门看重公园的城市功能，希望公园景观漂亮；投资融资方关心周围建设用地的容积率和地价的升值空间；城市管理部门则更多考虑的是公园管理的便利性和其自身的造血能力。经过多次讨论，最后采用建筑大师张锦秋院士的设计方案，将遗址保护大厅的外观建成仿唐城门楼，张锦秋院士巧妙地将保护大厅设计为土黄色，从而与真正的古建筑区别开来。在丹凤门遗址保护大厅的上面，还设计了会议厅，增加了这个保护大厅的功能。大明宫遗址公园建成后，为当地百姓带来了福利。在当地政府的安置下，曾住在遗址区简陋棚户里的老百姓不仅搬入窗明几净的新居，还有相当一部分人进入遗址公园工作，解决了就业问题。随着公园内景观的不断完善，周围地价也实现了升值。公园内的太液池遗址已恢复了水体，成为城市的绿肺，吸引了更多游客前来，从而形成良性的发展趋势。

二、 文化事业产业贯通新链接

人们了解一个地方的历史往往是从博物馆开始的。博物馆是征集、典藏、陈列和研究代表自然和人类文化遗产的实物的场所，并对那些有科学性、历史性或者艺术价值的物品进行分类，为公众提供知识、教育和欣赏的文化教育的机构、建筑物、地点或者社会公共机构。博物馆对公众开放，为社会发展提供服务，兼具知识性、趣味性，承载了相关领域的知识普及和社会教化功能。

大多数博物馆是非营利的，国有博物馆更是如此，其馆藏文物的所有权属于国家，博物馆是代表国家对文物进行管理，属于公共文化事业属性。因为博物馆具有公共文化事业属性的特点，很多博物馆管理者把公益性视为博物馆进入市场的包袱和束缚，使得博物馆成为只是收藏、陈列"静止"的状态，成为专家学者以及少数爱好者才去的场所，博物馆的公共文化服务职能并未充分发挥。在大力弘扬优秀传统文化，增强文化自信的当代，让沉睡在博物馆的历史遗存"活起来"，让更多的人走进博物馆真切体会这些历史演进的鲜活物证，是当下博物馆的时代使命，也是博物馆顺应时代发展的现实方向。正如习近平总书记所说，"让收藏在禁宫里的文物，陈列在广阔大地里的遗产，书写在古籍里的文字都活起来"。

给予博物馆事业管理权限的"活化"授权，是对博物馆创新性发展的前提保障。国家文物局组织编制了《博物馆馆藏资源著作权、商标权和品牌授权操作指引（试行）》给予博物馆管理权限的授权，这为盘活用好馆藏文物资源，推动博物馆逐步开放共享文物资源信息，规范博物馆文化创意产品开发等相关工作的开展提供了政策制度保障。"馆藏资源是指博物馆登记备案的所收藏、管理、保护的不可移动和可移动文物、艺术品等，以及在此基础上二次加工得到的，以语言、文字、声像等不同形式记载的藏品状态、变化特征及其与客观环境之间的联系特征等藏品本身蕴含的原始信息，或者经过加工处理并通过各种载体表现出来的信息，包括与之相关的文件、资料、数据、图像、视频等信息资源，包括实物和数字化信息。"随着文博单位开发文化创意产品潮流的兴起，目前诸多博物馆通常依托信息技术对藏品实物进行数字化处理。这些藏品实物的转化形式与藏品一同构成了博物馆馆藏资源的重要组成部分。

有了授权的合理化，博物馆将事业产业贯通连接模式就成了让文物"活"起来的现代途径。事业产业贯通连接模式是指公共文化服务效能溢出到文旅产业，文旅产业发展成果惠及文化事业，促进文化事业与文化产业融会贯通、协同并进。

一是文化事业融入文化产业。拥有对文物和文化深入的研究是博物馆开发文化旅游产品得天独厚的优势，博物馆可直接与科技、旅游、教育等部门加强联系开展合作。

数字技术实现了文博资源内涵的重生，加拿大学者哈威·费舍认为，"在人类历史上，数字革命是一个确定以及决定性的运动，如同我们人类学会使用火源一样重要。它看起来似乎是一场没有流血的非暴力革命，但是数字技术，实际上却是非常强大的，它正在侵入并根本上改变我们的生活，包括技术科学、经济、教育、文化以及公众和个人等"。

任何技术都只是手段，博物馆所承载的历史文化内涵才是其真正的魅力所在，运用数字技术一定要展示博物馆自身所承载文化的真正内涵，如国内已有企业对敦煌艺术实施"数字供养人"计划（包括保护、传承、再创造三部分）。先用现代数字科技保护敦煌壁画，提高壁画修复、还原效率，后用现代艺术形态来演绎敦煌石窟中独特的造型元素，使之重获新生。如以敦煌壁画为原型设计某款游戏的"遇见飞天"皮肤，还可通过音乐、舞蹈等现代形式对敦煌文化中最具代表性的元素进行再创作，扩大敦煌文化在互联网乃至全世界的影响力。互联网技术和数字技术实现了从千万级博物馆走向亿万级的博物馆，使得文物以全新方式获得时空延伸，融入人们日常生活。《2020年中国亲子游消费趋势报告》显示，近年来，亲子游市场不断升温，在亲子游成人客群中，80后父母占比为41%，90后父母占比提升至32%，个性鲜明的80后、90后父母注重旅游品质的提升，以博物馆为主题的寓教于乐出游受到追捧。故宫博物院、陕西历史博物馆、秦始皇兵马俑博物馆、上海自然博物馆、中国国家博物馆、三星堆博物馆、湖南省博物馆、苏州博物馆、南京博物院、金沙遗址博物馆入围2020年最受亲子家庭欢迎的博物馆榜单。用现代数字技术打造博物馆新途径，会吸引更多的新生力量走进博物馆，创新前景空间很大。①

二是文化产业促成文化事业转型升级。推动文物"活"起来，最好的抓手就是利用博物馆各自独特的馆藏文物资源开发博物馆文创产品。

几年前我国博物馆文创产品的开发模式相对单一，在很大程度上处于简单复制或"符号标签"阶段，不同博物馆之间文创产品的竞争主要依赖于馆藏文物的多寡以及城市所在旅游地理位置的优劣，而非与博物馆自身内涵相契合高质量、高品位的文化产品和艺术创作，缺乏凝聚于产品的科技思想创意研发。近年来随着人们审美水平的提升，博物馆文创产品正呈现出多样化、数字化、时尚化趋势，为文化创意产业良性发展注入新活力，一系列富有文化内涵、创意凸显、备受市场青睐的博物馆文创"好物"不断涌现，提升了博物馆的关注度和知名度。如2021年春节期间，河南博物院推出了"古钱币"巧克力文创产品，瞬间成为"爆款"，"这款巧克力包含10种院藏'古钱币'，涉及春秋、战国、西汉、新莽、北宋、北齐等时期，造型各异且精美，可以说是古钱币科普的入门级'教科书'，不仅有创意还实用"。最火的还是要数"考古盲盒"，为了应对春节，线上一次性上架12000个，短短5天已经售罄，线下每天推出500个预约号，每人限购3个，仍旧卖到脱销。春节过后，"考古盲盒"恢复每晚8点上架，被秒杀是常态。为什么河南博物院推出的"考古盲盒"如此受欢迎？原来"考古盲盒"的用材与市面上同类型的产品是不同的，用来包裹"文物"的土是取自古都洛阳北邙山的土壤，购买者收到产品时，表面来看其实就是一个"土疙瘩"，也正是这种"不知道会挖出什么"的未知性以及来自古都的土，给了人们更多新鲜感与参与感。"买考古盲盒是一份快乐，拆开的过程还得到第二份快乐。"许多网友在网上分享自己的"考古"过程，小铲

---

① 刘圆圆：《2020年亲子游市场有了新变化》，人民政协报，2021-1-15。

子一铲，小刷子一刷，手法不输专业人士。河南博物院文创办主任宋华说："手套那么一戴，考古专家那感觉来了，在家里也可以挖文物！""我们就是要让大家感受到'一抔土的情怀'，在细细挖掘过程中，体味中原文化的魅力。"作为河南博物院推出的王牌文创产品的"考古盲盒"，将"动态文创"创新理念内涵融为一体，"考古盲盒"跳脱了传统盲盒"拆盒即结束"的设置，不仅将考古发掘融入了"拆盒"过程，更将考古"战利品"带入一个更大的游戏中，非常符合年轻人求新求异的探索性和娱乐性的消费心理。河南博物院在细节处理上也非常用心，盲盒里仿制的青铜器、元宝、小铜佛、铜鉴、银牌、银圆、玉器、纪念牌、刀币、陶器等"奇珍异宝"，都是通过多道工序，进行精美"做旧"，尽可能呈现文物出土时的状态，而不是随便小作坊制作出的"劣质品"。考古工作中必不可少的一样工具——洛阳铲也得到了体现，盲盒里的微型洛阳铲外观呈金色，还雕刻了花纹，几乎是按比例缩小复刻的。河南博物院文创办主任宋华表示："包装改了 12 稿、版本更新 6 次、翻模 20 多次……无论是文案、包装，还是内部设计，我们都有精益求精的空间。"河南博物院院长马萧林说：""考古盲盒'的'盲'是科普文化之意，如今越来越多的年轻人从最初猎奇探宝逐渐转变成现在热衷探寻宝物背后的历史文化知识，'考古盲盒'真正实现了它的科普价值。""我们有责任也有义务让文物动起来、活起来，让冷门偏门的考古热起来、被公众熟起来。"中国文字博物馆文化产业部开发科科长杜华说："对于现在的年轻人来说，好的文创产品在拿到手的时候，一定要能讲得出故事，有说头，有辨识度，有记忆点。"郑州大学文化产业研究中心主任汪振军说："以 95 后、00 后为代表的 Z 世代年轻人正逐步成长为文化消费的主力军，他们对中华文化的价值认同感，让国风玩具获得了庞大的市场。而'考古盲盒'的火爆正是彰显了传统文化的魅力。"①

　　文创产品要想被市场所接受，核心竞争力在于产品背后的文化和创意。如北京故宫博物院推出的故宫口红、《我在故宫修文物》纪录片、《上新了·故宫》综艺节目等文化创意，激发人们的好奇心，引发人们浓郁的兴趣，北京故宫博物院成长为现象级网红 IP，古老的故宫成为新一代追随的"网红"，让新生代惊喜地发现中华传统文化的美，民族文化自信油然而生，文博产业创新非常明显地带动公共文化事业的提质增效。

　　陕西同河南一样是文物大省，拥有众多的文物博物馆，这里收藏和保护着大量珍贵历史遗存，是中国历史演进的鲜活物证。做强做活各博物馆，对于陕西而言显得更为重要和迫切。

　　陕西各文博馆在博物院创新发展方面取得一定进展。实施陕西历史博物馆、秦始皇帝陵博物院等公共文化机构"数字文化场馆"建设工程，打造一批"云"博物馆，催生公共文化产品体验方式革命性升级。陕西汉阳陵博物院建立的"互联网+文物教育平台"线下体验中心，成功地将历史文物展示与现代数字技术相结合，让观众足不出户也能感受、体验文物之美。陕西各文博开放单位相继推出多个线上线下展览和多场次的线上线下活动，有陕西历史博物馆"古芮新迹——陕西澄城刘家洼东周遗址考古成果展"和以展览唐代精美文物为主的"大唐遗宝——何家村窖藏文物展"，秦始皇帝陵博物院"藏韵盛宴——西藏文物珍品展"、西安碑林博物馆"士子的行旅——'青青子衿悠悠我心'中国古代科举与旅行特展"等原创历史文化展。陕西各文博单位还依托官方网站、微信公众号、微博、抖音等网络平台推出短视频、直播、微视频等，让观众云游博物馆。

_____

　　①　余嘉熙：《挖盲盒、兑"古钱币"，河南博物院真会玩》，工人日报，2021-2-28。

　　近年来，陕西历史博物馆着力加强对于馆藏文物的"活化"工作，积极探索文创新路子，逐步形成将珍贵的文物、丰富的研究成果与博物馆文创开发相结合的发展方式。相继推出皇后玉玺公交卡、"唐妞"系列公仔等文创产品，尤其与陕文投集团共同开发的《陕博日历》，一经面世就深受消费者喜爱。相继发行了 2018 年《陕博日历·大唐长安》、2019 年《陕博日历·丝路辉煌》和 2020《陕博日历·彩陶中华》。"人歌小岁酒，花舞大唐春。"2021 年《陕博日历·花舞大唐》是从何家村出土的上千件唐代窖藏文物中，挑选了最具代表性的 300 余件精品，通过西风东来、礼仪习俗等 12 个富有逻辑的篇章，多视角解读文物，描绘盛世大唐社会生活的精美画卷，用通俗的语言来描述文物的时代特征、文化内涵以及工艺装饰等诸多信息，让文物"说话"，感悟唐代文化的辉煌绚丽。近年来《陕博日历》逐渐实现了品牌化发展，精巧富丽的杯盘碗碟、浓艳华贵的金篦花钿等大气典雅的文物藏品，在时光的书页上用古代文明的精华书写着中华文化的自信，承载着历史厚重感与仪式感的《陕博日历》被越来越多的消费者看到。依托陕西地域文化、历史文化及馆藏文物藏品优势，陕西历史博物馆将传统文化与时尚、现代元素相结合，研发出"文化丝巾""文化旅游包、袋系列""文化旅游服饰系列""文化旅游生活用品系列"等具有广泛影响力的产品。与此同时，通过举办"花舞大唐·古典遇见时尚"等文创展演活动，推介金属书签、手帕、眼罩等兼具审美功能的实用性产品。[①] 其他博物院如秦始皇帝陵博物院推出的葡萄花鸟纹银香囊、秦将军铠甲与王的士兵桌面摆件等文创产品。此外还有秦亲宝贝、汉阳陵博物馆吉祥物抱枕、仿唐花鸟纹香囊等浓缩了陕西民俗、历史的文创产品。

　　"让历史说话，让文物说话，在传承祖先的成就和光荣、增强民族

---

　　① 秦毅：《陕西历史博物馆：以文创打造传统文化 IP》，中国文报，2021-1-14。

自尊和自信的同时，谨记历史的挫折和教训，以少走弯路、更好前进。"陕西在文博资源方面在全国都占有得天独厚的条件，文博产业虽有长足发展，但发展尚处于滞后状态，从文博大省转变为文博强省的现代表达尚需突破。正如故宫博物院原院长单霁翔在西安小雁塔应邀贞观大讲堂做演讲《故宫是怎么学会适应这个时代的》里讲道："什么是好的文物保护？我工作的体会是，不是把他们锁在库房里死守住就是保护，而是应该把他们修缮好，重新回到人们的生活视野里，当我们在生活里感受到这些东西的美好，我们才会自发对他进行更好的保护，而文物也才会有尊严。这才是保护文化遗产的良性循环。"目前故宫博物院已拥有四家文创产品的经营主体，年销售额超过 10 亿元，面向不同客群，这四家机构的产品风格分别定位于线下实体馆、年轻化、大众化、主题展览周边等，形成差异化的特色经营。

"一个博物馆就是一所大学校"，"只有坚持从历史走向未来，从延续民族文化血脉中开拓前进，我们才能做好今天的事业。"随着人们文化素质的不断提升，对本民族文化的深度了解的需求也愈加迫切，走进博物馆，通过历史去感受文化也越来越成为人们的习惯。博物馆要解放思想，实现"创新性发展"，让游客将历史的温度带回家。

链接：

故宫博物院启示录①

"对于一个观众来说，最重要的是他走出博物馆，将来回想一下，他究竟获得了什么。反过来说，这些历史文化资源在

① 部分资料来源于"西博·贞观大讲堂"系列讲座，由单霁翔所做"辉煌与梦想——迈向世界一统博物馆的博物院"。

现实生活中能够为人类做出哪些真正的贡献，这或许才是最重要的。"这是故宫博物院原院长单霁翔在做《故宫是怎么学会适应这个时代的》演讲时的开场白。故宫博物院近几年在现代科技融合过程中，让古老的故宫实实在在成为中国人心目中的"国宝"，走进人们视野让人们认知并热爱，成功地实现了古老的现代表达。

重视博物馆公共文化建设，提升博物馆美誉度。一是通过博物院环境整治，回归古朴之美。对故宫博物院院内院外进行环境治理，尤其是著名的御花园环境整治和景观提升行动。拆除不规则的护栏，减少现代园林景观；对石雕、盆景、假山石等室外文物，或采用绿植进行软隔离，或以石栏杆做围挡，提升文化景观效果；对于石子路两旁裸露土地铺上防护透水板，有效增加观众活动空间；对园内树坑垫以防腐板，使树木得到更好的生长空间；撤除御花园内所有售卖食品的商铺，将游客服务区移至御花园外，维护古典园林文化环境整体和谐氛围。总之，通过一系列"组合拳"，使御花园回归古典园林之美，为人们提供赏心悦目的参观场所。二是重新布局陈列品，提升文化产品的展示效果。紫禁城9000余间古建筑房屋，构成了故宫博物院独一无二的博物馆空间格局。从建院之始故宫博物院就有自己的陈列展览特色，即从故宫博物院的皇宫建筑和文物藏品出发，确定宫廷原状与历代艺术的陈列体系。通过不断改进与发展，形成了拥有包括原状陈列、常设专馆和专题展览为主体的展览格局。对院内故宫陈列馆进行统一规划、装修、改陈，改善陈列展览的质量，力争达到历史性与时代性、思想性与观赏性、科学性与艺术性、学术性与趣味性、知识性与通俗性的有效结合，调动人们的审美意识和审美情感，尽力缩小陈列展览与观众的空间距离和心理距离等等。近年来，故宫博

物院每年有各种展览 40 个左右，同时展出的文物藏品数量近
1 万件，以多种形式满足人们参观的需求。随着故宫古建筑整
体修缮工程的推进，越来越多的古建筑也在不断地修缮完成，
让故宫博物院展览空间不断增加。"什么是好的博物馆？这么
多人愿意在博物馆里来参加各种活动，学习各种内容，这就是
好的博物馆。"单霁翔说。

多渠道拓展博物馆文化产业链条，提升博物馆知名度。一
是建设"数字故宫"。不断推出手机应用程序，是"数字故
宫"建设中的一个重要内容。目前，故宫博物院已自主研发
并上线了七款应用程序，均获得了很高的下载量和好评度，树
立了"故宫出品、必属精品"的良好形象。故宫博物院运营
官方应用程序、微信小程序和抖音等开展"紫禁城里过大年"
"赏灯上元之夜"等活动，与影视行业联手拍摄《我在故宫修
文物》《国家宝藏》等纪录片和综艺节目，与美食界、时尚
界、游戏圈等展开跨界合作，助推 IP 价值的全产业链创新。
对故宫博物院官方网站内容也做大量提升工作，提高英文版网
页的质量，网站的"青少年版"针对孩子们做得更加活泼有
趣，使他们喜欢故宫博物院，举办网上专题的展览，在虚拟场
景中人们可以观看故宫的各类展览。二是研发具有故宫文化元
素和故宫特色的文创产品。故宫过去的文化产品包括书画系
列、瓷器系列、铜器系列、木器系列等，大多是仿制品、复制
品，还有一些系列书籍。今天故宫文化创意产品既坚持具有历
史性、知识性的特点，同时具有趣味性、实用性；不但有大
型、厚重的文化创意产品，还有小型、精巧的文化创意产品。
比如近两年来，"朝珠耳机"、《故宫日历》等来自故宫博物院
的文化产品备受社会大众追捧，通过文化创意产品，能让更多
的观众"把故宫文化带回家"。三是创新宣教形式让传统成为

文化基因。故宫文化的传播深入中小学的课堂，同时把更多的孩子们请到故宫博物院来，举办大量的青少年宣教活动，让孩子们在故宫博物院里学到更多传统文化知识。每年举办的"故宫知识讲堂"期期爆满，孩子们在课堂上可以串朝珠、手绘龙袍、画盘子，做"皇帝的新衣"，还可以抄录乾隆皇帝的诗并盖上皇帝的大印（复制品），做拓片、做结彩、包粽子，每次孩子们和家长都开心而来，满载而归。四是扩大文化交流。寻求多元的合作伙伴，不断把世界各国博物馆的优秀展览引入故宫博物院，故宫博物院丰富多彩的展览也经常走向世界各地的博物馆。

单霁翔说："博物馆不在于馆舍有多大，文物有多少，一定要深挖自己的文化资源，凝练强大的文化力量，举办各样有益的文化活动，进行各样的展览，这样才能使更多的人在休闲的时候愿意走进博物馆，然后觉得不虚此行，流连忘返，回家以后认为我还要再来的博物馆，我认为，才是一座好的博物馆。正是因为我们坚定不移地贯彻了让文物活起来的方针，我们今天才能够骄傲地说我们把壮美的紫禁城完整地交给了下一个600年。"把世界最大规模的古代宫殿建筑群修缮的健康且壮美，这也是中国对世界文化遗产做出的伟大贡献。

三、 秦岭黄河自然人文新生态

草木葱茏，溪水潺潺，当4月的春风吹绿了秦岭的草木，习近平总书记陕西考察的第一站来到秦岭东部牛背梁国家级自然保护区，习近平总书记深情遥望山脉的一瞬，深深感动每一位国人，保护秦岭就是保护我们美丽的家园，"切实做守护秦岭生态的卫士"。

早在1200多年以前，唐宋八大家的柳宗元说过"国都在名山之下，名山借国都以扬威"，秦岭山与长安城内在的感应和共赢，让历史得以铭记。唐代以后，生态的退化导致关中失去"天府之国"的称谓，国家的中心远离了秦岭，盛世长安已经远去，历史告诫，失去自然生态的护佑，繁华与兴盛终将逝去。"青山绿水才是金山银山"，坚持生态建设与经济发展并举，环境保护与产业开拓并重，处理好人与自然的关系，用大文化的观念处理好现代背景下人与天地、人与城镇、人与心灵的关系，使得生态区品位得到完善和提升。

秦岭牛背梁国家级自然保护区位于秦岭山脉东段，地处西安长安区、安康宁陕县、商洛柞水县交汇区域，总面积 16418 公顷，是西安市和陕南地区的重要水源涵养地，被誉为秦岭"绿色明珠"，是秦岭东段生物多样性最为丰富的地区，也是以保护国家 I 级保护动物羚牛及其栖息地为主的森林和野生动物类型的自然保护区。

作为秦岭自然保护区群的重要组成部分，牛背梁国家级自然保护区内保留着完整的第四纪冰川遗迹，有羚牛、红豆杉、太白红杉等众多的珍稀动植物资源，是物种遗传的基因库，在"中国生物多样性保护行动计划"中被确定为 40 个最优先的生物多样性保护地区之一，是中国唯一以保护国家 I 级动物羚牛及其栖息地为主的森林和野生动物类型的国家级自然保护区。秦岭是羚牛秦岭亚种模式产地，羚羊的主要活动区域分布在海拔 2400 米以上的冷杉林和松林中，种群数量约 100 多只。位于柞水县境内的保护区的主峰牛背梁海拔 2802 米，为秦岭东段最高峰，是羚牛较为集中的栖息地，牛背梁保护区因此而得名。羚羊主要活动范围在 2200 米—2800 米的针阔混交林和针叶林中，并有季节性的迁徙活动。多年来由于人类活动的干扰，如盗伐、盗猎、采集、割竹等违法行为的发生，以及周边地区和国有林场的经营性采伐，致使羚牛栖息地遭到破坏，极大威胁着保护区内羚牛的生息繁衍。牛背梁保护区 1987 年建立，1988 年经国务院批准为国家级自然保护区，1997 年成立保护区管理局，由于保护区的建立使急剧下降的羚牛种群数量趋于稳定，自然环境得到有效保护，羚牛数量由 1980 年的 78 只增加到现在的 350 多只。牛背梁国家级自然保护区功能区划为核心区、缓冲区和实验区，其中核心区面积 5725 公顷，占保护区总面积的 34.9%；缓冲区面积 4119 公顷，占保护区总面积的 25.1%；实验区面积 6574 公顷，占保护区总面积的 40.0%。保护区内生物多样性丰富、植被垂直分布带谱明显，被誉为动植物种的"天然基因库"，是开展科学研究、生态环境教育、教学实习的天然课堂和实验室。对秦岭而言，它具有一定的典型性及代表性，它的建立使秦岭自然保护区群向东延伸了 90 公里，对加强秦岭生物多样性的全面保护有着十分重要的战略意义。

秦岭自然保护区群的植物资源非常丰富，具有起源古老、区系复杂、分布典型的特点，这里既有华北、华中区系植物，也有东北和青藏高原地区植物，是我国南北植物的交会过渡地带，已知保护区群内有种子植物约 2940 种，占秦岭植物总数 78.8%，苔藓植物 311 种，占秦岭总数 82%，其中含世界性单种属植物 37 属，少种属植物 60 属，中国特有属植物 23 属，列为国家重点保护植物 28 种，在世界上具有特殊分布价值的独叶草曾引起国内外学者关注。分布在海拔 3000 米以上的太白红杉林，成为乔木树种分布最高界，它的自然分布不仅对涵养水源、保持水土起到作用，而且对研究第四纪冰川地貌、气候历史等方面有着重要意义。秦岭自然保护区群繁多的动植物种类和丰富多样的森林景观，以及天然山体、石体和水体景观资源，加上距离西安市较近，交通便利的优势，已成为"西安市的后花园"。

在中央生态环保督察、"绿盾"专项行动后，秦岭自然保护区内违法违规等开发活动得到遏制，生态系统和重要物种栖息地保持稳定，野生大熊猫、朱鹮等主要保护对象得到较好保护，种群数量持续增加，生态系统服务持续增强，群众生态保护意识显著提高。生态环境部组织对秦岭区域国家级自然保护区保护成效进行评估，结果显示，陕西省境内的周至、太白山、长青、牛背梁、佛坪、平河梁 6 个自然保护区被评估为"优"。此次自然保护区保护成效评估是在以往管理评估的基础上，进一步突出对生态系统完整性、主要保护对象动态变化、生态系统服务以及主要威胁因素等方面进行评估。陕西下一步将持续完善自然保护地保护成效评估制度，加强自然保护地生态环境监管，推动自然保护地生态环境监测网络建设。2019 年 11 月 29 日陕西新修订《陕西省秦岭生态环境保护条例》于 12 月 1 日正式开始施行。为了突出保护优先原则，确定"核心保护区、重点保护区、一般保护区"范围。其中，《条例》第十五条规定，"秦岭范围下列区域，除国土空间规划确定的城镇开发边界范围外，应当划为核心保护区：（一）海拔 2000 米以上区域，秦岭山系主梁两侧各 1000 米以内、主要支脉两侧各 500 米以内的区域；（二）国家公园、自然保护区的核心保护区，世界遗产；（三）饮用水水源一级保护区；（四）自然保护区一般控制区中珍稀濒危野生动物栖息地与其他重要生态功能区集中连片，需要整体性、系统性保护的区域"。《条例》第十六条规定，"秦岭范围下列区域，除核心保护区、国土空间规划确定的城镇开发边界范围外，应当划为重点保护区：（一）海拔 1500 米至 2000 米之间的区域；（二）国家公园、自然保护区的一般控制区，饮用水水源二级保护区；（三）国家级和省级风景名胜区、地质公园、森林公园、湿地公园等自然公园的重要功能区，植物园、水利风景区；（四）水产种质资源保护区、野生植物原生境保护区（点）、野生动物重要栖息地，国有天然林分布区，重要湿地，重要的大中型水库、天然湖泊；（五）全国重点文物保护单位、省级文物保护单位"。《条例》第十七条规定，"秦岭范围内除核心保护区、重点保护区以外的区域，为一般保护区"。重点保护区和一般保护区实行产业准入清单制度，《条例》明确了"核心保护区不得进行与生态保护、科学研究无关的活动"，还对重点保护区和一般保护区实行更为严格的产业准入制度，对产业和项目实施全区域、全过程监管。

人类最早从山里、从树下，沿着水流域走向平川，走向城镇，但是山永远是人类的故居，山水田园是人们的心结和情怀，回归青山能让人们心生安定、心旷神怡。秦岭是一座郁郁葱葱的生态之山，是一座亘古永存的文化之山，更是一座鲜活灵动的民族精神之山。秦岭就是秦人，就是陕西人"望得见山、看得见水、记得住乡愁"的心心念念，秦岭是陕西人的乡愁记忆，是生命中昂扬的底色。

黄河是陕西人的另一乡愁记忆，是生命中温暖的流动。黄河是中华民族的母亲河，千百年来奔腾不息的黄河同长江一起，哺育着中华民族，孕育了中华文明。黄河流域有3000多年是全国政治、经济、文化中心，孕育了河湟文化、河洛文化、关中文化、齐鲁文化等，分布有郑州、西安、洛阳、开封等古都。九曲黄河奔腾向前，以百折不挠的磅礴气势塑造了中华民族自强不息的民族品质，是中华民族坚定文化自信的重要根基。

黄河发源于青海省青藏高原的巴颜喀拉山脉北麓的卡日曲，呈"几"字形，流经青海、四川、甘肃、宁夏、内蒙古、山西、陕西、河南及山东9个省，最后流入渤海。黄河流域在国民经济和生态安全方面具有十分重要的地位。黄河流域是连接青藏高原、黄土高原、华北平原的生态廊道，拥有三江源、祁连山等多个国家公园和国家重点生态功能区，黄河流经黄土高原水土流失区、五大沙漠沙地，沿河两岸分布有湖泊、湿地，如合阳洽川湿地宛如江南水乡，自然景观壮丽秀美，壶口瀑布气势恢宏。但因为先天不足的客观制约和后天失养的人为因素，黄河流域一直存在水患风险、生态环境脆弱、发展质量不高等困难和问题。习近平总书记在黄河流域生态保护和高质量发展座谈会上的讲话，明确指出，坚持"绿水青山就是金山银山"的理念，坚持生态优先、绿色发展，以水而定、量水而行，因地制宜、分类施策，上下游、干支流、左右岸统筹谋划，共同抓好大保护，协同推进大治理，着力加强生态保护治理，保障黄河长治久安，促进全流域高质量发展，改善人民群众生活，保护传承弘扬黄河文化，让黄河成为造福人民的幸福河。陕西省文化和旅游厅、省发改委联合印发《陕西省黄河文化保护传承弘扬规划》，进一步明确了陕西省黄河文化保护传承弘扬的发展战略和目标任务。站在黄河流域全局全域、黄河文化和中华文明整体谱系的角度，立足黄河中游和中华文明重要发祥地的客观区位，谋划陕西黄河文化故事的亮点和重点，共唱新时代"黄河大合唱"。

陕西位于黄河中游，地处黄河"几"字湾内部，陕西段北起榆林市府谷县，南到渭南市潼关县，干流全长700余公里，自北向南依次流经榆林、延安、韩城、渭南4个地级市，毗邻黄河的有府谷、神木、佳县、吴堡、绥德、清涧、延川、延长、宜川、大荔、合阳、潼关等12个县级行政区，该区段历史文化资源标识性强、数量丰富、特色鲜明，加之该区段具有黄河自然景观观赏性突出的复合优势，因此，陕西段居于黄河文化带构建的核心区。

弘扬铸就陕西高质量发展之"魂"，落实陕西整体经济文化社会高质量发展要求，带动陕西繁荣发展，是陕西新时期推动黄河流域高质量发展的重要目标。主要从三个方面予以思考：一是必须坚守生态优先保护，平衡发展规模与生态安全的关系。保护黄河是关系中华民族伟大复兴大业的千秋大计，陕西沿黄地区大力推进退耕还林和生态保护，近年来生态环境有了显著改善，但黄土高原特殊的地理地貌、长期的历史欠账以及城镇化加速发展等问题，陕西沿黄流域的生态环境依然脆弱，采空区塌陷、河流季节性断流、生产生活污水乱排乱放，存在"高速度城镇化、低质量生态环境"的负相关关系。新时代要有"绿水青山就是金山银山"的理念，建设治理优化沿黄生态新格局，加强流域治理和生态修复，加快生态环境脆弱地区的转化为生态绿地，再现黄河流域壮丽自然美景。

二是打造黄河文化带高效集约发展，平衡开发建设与环境承载的关系。黄河在中华民族发展史上的重要作用，黄河沿线区域形成了具有地带性的文化空间，这一文化空间蕴含着华夏文明厚重的文化底蕴，沿黄区域的城市、乡村中遗留有丰富的历史文化资源，积极开展沿线地带历史文化资源的挖掘、保护、活化、整合，构建具有显著文化吸引力且能与区域经济社会发展相融合的特色文化地带。黄河文化带构建的目的是传承地域文化和推动地方发展。传承地域文化主要表现在挖掘地域文化价值与历史文化资源的保护活化，实现沿黄区域地域文化与人们的生产生活、区域经济、社会发展的融合；推动地方发展主要表现在文物保护单位、历史文化名城名镇名村和传统村落、非物质文化遗产等保护传承现状基础上从数字技术、制度机制、配套设施、产业融合、资本注入等方面发展文化旅游，构建生态文明，推动区域协调可持续发展。陕西沿黄各区段可根据其自己地域文化特色设立主题，如"炎帝故里、青铜器之乡"的宝鸡，"天下第一帝都"的咸阳，"世界文明古都"的西安，"诗经首篇"的合阳，"天下第一关"的潼关以及"三秦要道，八省通衢"的渭南。

三是突出黄河文化时代价值，平衡传承和创新发展的关系。黄河文化是中华文明的重要组成部分，是中华民族的根和魂，推进黄河文化遗产的系统保护同时，深入挖掘黄河文化蕴含的时代价值，讲好"黄河故事"，延续历史文脉，坚定文化自信，为实现中华民族伟大复兴的中国梦凝聚精神力量。黄河流域生态保护和高质量发展是党中央着眼中华民族伟大复兴做出的重大战略。陕西正处于追赶超越的关键时期，在这一国家重大战略的指引下，推动陕西段沿黄流域黄河文化传承创新，增强黄河文化自信，提升黄河文化的魅力和国际影响力。从文化遗产保护、文化旅游融合发展、生态文化建设、红色革命文化、文化艺术创作、黄河文化数字化创新等方面，系统推进黄河文化保护传承弘扬工作。注重沿黄流域的历史文化遗存保护和传承，对古城和传统村落要整体保护，延续历史格局和传统风貌，展示关中文化、农耕文明、黄土风情，传承中华民族的价值意蕴、审美取向、传统美德，同时将黄河文化融入现代生活，让文物、古迹、古城等"活"起来，让富集黄河文明的历史遗存、人文景观，通过内涵发掘、文化创意、数字技术等现代手段，在革故鼎新中推动黄河文化的创新性发展，在新时代彰显精神内涵和时代价值。

陕西以跨省合作布局为延伸，与黄河流域相邻兄弟省份晋豫两省依托历史文化资源优势，以集约式方法打造黄河文化旅游带，推动黄河中游经济社会与文化传承协同发展，实现黄河中游文化高质量发展的时代表达。

一是构建秦晋黄河文化旅游带共建共享圈。沿黄纵向文化旅游带是一条南北纵向生态文化旅游带，其主要依托陕西在黄河西岸修筑的沿黄公路，这为沿黄文化旅游带建设提供了极其重要的交通设施。黄河从内蒙古由北向南奔流而下，构成了秦晋两省的天然分界线，这条流段也是黄河流域的重要"黄源区"，集中体现了黄河九曲奔腾、气势磅礴的壮观雄姿，著名的壶口瀑布在陕西或山西岸边有不同的景观。依托沿黄公路这一便利的基础设施，串联周边黄河生态文化和黄土历史文化资源，打造黄河生态文化南北纵向的文化旅游带，能使游客充分体验黄河南北贯通的雄浑奔放，领略黄河中段南北穿越的文化审美。

二是构建陕豫华夏古都文化发展联动圈。陕西和河南两省都是历史文化大省，是知名古都，串联西安、洛阳、郑州、开封四大古都，构建四大黄河古都城市联动的协同机制，实施中华古都群文化复兴工程，联手打造黄河古都文化旅游带，以"中华根，黄河魂"为古都文化旅游品牌，打造中华民族贯穿东西的民族文化长廊。特别是陕西应以关中文化为历史坐标，以渭河景观带为重要载体，打造中华民族五千年文明发展的"原点文化"，成为陕豫古都历史文化长廊的文化龙头。

三是协同共建晋陕豫黄河金三角文化旅游协作圈。关于黄河金三角概念的提出，始见于国务院于 2014 年印发的《晋陕豫黄河金三角区域合作规划》，但三省在"黄河金三角"区域合作实践方面有待拓展。应当依托这一发展规划在文化旅游产业方面，在黄河金三角区域集中打造黄河文化展示区，形成"黄河文化金三角"的文化高地。秦晋豫黄河金三角地区是中华民族的重要发祥地，也是黄河生态文化与历史文化的集聚区，区域内国家级文物保护单位87处，省级文物保护单位233处，构成了黄河文化金三角的文化依托。秦晋豫三省应进一步依托这一历史资源优势，以集约化方式打造黄河文化展示区，集中展示黄河文化的历史文脉，协同创建黄河文化博物馆。此外还可建设晋陕蒙黄河大峡谷文化旅游协作示范圈、黄河中游仰韶文化保护合作发展圈。

陕西以省域空间布局为重点，以渭河文化、红色文化、丝路文化、边塞文化、生态文化为重点，打造东西、南北横纵向文化发展带。

构建东西横向古城文化。三千年的长安文化、五千年的炎黄文化、八千年的华胥文化，主导着中国传统文化的历史演进，奠定了中华文化主流形态的文化高度，构成了中华文明历史生成的文化标识。陕西应充分利用这一独有的文化优势，串联宝鸡、眉县、岐山、扶风、咸阳、西安、渭南、蒲城、韩城、潼关等历史古城，构建陕西东西横向古城文化旅游带，领会中华传统文化的历史发展脉络，品味中华文化体系中独特的文化表达和文化信仰。在渭河入黄处建设黄河文化的核心展示长廊，全方位、立体化、多层次展现黄河文化的生态特质，使黄河文化展示区成为全方位展示中华民族黄河文化的时代高地。

构建南北纵向文化旅游带。黄河流域自古以来就是我国重要的生态屏障和经济地带。突出"抓两头、带中间"，南北两端加快培育榆林—神木—府谷城镇群和关中东部合阳—韩城—潼关城镇群，榆林南和延安片区引导区域中心城市集聚，带动形成连通南北的经济大走廊和产业大走廊，实现区域整体发展。结合沿黄自然环境、地域文化、历史遗存，挖掘山水人文内涵，打造地域标识形象，将山水自然格局融入城市形象设计，通过长廊式文化塑造方式，生动展现沿岸历史文化特色，带动地域性文化旅游产业，促进沿岸经济发展水平快速提升。陕西要增强国家文化工程实施的系统性、全局性和协同性，实现与全域旅游、乡村振兴、国家中心城市建设、关中平原城市群、"一带一路"建设等国家战略的高度对接，加快推进陕西华夏历史文化传承创新区域建设。

黄河是一条奔腾不息的自然之河，是一条源远流长的文化之河，更是一条百折不挠的民族品格之河。认识黄河文化的历史地位与时代价值，抓住历史性机遇，要打造"黄河文化保护传承核心区、黄河流域精神标识和自然标识集聚地、黄河文化和旅游高质量发展先行区、中华文明现代化展示样板区和黄河流域文化经济合作示范区"，保护、传承和弘扬黄河文化，让黄河成为人民的"幸福河"。

链接：

"三河一山"生态绿道建设①

坚持"两山论"，突出"自然性"，坚持"绿水青山就是金山银山"理念，坚持尊重自然、顺应自然、保护自然。

保护优先、自然恢复为主，推动生态保护系统化、环境治理精细化、生产方式绿色化，持之以恒有效保护秦岭生态环境、坚持不懈推进黄河流域生态保护治理。陕西在保持秦岭和黄河生态环境基础上，打造"绿色长安"，依托黄河支流的渭河、沣河、浐灞河以及秦岭自然山水生态和历史人文资源，建设全长205公里的"三河一山"绿道，为市民游客呈现一条多彩自然的生态廊道、一条体验古都山水文化的遗产廊道、一条为民创造更美好生活的幸福廊道。

围绕"三河一山"绿道建设了绿道起点广场、国际港务区段、渭河西安城市段、沣渭生态区、西咸新区沣河综合治理Ⅱ期、高新区梁家滩运动公园、长安区沣峪驿站。

---

① 部分资料来源：《"绿满长安"全媒体采风活动》，华商报，2021-3-29。

"三河一山"绿道起点广场，位于浐灞生态区灞河右岸西安世博园与隋唐古灞桥遗址交接处。"三河一山"绿道起点广场是西安市"三河一山"绿道建设的重要组成和标志性项目，通过景观飘桥无障碍链接隋唐古灞桥遗址与世博园，营造古今文化交融区，彰显浐灞历史与现代、传统与未来、人文与自然完美融合的新形象。景观飘桥长366米、宽6米，采用钢结构形式，顺接上下游绿道，设置集散广场、林下空间和配套服务设施，在这里不仅可以听水、赏花、观鸟，还可充分领略"三河一山"绿道起点魅力。

西安灞河绿道国际港务区段是西安奥体中心西侧亲水核心景观带，项目南起北三环，北至渭河，累计绿道建设长度约为14.2公里，串联全运会绿道核心区及广运潭公园、浐灞国家湿地公园等。种植各类乔灌木1万多株，常绿乔木有白皮松、油松、雪松、女贞等，落叶乔木以乡土树木为主，有国槐、皂角、垂柳、金叶榆、金枝槐、三角枫、法桐等，另外还有各种地被、观赏草60多个品种，沿河有多种本地适生水生植物。净宽403米的液压坝钢结构已经完成，这座液压坝既有泄洪功能，又有景观功能，建成后，水流将从坝顶溢流，形成3米高的瀑布水帘景观。堤顶绿道宽7米，纵坡最大不超过8%，为彩色沥青路面，适用于市民朋友跑步和骑行，沿线景观优美，并设有休憩驿站。建设配套驿站七处，其中一级驿站一处，三级驿站六处，整体风格为现代、轻盈；驿站可提供公共卫生间、WIFI、自行车停靠点、休息座椅、售卖、书吧、轻餐饮等服务。项目段还建设了三个地下车库，累计可满足324辆车的停放，其中有30个充电车位。"三河一山"绿道建设国际港务区段注重延展性、功能性，通过与西安奥体中心、"长安云""长安乐"等十四运重点项目的连接，整合了沿线绿色空间、生态空间、风景资源、文化资源，从而提升了绿道品质，进一步构建多维复核空间，将灞河、渭河真正打造成安澜河、生态河和人民幸福河。

渭河西安城市段绿道位于渭河南岸，沿河道堤防西起福银高速以西1.8千米处，东至灞渭大桥东桥头，主游径长23.8千米。绿道提升工程以现状河堤骑行道及查险道改造为主，结合绿道系统衔接与服务设施完善，沿线营造特色植被景观，保证绿道慢行畅通、功能齐全，展现渭河特色郊野景观与历史文化。绿道系统工程中，建设骑行道总长27.22千米，服务设施工程包括绿道驿站12处、二级驿站5处、三级驿站6处；重要节点1处，即雕塑广场；雁翅坝顶平台改造10处。乔木种植保留现状沿路林带，仅在节点及集中停车场处进行补植；绿道沿线地被采用观赏草结合特色花境的种植模式，驿站、广场节点周边采取灌草结合群落式种植，总体形成层次丰富且自然野趣的特色种植景观。配套设施工程包括：骑行道、步行道照明设施；摄像监控、隔离护栏等安保设施；自行车停放架等慢行配套；标识及解说设施等。保证绿道安全便捷，展现渭河独特文化内涵。

沣渭生态区项目由沣渭湿地和沣河入渭口生态区两部分组成。项目以"柔性治水、生态治河"为理念，以打造百年安澜的水利工程和柔性治水的示范工程为目标，将河流治理和水污染防治紧密结合、统筹推进，修复生态湿地，其中，景观6500亩、水面4000亩。形成以城为主体、水为纽带、田为点缀具有大地景观、郊野风貌、田园特色的滨水生态景观廊道。在沣河入渭口生态区，为保留沣河原有的生态环境，降低施工建设期对沣河生态环境的人为干扰，做了沣河治理专项生态环境调查，对原河道内的动物、植物、土壤、水等生态因子进行了生态调查，多次反复研究堤防布置线，水面线，依据原有河道的自然形态，随湾就湾保留了原有河道的形态。设计从人与环境出发，对动植物生境提出了相应的保护措施和治理过程中生态环境的修复措施，将河道现状自然形成的水面、岛屿统一进行保留。加宽堤距，降低堤防的高度，增加滩面面积，在滩地内布设儿童、健身活动广场、人行步道、自行车道、亲水平台、公共服务设施等设施，最大限度地满足人的活动空间。为了将沣河打造成一条有记忆、有文化、有历史、有传承的河流，从规划初期，保持地上与地下生物链的互通，保持河水的自然净化能力。

西咸新区沣河综合治理Ⅱ期项目，该项目上起西汉高速桥，下至 G310 国道桥，全长 8.7 公里。综合治理工程将沣河防洪工程建设、水面景观建设及低碳交通工程相结合，以防洪工程为主兼顾景观、交通、休闲、娱乐、文化等多种功能，是集"水、岸、滩、堤、路、景"于一体的综合建设项目，主要包括主体防洪工程、园林景观工程、水面景观工程 3 大部分。其中园林景观方面，根据 8.7 公里的河岸地形地貌等特征变化，从北向南将其依次分为七个自然区段，总结出爱情、事业、修为、育儿、家庭、自然与敬老等诸方面的主题依次展示。沣河项目除景观工程外，兼顾防洪水利设施施工。采用格宾石笼工艺方法稳固河床，水利充填减少河道暗坑、沙坑，垂直铺塑提升河岸防渗能力，减少了河岸水土流失，保护了原生态的河道景观面貌。此外，对于河道的杨树林，只做修剪，予以保留，留下原始的自然环境。

"沣河两岸水草丰茂，风景美如画。"沣河梁家滩运动公园位于高新区国际社区沣河西岸，占地面积约 2160 亩，在自然生态中融入运动元素，以"草场+运动"为特色，"低开发，少干预"手法最大化保持场地生态，打造集生态修复防洪安澜、休闲观光、绿色产业于一体的生态廊道和多功能户外运动营地。高新区在河道治理中将生态环境保护的要求和沿线居民的亲水需求相结合，结合西安市"三河一山"绿道建设要求和高新区绿道系统布局，打造了全域贯通、串联成网的滨水绿道系统。

长安区沣峪驿为"三河一山"绿道一级驿站，占地1.7万平方米。"驿站作为绿道建设的重要组成部分，就像高速公路的服务区，为过往行人车辆提供休憩停车等服务。"驿站建筑利用场地内原老油坊建筑进行内部功能改造，增加讲解、售卖、游客服务、医疗救助等功能，同时依托老油坊建筑对场地进行生态提升，形成弹性的滨水空间，并在场地内增加停车场、自行车停放及休憩广场等功能空间。值得一提的是，项目的建设激活了老油坊非物质文化遗产文化资源，完善了服务配套功能，为市民提供充满文化、野趣、舒心的休闲场地。

四、 经典文艺内涵旅游新传承

人与自然有着天然的亲近感，人类在诞生起就与自然交互和谐共生。绚丽多彩、风景宜人的大自然，会让人身心放松、心情愉悦，还可开阔眼界、熏陶情怀，于山水之间感悟人生，获得灵感，旅游逐渐成为人们生活的组成部分。

旅游是人们以游赏为主要方式的空间移动行为，是一种深度参与、慢节奏享受的文化体验过程，也是一种追求"人在旅途"的生活方式。在漫游的过程中，滋生热爱自然、热爱生活的情愫，从而丰富着人生的体验，满足人们的精神追求，旅游使人们实现了文化认知上的转变，完成文化交流或文化认同。旅游具有天生的文化属性，"仁者乐山，智者乐水"。古人游历山水之间，陶醉于田园风光之中，凭吊历史遗迹，寻找精神慰藉，实现心灵净化和精神升华。

南北朝时期诗人谢灵运将山水视为审美的对象，从中参悟人生哲理，写下大量优美的山水诗文，开创了中园文学史上的山水诗派。"池塘生春草，园柳变鸣禽""云日相辉映，空水共澄清"，其清新脱俗的诗句让人充满对大自然的崇敬向往。唐代诗人杜甫年轻时游历东鲁，登临泰山体验"登东山而小鲁，登泰山而小天下"的胸怀，激发自己"会当凌绝顶，一览众山小"的豪情壮志，也使这句因景生意的诗句，千年流传，其豪迈激情激励着后人。于天地之间，于旅行之中，放松心情，全身心地感受自然之美，体验生活之妙，空灵澄澈的自然空间更易于构筑自己的文化精神家园，完成"天人合一"融合理念，实现自我净化和自我完善。

中国古代很早就出现了"观光""旅游"等词语，旅游文化学者郑焱认为，《周易·观卦》中就有"观国之光"的词语，这就是后来"观光"一词的由来，其实就是旅游的意思。南北朝时，著名的梁朝诗人沈约在题为《悲哉行》的诗中写道："旅游媚年春，年春媚游人"，这是迄今所知"旅游"一词在中国典籍中最早的记载。到了唐代，随着社会旅游活动的蓬勃发展，"旅游"一词开始被大量运用，无论"观光"还是"旅游"，这些词语从出现之初到现在含义基本相近。

中国古代文人热衷于漫游名山大川，"读万卷书，行万里路"是文人们认为受教育的两种主要渠道，把旅游与读书放在同样重要的位置上的，把旅行作为一种接受教育和学习锻炼的机会，把旅游当作开阔眼界、增长见识的重要途径。"行万里路"可以亲身了解感受各个地区人们的风土人情，获得第一手的认知，增长了知识、开阔了视野、丰富了阅历、扩大了胸襟。清代文人张潮说："文章是案头之山水，山水是地上之文章。"古代许多杰出人物早在青年时期，就开始了漫游学习生活，他们的漫游带有更多个性化色彩，漫游激发了他们的创作灵感，生活被他们转化为艺术精品，最终成为文旅融合的宝贵遗产。如西汉司马迁，为了"网罗天下放矢旧闻"，弥补读书学习的不足，到名山大川、历史圣地去实际考察，获取第一手可靠的历史资料。他20岁的时候就开始游学考察，《太史公自序》云："二十而南游江、淮，上会稽，探禹穴，窥九疑，浮于沅、湘，北涉汶、泗；讲业齐鲁之都，观孔子之遗风；乡射邹、峄。厄困鄱、薛、彭城，过梁、楚以归。"整个游历的过程突出了讲业、观礼、实践等学习内容，对《史记》的写作产生了重要影响。鲁迅先生评价说"史家之绝唱"，后世史学家称赞其"实录"精神，宋代马存在《赠盖邦式序》中强调游历对司马迁学习作文的重要性时写道："予谓欲学子长之文，先学其游可也。不知学游以求奇而欲操觚弄墨，纫缀腐熟者，乃其常常耳。"漫游活动成就了永载史册的《史记》。

南北朝郦道元所写的《水经注》是中国古代水文地理的一项中国之最，也是入选中国世界纪录协会中国第一部水文地理专著。《水经注》全书40卷，30多万字，详细介绍了我国境内1000多条河流以及与这些河流相关的郡县、城市、物产、风俗、传说、历史等诸方面内容，是一部历史、地理、文学价值都很高的综合性地理著作。郦道元少年时代就喜爱游览，后做官就到各地游历，每到一地除参观名胜古迹外，还用心勘察水流地势，了解沿岸地理、地貌、土壤、气候和人民的生产生活。先后两次随北魏孝文帝出游，历时两年，行程万里，不仅考察了沿途地域的山山水水，所到之处还拜访当地许多民间艺人或乡绅，参观许多历史遗迹，使他大开眼界，并且掌握了大量前所未闻的第一手新鲜材料，为撰写《水经注》做了坚实的前期准备。

明代徐霞客，中国历史上真正意义上的"旅行家"。从旅游的角度看，徐霞客对壮游山水的全身心投入，是最值得赞扬的，随着徐霞客这样真正意义上的专业旅行家的出现，旅游步入新时代轨道。历经30年考察撰写成的60万字《徐霞客游记》，开辟了地理学上系统观察自然、描述自然的新方向，它是系统考察祖国地貌地质的地理名著，又是描绘华夏风景资源的旅游文学巨作，还是文字优美的文学佳作，《徐霞客游记》成为地理旅游文化的名著，被学术界列为中国最有影响力的20部著作之一，成为中国旅游史及文化史上的里程碑，在国内外具有深远的影响。《徐霞客游记》开篇之日（5月19日）被定为中国旅游日，徐霞客也成为文化与旅游完美融合的践行者。

诗词曲赋是中国传统文化中典型的文学表达，"寄情山水"的文人，在旅行中迸发斐然的文采，留下大量的优美隽永的诗篇，让旅游有了文化底蕴，也丰富了当地的地域文化资源。古代旅行大咖当属唐代李白，可以说没有壮彩奇情的旅游，就没有浪漫诗人李白，就没有了中华文坛上诸多珍若瑰宝的伟大诗篇，他25岁时"仗剑去国，辞亲远游"，到过湖南、江苏、湖北、河南、山西、山东、浙江、陕西等地。"五岳寻仙不辞远，一生好入名山游"是他一生的真实写照，旅行游览为他提供了题材、意境和灵感。另一位是"他日必独步天下"的宋代大文豪苏轼。陕西凤翔是苏轼首任地，绿水荡漾的东湖是他给当地人们留下的宝贵的文化旅游财富；"水光潋滟晴方好，山色空蒙雨亦奇。欲把西湖比西子，淡妆浓抹总相宜"是他对杭州西湖最美的诗文；"清风徐来，水波不兴"的夜游诞生了流传永世的《前赤壁赋》，也成就了黄州众所周知的美名；"日啖荔枝三百颗，不辞长作岭南人""罗浮山下四时春"让惠州成了人们的向往；"九死南荒吾不恨，兹游奇绝冠平生"让海南儋州名气大作。政治上的打击、生活上的困顿都没能击垮苏轼，远离世俗的秀丽自然风景让这位才子情思涌现，"问汝平生功业，黄州惠州儋州"，苏轼将游历、生活、感悟、精神交织在一起，熔铸成一首首优美隽永的诗文，为当时地域文化绽放璀璨光芒。

"登山则情满于山，观海则意溢于海"，中国古代文人赋予大自然更多的文化内涵和文化底蕴。山水田园、旖旎风光、壮丽河山激发文人的生活热情和创作灵感，旅行使他们的想象力充分迸发，使他们的创造力充分涌流，在游历之中进行着地域文化的创造，也丰富了后人旅游的文化体验。

　　思乡诗、赠别诗、登高诗、山水诗、田园诗、郊游诗、咏怀诗中都是旅行途中的文化因地创造，许多名胜古迹因文人骚客的题诗题字而声名远扬。长安成为唐诗的故乡，有多少普通的地名因为唐诗摇曳在人们的梦境，旖旎于古典的永恒。唐朝许多著名诗人居住在当时国都长安，在风光如画的长安，才华横溢的文人留下大量诗篇。"秋风生渭水，落叶满长安"（贾岛《忆江上吴处士》）、"春风得意马蹄疾，一日看尽长安花"（孟郊《登科后》）、"长安回望绣成堆，山顶千门次第开"（杜牧《过华清宫绝句三首》）；笔下的乐游原，"乐游古园翠森森"（杜甫《乐游园歌》）、"夕阳无限好"（李商隐《登乐游原》）；兴庆宫沉香亭"解释春风无限恨，沉香亭北倚栏杆"（李白《清平调词三首其一》）；白居易在周至游行所感的《长恨歌》等等，这些都是陕西地域文化宝贵财富，成为提升文旅高质量内涵、增强游客体验满意度的基因库。

链接：

《长恨歌》——中国首部大型山水历史舞剧①

　　"在天愿作比翼鸟，在地愿为连理枝"这句脍炙人口的爱情经典话语，出自唐代诗人白居易的经典叙事抒情诗《长恨歌》。

　　白居易与他的《长恨歌》，和长安有着不解之缘。唐宪宗元和元年（公元806年），白居易任盩厔（今西安市周至县）县尉，一日，与友人陈鸿、王质夫到马嵬驿附近的仙游寺游

————————

① 部分资源来源于《陕视新闻》，2021-3-22。

览，谈及李隆基与杨贵妃事。王质夫认为，像这样突出的事情，如无大手笔加工润色，就会随着时间的推移而消没。他鼓励白居易"乐天深于诗，多于情者也，试为歌之，何如?"于是，白居易就这历史史实与自己情感体验，写就了这名传千秋的不朽之作。白居易 75 岁高龄去世，唐宣宗李忱写诗悼念"缀玉联珠六十年，谁教冥路作诗仙? 浮云不系名居易，造化无为字乐天。童子解吟《长恨》曲，胡儿能唱《琵琶》篇。文章已满行人耳，一度思卿一怆然。"对白居易本人和他的著名代表作《长恨歌》《琵琶行》做了高度评价。

1000 多年后的公元 2006 年，在古都西安骊山脚下华清官，由陕旅集团打造的中国首部大型山水历史舞剧《长恨歌》，汲取陕西民间文化及传统唐乐舞的精髓，通过对历史文化符号的艺术化挖掘和对地方文化元素的场景化呈现，艺术地再现了这段发生在唐朝由盛转衰的历史事件和唐玄宗和杨贵妃之间的爱情故事。该剧以骊山山体为背景，以华清池九龙湖做舞台，九龙湖南岸和东岸，依次建有沉香殿、飞霜殿、宜春殿、宜春阁等仿唐官殿，以红色为主调，配以青松翠柏，垂柳草坪，碧波粼粼的九龙湖宛如瑶池仙境，沿湖四周殿宇对称，廊庑逶迤，龙桥横亘，柳荫匝岸，令人赏心悦目。当夜幕降临，所有建筑被动感彩灯、景观灯和彩色灯所围绕，引入的激光辐射、电脑特技、梦幻特效等表现手法，营造了万星闪烁的梦幻天空，滚滚而下的森林雾瀑，熊熊燃烧的湖面火海以及三组约 700 平方米的 LED 软屏和近千平方米全隐蔽式的水上舞台缓缓浮出九龙湖水面。全剧以"两情相悦""恃宠而娇""生离死别""仙境重逢"等四个层次，"杨家有女初长成""一朝选在君王侧""春寒赐浴华清池""骊宫高处入青云""玉楼宴罢醉和春""仙乐风飘处处闻""渔阳鼙鼓动地来"

"花钿委地无人收""夜半无人私语时""天上人间会相见"等十幕组成情景，由300名专业演员组成强大阵容，以势造情，以舞诉情，在故事的原发地通过山水风光、古典乐舞、诗歌旁白、高科技灯光音响及特效等表现手法，营造出李杨二人水乳交融的爱情世界和人与自然和谐相处的梦幻佳境，将历史与现实、自然与文化、人间与仙境、传统与时尚有机交融，充分展示了大唐盛世的恢宏气象和千古绝唱的爱情传奇，演绎了一篇神奇的历史乐章，成就了一个杰出的艺术典范，让观众穿越时空，感受浓郁的盛唐文化气息，给观众以视觉和感观上的强烈震撼。

15年来，《长恨歌》演出3600多场，累计接待观众超过700万人次。2020年国庆假期期间，公演15年来首次开启一日三场模式，《长恨歌》平均上座率再攀新高，位列全国人气旅游演艺产品第一。"此曲只应天上有，人间难得几回闻"，《长恨歌》非凡的演出效果令海内外宾客震撼，成为来到古城西安不容错过的一台演出，被誉为陕西文化旅游的"金字招牌"，打破了过去旅游就是拍照，吃饭"走马灯"式的简单。让文化浸入旅游的环节中，才能真正提升文旅融合的高质量发展。2021年"中国最美舞剧"《长恨歌》焕新归来，全新升级的《长恨歌》座位增加到3000个，利用灯光特效、多媒体技术再现1300多年前的盛世唐朝，给观众带来新颖的视听享受。全新升级的《长恨歌》演出在舞美、服装道具、灯光特效、多媒体技术等方面进行了大幅度的提升，获得文化学者蒙曼的盛赞，说这是一场令人惊艳的表演，声、光、画、电塑造了一个全新的舞台，是中华传统文化创造性转化和创新性发展的范例。

中国首部大型实景演艺《长恨歌》经过不断改版升级，

终于成就了今天国家标准的实景演出蓝本和陕西省文旅融合典范。2020 年荣获西安市首届"市长特别奖"，被誉为"中国旅游文化创意产业的典范之作"。华清宫景区作为国家首批 5A 级旅游景区，成为中国唐文化旅游标志性景区。

五、 民俗风情乡村振兴新格局

国家乡村振兴战略的实施为全国乡镇区域的全面发展带来了巨大的机遇。延续五千年的中华文明和农耕文化需要重新整合焕发新时代活力，对"文旅+乡镇"模式的换代升级，进一步推动了乡村旅游和休闲农业的发展。

中央农村工作领导小组办公室、农业农村部联合发文，鼓励村集体和农民盘活利用闲置宅基地和闲置土地，通过自主经营、合作经营、委托经营等方式，依法依规发展农家乐、民宿、乡村旅游等。依托绿水青山、乡土文化资源，推出更多高品质、个性化、定制化、多元化的休闲农业项目，充分挖掘和拓展农业的多功能，发展农产品精深加工和农村新兴服务业，延伸产业链，衍生新业态，增加附加值，实现"三农"工作重心的历史性转移，"民族要复兴，乡村必振兴"，全面助推乡村振兴战略工程。

乡村振兴是一项系统性工程，"文旅+特色乡镇"模式运用当地特色的地域文化底蕴，直接带动产业融合在十多年间发展态势良好。但随着人们对美好生活的标准越来越高，高质量的文旅融合发展成为助推乡村振兴的又一举措。全面打造"美丽乡村，全域旅游"成为新格局，把当地地域文化融入田地、屋舍、山水，提高乡村优美环境可视度，内涵地域文化增强乡镇间的差异性，提升乡镇资源的价值，促进乡镇特色化发展。全域文旅能够盘活现有乡镇文化资源，提升乡镇原有资源的品质，形成集特色地域景致、地域民俗文化、地域餐饮住宿以及地域农产品于一体的旅游供给，能够充实乡镇文化内涵，提高村民文化自信，培育文明新乡风，形成文明开放的旅游氛围。通过美丽乡村生态环境治理，留住旅游者的身；通过丰富多彩富有地域特色的民俗活动，留住旅游者的情；通过色香味俱全的地域饮食，留住旅游者的心，让人们在旅游中感受到轻松愉快，流连忘返，用旅游新模式焕发乡镇新活力。

全国各地都在尝试通过新模式推动乡村旅游和休闲农业的发展，如浙江鲁家村、浙江松阳县、陕西袁家村就是成功案例，这些地方将地域文化资源与休闲旅游度假相结合，通过原乡、原俗的农耕文化体验吸引着大量游客。①

浙江鲁家村位于安吉县城东北部，总人口不过 2200 人，2011 年村集体资产不足 30 万元，如今已剧增至 2 亿元。通过"公司+村+家庭农场"的发展模式，鲁家村建起了游客中心、生态湖、18 个差异化的家庭农场以及美丽乡村经营公司，打造了"游、吃、住、购、娱"的旅游大景区，增加了村级集体收入，促进了鲁家村的农民创收。

浙江丽水市松阳县，是目前留存完整的"古典中国"县域样板，被中国国家地理杂志称为"最后的江南秘境"。松阳县区位条件优越，地处长三角，毗邻上海、宁波等经济发达城市，文旅发展定位为高品质文化旅游，小而美的设计提升全域文化品位和国际知名度。以松阳老城和传统村落为核心，构建全域旅游格局，抓住山区景观优势和古村资源，打造"乡村旅游+"，多途径发展乡村旅游，制造高辨识度的文化旅游产品，让文旅产业与农业产业融合，提升农特产品价值，拓宽农民收入渠道，带动地方发展。

陕西礼泉县袁家村，凭借着周边丰富的悠久历史文化资源以及特色景色，成为陕西乡村旅游成功的典范，定位是"关中第一村"，主打关

---

① 于鹏飞、素淡：《跨界融合，"文旅+"成为多产业发展"增效器"》，中国文化报，2021-3-6。

中民俗和美食文化。将原本古老的村子翻新建设，但不失其原貌。在寻常的关中巷道，古朴店铺两旁林立，碾子、石磨等常见的农家工具点缀村庄角落。游客在这里可以欣赏陕西关中传统巷道、房屋以及农耕社会留下的生产生活器皿。村民们经营着地道的关中小吃，选用自家盛产的优质原料，在景区内打造作坊街和小吃街，注重产品质量，选用最优质的原材料，所有食品现做现卖，所有制作过程必须直观展示给游客，原汁原味地表达地地道道的陕西关中美食风味，"油泼辣子""擀面皮""炸油糕"……吸引着陕西当地人和外省前来旅游的游客品尝。游客可以看到面粉、芝麻酱等的纯手工制作过程，并将散发着面粉、芝麻香味的成品带回家，以地方特色产品做"伴手礼"。据统计，在旅游旺季袁家村一天能接待游客 18 万人，村子里年收入近 10 亿元，堪称乡村旅游的"网红"。

现在的旅游不再是老一代景点观光型旅游，人们更倾向于与自然对话，在轻松的环境中体验平时工作、在家体验不到的别处的生活感受，更希望进入当地人的生活状态，这就促生了新业态模式——民宿业的发展，兴建特色民宿也是新时代振兴乡村旅游经济的手段之一。

民宿和村落的发展是相辅相成的，乡村振兴为民宿的发展提供了契机。随着人们生活品质的提升，亲近自然、享受山水静谧的乡村旅游越来越受到人们的喜欢，但乡村住宿的简陋粗糙成为旅游提质增速"瓶颈"。民宿由此应运而生，它既可以提供酒店般干净标准的服务，又能保留地域韵味，且富有雅静的个性化服务，满足了人们"采菊东篱下，悠然见南山"的田园山水情怀。随着行业的不断积累壮大，民宿发展更趋特色化、品质化，不仅住宿舒适，还增加了品尝当地特色美食、开发不同人群的特色娱乐等项目，让逃离城市喧嚣的人们在这里真正体会到身心放松、悠闲从容的生活状态，民宿的功能定位由刚需住宿型向生活体验型转变，民宿带给人们完全不同于标准化酒店的个性化体验。还有一些民宿经营者依托当地地域资源，将民宿规划与当地人文历史、风土人情一体化，自己本人既作为民俗的经营管理者，又作为地域文化的传播者，把当地的饮食习惯、生活方式、民俗活动等地域文化作为民宿经营的一部分内容，与来此住宿的游客进行交流和分享，他们成为当地风土人情最好的代言人，也成了地域形象的代言人，这种"原汁原味"的地域文化体验对越来越多的游客充满极大的吸引力，民宿自身也成为一处让人们心旷神怡的"景点"，使游客身处其中流连忘返，人们的追捧和喜爱成为民宿持续增长的经营动力。

同时为了更好地助力乡村振兴，乡村旅游民宿已经成为国家重点扶持产业，各地依据地域情况分别出台相应政策，旨在与时俱进地规范引导旅游民宿健康发展。不少地方通过大力发展旅游民宿，让乡村各类资源动起来、活起来，带动兴村富民、促进地域文化嬗变、助推乡村振兴。据中国旅游与民宿发展协会发布的《2020年度民宿行业研究报告》指出，受国家政策支持，乡村民宿在2020年得到迅猛发展，房源数量增长快，同时带动整个民宿市场房源的增长。报告显示，2020年国内民宿房源总量突破300万套。

民宿所在地不仅仅是旅游小镇，更是生活小镇。民宿业未来的发展就是要与地域文化紧密结合，运用各自的资源禀赋、产业特色、人文历史，以及非物质文化遗产，打造各有风韵的民宿，促进当地历史人文经济发展。

独特地域风光与丰富的地域历史文化传统相融合是全域旅游新模式发展的重要途径。民俗风情、人文个性的集中体现可以有效化解在各地文化旅游发展中，出现"同质化"的民俗村、文旅小镇等为人诟病的问题，从旅游项目的设置到旅游纪念品的开发，严重的同质化不仅对游客的吸引力逐渐降低，而且会挤压地方特色文化的生存空间，影响当地旅游业和特色文化的可持续发展。充分依托各地特色文化资源，深入挖掘旅游项目内在文化元素，将旅游元素与文化元素完美结合，讲好地域故事，助推乡村振兴。

陕西一直是文旅大省，陕西旅游接待数量和收入均保持 20% 左右的较高速度增长，"文化陕西"品牌在省外、海外的影响力不断提升，进一步推广了陕西文旅资源、彰显了突出特色。截至 2019 年，陕西评定 33 个省级旅游示范县、150 个省级旅游特色名镇、265 个省级乡村旅游示范村。安康石泉县后柳镇中坝村"作坊小镇项目"入选"2020 年世界旅游联盟旅游减贫百大案例"，"袁家村——关中非遗文化传承地"案例入选"2020 非遗与旅游融合发展优秀案例"。2021 年陕西省人民政府办公厅发布通报，命名西安市碑林区、长安区、蓝田县等 17 个县（市、区）为陕西省全域旅游示范区。

链接：

陕西全域旅游示范区介绍①

蓝田县是"蓝田猿人"发祥地，是我国著名的"美玉之乡""温泉之乡""厨师之乡"。蓝田县围绕做优做强城市旅游、做美做特乡村旅游、做精做大景区旅游、做好做足优质旅游"四大抓手"，成功打造了景区带动、民宿引领、乡村振兴的蓝田发展新路径。

铜川市耀州区紧扣"全景耀州"发展目标，以建设"城旅一体、文旅融合、全域发展、居旅相宜"的休闲养生旅游胜地和历史文化名城为发展主线，按照"六坚持六引领"基本路线，持续提升"一圣四杰故里·红色人文耀州"旅游品牌，做好全域生态环境，做强全季文旅产品，做优全业旅游业态。

---

① 李向红：《一城山水 一城景土，17 个陕西省级全域旅游示范区亮点纷呈》，陕西日报，2021-4-10。

眉县地处关天经济区核心区域、西安半小时经济圈，是中国猕猴桃之乡、中国温泉之乡。眉县按照"一山一水一文一武一产业一园区"的战略布局，不断提升"山水眉县，创意家园"旅游主题品牌形象，加快旅游发展由单一资源型向复合型、立体型转变，推进旅游发展全域化，促进文旅融合提档升级，初步形成了"依托山水，休闲康养"的全域旅游新模式。

凤县素有"秦蜀咽喉、汉北锁钥"之称，按照"全景凤县、全域旅游"的思路，进行全资源整合、全要素调动、全产业融合、全方位服务、全社会参与，积极构建"县城景区化、各镇景点化、村组景观化"的全域旅游发展格局，打造"七彩凤县——大秦岭的会客厅"旅游品牌。

大荔县素有"三秦通衢、三辅重镇"之称，大荔县以"全面创品牌、全心抓标准、全域抓旅游、全城搞服务、全力抓重点"为目标，以"做强产品、做特商品、做优服务、做热营销"为抓手，理顺管理体制，强化联动协作，推动产业融合发展，实施精品带动，发展乡村旅游，助力乡村振兴，促进全域要素优化等，打响了"美丽大荔、周末之家"品牌。

黄陵县拥有黄帝陵、黄陵国家森林公园、中华始祖堂等知名文旅品牌，紧紧围绕黄帝陵是中华文明的精神标识这一文化定位，坚定实施"文化旅游兴县，城乡一体发展"战略，以"打造全球华人精神家园"为目标，突出创新示范，不断提升城市文明，带动经济社会全面发展。

汉中市汉台区是国家级历史文化名城、全国优秀旅游城市汉中市的中心区。以打造"汉人老家"文化旅游区域性目的地为目标，不断加大精品景区建设、完善基础配套设施、强化旅游宣传营销，积极推动旅游与文化、交通、教育、体育、农业、水利、健康、养老、工业、城市建设等行业的融合发展。

留坝县是"明修栈道，暗度陈仓""萧何月下追韩信"等历史典故的发生地，境内褒斜栈道、陈仓古道文化历史遗迹保存完好。留坝县实施旅游"一业突破"战略，突出"慢生活、深体验"主题，创新体制机制，优化旅游环境，丰富产品体系，提升服务质量，"全域留坝·四季旅游"品牌影响力逐步扩大，大秦岭山地度假旅游目的地正在形成。

洋县有长青华阳自然保护区、朱鹮自然保护区两大国家级保护区，在"生态立县，旅游兴县"发展战略下，在实施高标准环境保护的硬性要求下，着力把生态特色转化为旅游产品，创新推动"旅游+"融合发展路径，丰富旅游产品供给。"旅游+田园生态"，一批特色旅游村镇和乡村旅游示范村应运而生；"旅游+有机农业"，把有机黑米特产打造成旅游商品，屡获国家级大奖；"旅游+电商"，扩大农产品销售，有机特产成为农民致富的大产业；"旅游+体育"，体育旅游呈现蓬勃发展态势。

商南县有金丝峡、丹江画廊等自然生态景观，被誉为"大秦岭的封面"。商南县以"生态保护、生产发展、生活富裕为引领，景城联动、景村联动、城乡联动三域联动"的模式全力推进全域旅游发展，旅游产业规模持续扩大，质量效益逐步提升，实现了经济效益和社会效益双丰收。

石泉县是先秦文化的重要发源地，也是秦巴汉水生态观光旅游的胜地，以"秦巴水乡，石泉十美"闻名遐迩。石泉县突出全链条，探索旅游脱贫实施新途径；突出全要素，创新旅游脱贫"四带"新模式；突出全保障，实施旅游脱贫扶持新机制，走出了一条旅游脱贫富民的新路子。

宁陕县生态旅游资源丰富，自然景观美妙多姿，人文景观底蕴深厚，森林植物景观古朴。宁陕县把旅游业作为全县"一县一业"的主导产业，按照"规划大手笔、质量大提升、打造大景区、塑造大品牌、构建大环线、形成大容量、发展大产业"的总体思路，形成了"一业引领，多业融合"的大旅游、大市场、大产业的发展格局。

勉县以定军山、武侯墓（祠）为代表的"两汉三国"文化大放异彩。秦巴山脉，守护南北，汉江蜿蜒，润泽全境，勉县是同纬度生态最好、最适宜人类居住的地方之一。勉县坚持"城景一体、主客共享"原则，以大交通促进大旅游，锁定"中国三国文化旅游目的地"目标，持续推进"旅游+文化"，高标准打造诸葛古镇、诸葛街等高品质景区景观，使"三国文化游"点燃勉县"全域游"。

柞水县是丹江口水库的源头，拥有牛背梁等知名旅游景区。柞水县聚焦"精品景区、精美城镇、美丽乡村"建设任务，立足三条流域四大区域，推动景观全域优化、服务全域配套、治理全域覆盖、产业全域联动、成果全民共享，形成了"三驾马车带动、四联模式扶贫、五项措施推进"的柞水全域旅游发展路径。

六、　数字化"智慧文旅"　新驱动

"文旅+科技"的核心是要以文化为龙头、旅游为承载、科技为手段，不断满足人们对旅游的需要。"科技+文旅"的融合将有力促进文旅产业的转型升级，助力文旅产业实现高品质发展。科技一直是支撑驱动文旅产业硬核升级的关键力量，大数据、云计算、物联网、5G等新一代信息技术的快速发展，为"智慧文旅"提供重要契机，使出行更畅通、服务更便捷、信息更透明、体验更新颖、游玩更放心。

　　科技附能造就"互联网+"智慧文旅新发展，实现传统文旅的迭代升级。中国旅游消费潜力巨大，"智慧文旅"有良好的发展机遇和广阔的发展前景。文化和旅游部、发改委等十部门联合发布《关于深化"互联网+旅游"推动旅游业高质量发展的意见》，明确了新阶段智慧旅游的产业数字化和消费场景化的战略导向，鼓励各地扶持旅游创新创业，引导云旅游、云演艺、云娱乐、云直播、云展览等新业态发展，培育"网络体验+消费"新模式，提出"十四五"末，实施重点旅游景区和度假区智慧化升级等目标。

　　中国旅游研究院副院长唐晓云认为，"从技术条件看，旅游业技术创新的数字商业基础设施已初步具备，旅游发展正在从资源驱动、政策驱动走向创新驱动。希望文旅企业用好数字红利，精准把握旅游市场发展动向和需求，着力解决有品质的散客旅行的痛点，为游客提供品质化、便利化、强体验和专项化的旅行服务，为更多景区及游客提供优质创新服务"。

　　文旅发展理念的创新和文化旅游产业业态的推陈出新，文旅产业体现出新表现形式。"云游"成为旅游新业态和传统文化展示传承的新风尚，"云游"是基于5G、移动网络和AI人工智能等新科技，打破了时空间隔，实现了游客随时游览、在线看景的便捷化。

　　早在中国南朝时期，画家宗炳就曾提出"卧游"（"澄怀观道，卧以游之"）思想。北宋著名画家郭熙进而提出，面对山水画可以"不下堂筵，坐穷泉壑"，无须亲临便能充分领略自然山水的美。"文之思也，其神远矣。故寂然凝虑，思接千载；悄然动容，视通万里；吟咏之间，吐纳珠玉之声；眉睫之前，卷舒风云之色；其思理之致乎。"然而这些都因囿于对艺术想象力和感悟力的局限成为极少数艺术家们的艺术再创造。最早记载有"神游"经历的人物是周穆王，据大约成书于战国时代的《穆天子传》记载，周穆王乘着"八骏之乘"，"欲肆其心，周游天下"，一昼夜能跑万里。周穆王在昆仑山上游览了黄帝的行宫，会见神秘的西王母，向她赠送了白圭、玄璧及彩色丝绦等珍贵礼物，两人歌舞唱和的场景后来成为很多民间艺术中的题材。据说周穆王游经河西、新疆一带时，还沿途狩猎，并把带去的铜器、丝绸、黄牛、贝币等礼物送给了西北的氏族部落，这些艺术遐想和神话传说，给了一个别样的旅游思路和借鉴路径。如今基于科技的迅速发展，这种途径是"身临其境"的真实体验。

"云游"这个名称起得相当有趣形象，人们在孩提时期每每有"心向往之"而又不得的地方，就会将目光移向广阔天空悠悠飘荡的白云，心随云意、心驰神往。借助数字化技术人们终于可以实现移"指"换景、"云"上神游，视觉感知、心神领悟、互动参与的文旅活动，"云游"已成为文旅产业业态中愈演愈烈的新趋势，预示着一个"智慧文旅"时代的到来。

"云游敦煌"表现尤为出色。敦煌研究院完成 230 多个洞窟的数据采集、145 个洞窟的图像拼接、160 多个洞窟的虚拟漫游和三维空间结构以及 42 身的彩塑三维重建，再基于这些数字化成果推出了"云游敦煌"微信小程序等一系列线上"云展览"。"云游敦煌"微信小程序自 2020 年 2 月上线即广受关注，上线一年来，浏览量突破 3500 万。

2020 年新冠肺炎疫情的爆发使得"云游"这种现代形式更为人们追捧，对"智慧文旅"发展的影响显得尤为突出。疫情期间布达拉宫进行了历史上首次直播，51 分钟有 92 万网友"云游"布达拉宫。为了让游客有更好的旅游体验，了解更多的人文历史知识，"智慧文旅"又推出新的"导游"形式——"直播带游"。网友们还在直播间"云游博物馆"，欣赏到极少亮相的"马踏飞燕"真品，三星堆的"祭山图玉边璋"，云冈石窟的"可移动石窟"。故宫博物院联合"人民文娱"举办了 2 天 3 场，3 条游览路线直播，在 2021 年"就地过年"政策的号召下，故宫举办开年直播"贺岁的故宫·冬日的祥和"，线上带领人们欣赏辞旧迎新的紫禁城，探访宁寿宫，分享这一区域的建筑特色和文化内涵。大年初一的故宫，线下观众跟随主播一路参观，网络客户端的线上观众频频点赞，互送祝福，线上线下一派祥和。据不完全统计"故宫宣教"直播在 48 家网络平台实时播出，总播放量 2300 余万次。线下场景到线上场景的转换，静态的文化认知到主体嵌入的互动式交流，"直播"不仅仅是一种传播方式的引入，更是一种数字化时代"智慧文旅"文化服务创新的新型文化。

近年来在文化旅游领域，人们已经切实感受到数字经济的崛起，VR、AR 这些科技手段让人们足不出户就能网上实现云端旅游，科技变革使得数字与文旅结合的新产品、新应用一经推出即受到关注，数字化赋能"智慧文旅"成为投资的新"蓝海"，特别是新冠肺炎疫情出现后，倒逼文旅企业加速数字化转型，以数字内容为核心的数字文旅产业异军突起、逆势上扬，云娱乐、云直播等线上新业态如火如荼。线上营销及云旅游，可以培养潜在受众，拓展景区营销传播受众范围，降低地域限制。"智慧文旅"使文化创意在数字技术营造的新场景中融合碰撞，产生新的内容价值，创造性地实现商业价值转化。

全方位打造"智慧旅游景区"建设。景区是以旅游及其相关活动为主要功能或主要功能之一的区域场所，能够满足游客参观游览、休闲度假、康乐健身等旅游需求，建设"智慧旅游景区"已成为必然，并已涉及服务、管理、体验、营销等各个环节"智慧文旅"正朝着数字化、网络化、智能化方向转型。昆明和济南依托"一部手机游云南"和"一机游泉城"数字化平台，围绕区域发展需求，为消费者提供"吃住行游购娱"等一体化的集成信息服务，有效提升文旅消费的便捷。成都推出全国首款城市生活美学地图"YOU 成都"手机应用程序，整合了成都现有的文化、商业、体育和旅游资源，提高场景消费触发力，促进城市消费品质提升和功能拓展。

"一机游"模式基于数字技术、大数据、人工智能等科技，推动数字技术与文化旅游深度融合，通过紧密连接 G 端（政府侧）、B 端（企业侧）、C端（用户侧），搭建起良性共赢的合作生态链，满足游客的体验和需求，创新游客在旅游中的体验，不断提升旅游质量和旅游服务品质，真正实现游客旅游体验自由自在。① 一些旅游景区通过引入云计算、人工智能等技术，不断提升游客的体验质量，打造有竞争力的旅游品牌，在"智慧文旅"的领域进行了卓有成效的探索。

智慧旅游景区建设，就是要解决游客日益增长的舒适化、丰富化的服务体验需求与景区发展不平衡、不充分之间的矛盾。"传统服务高成本、低效率模式已不再适用，数字化全场景服务将给游客带来更好的体验。"陕西华山作为国家5A级旅游景区，接待游客量连年攀升，5A级景区的"金字招牌"不仅带来庞大客流，更为景区的运营管理带来诸多风险与挑战。节假日景区大量的游客涌入，给交通运力、服务设施、资源环境以及体验舒适度等造成巨大压力，景区传统运营及管理模式受到极大冲击。为解决这一难题，近年来，华旅集团积极构建大华山智慧旅游体系，通过景区网络全覆盖、旅游大数据等技术手段，推进华山景区旅游提档升级。华山智慧旅游票务云项目的启动使用、电子票务系统成功升级应用以及"实名购票，刷脸入园"大大提升了旅游品质，华旅集团还与中国联通渭南分公司签约，共同开启"5G智慧华山旅游"战略合作，将在5G技术应用、云计算应用、智慧领域项目、大数据中心建设等方面开展广泛合作。"智慧文旅"成为助推华山景区旅游业转型升级的强力引擎。

文旅行业是一个常变常新的行业，景区建设要具有长远创新眼光，紧跟数字化发展的新浪潮，以数字科技赋能产业，未来科技与文旅融合的场景将越来越多元，产品形态也将越来越丰富。科技赋能旅游高质量发展，加快推动文旅产业的数字化过程，对于旅游业高质量发展可形成有效支撑和持久动力源。

---

① 王欢：《"一机游"使数字文旅溢彩夺目》，云南日报，2020-6-3。

"智慧文旅"的发展更离不开政策发力。2020年11月，国务院总理李克强主持召开的国务院常务会议，确定了支持"互联网+旅游"发展的措施，提出支持建设智慧旅游景区，推进文旅公共服务智慧化，打造符合现代旅游需求的服务体验模式。满足游客自由自在云旅游服务需求，推广移动互联网新兴支付方式，重构文旅消费服务体系，提升文旅产业智慧化经营服务水平。"科技+文旅"的融合发展也改变了人们的旅游消费方式，增加了旅游的科技含量，提升了游客的体验度。随着国家对"互联网+文旅"支持力度的进一步加大，未来文旅行业的数字化进程将得到升级。

陕西拥有丰富独特的文化旅游资源、庞大的文化旅游市场，文化旅游信息化建设起步较早，已具有一定基础。目前"智慧文旅"是新型发展趋势，陕西在转换升级过程中尚存在一些瓶颈和不足，如优势资源向优质旅游产品的创造性转化不足、旅游服务场景的智能便捷化体验不足、文旅产业的在线化和数字化转化不足等问题。科技赋能"智慧文旅"不仅仅是装备技术的更新，还包括地域文化资源及表现方式等创新，要不断树立创新意识，依据发展定位、业务需要、市场诉求等有针对性地保持创新特色提高创新能力。

案例：

"智慧文旅"的"陕旅样本"①

科技力量提升游客体验满意度，推动文旅业态创新和产业结构不断优化。中国旅游研究院院长戴斌撰文表示："新一轮数字经济方兴未艾，正在重构文化和旅游产业新格局。数字正

———————

① 资料来源：《陕西文旅产业的创新与"蝶变"》，文化陕西网，2021-1-19。

在重塑世界，数字必将领跑未来。文化旅游与数字科技深度
'捆绑'，为疫情影响下的文旅产业发展打开了另一扇窗。"

　　陕西拥有极为丰富的文旅资源，文旅产业在全国占有明显
优势。"十三五"期间，陕西省旅游产业规模不断扩大，文旅
产业融合不断推进，旅游接待游客数量和旅游收入均保持
20%左右的较高速度增长，高于国民经济增长速度。截至 2019
年，全省接待境内外游客 70714.5 万人次，旅游总收入
7211.59 亿元。新增 3 家 5A 级景区、2 家国家全域旅游示范
区。34 个村入围全国乡村旅游重点村名录乡村名单。评定 33
个省级旅游示范县、150 个省级旅游特色名镇、265 个省级乡
村旅游示范村。打造了 31 个文化旅游名镇、9 个运动休闲小
镇，杨凌国际马拉松赛等体育赛事、张裕瑞纳葡萄酒庄等工业
旅游基地成为融合发展的典型示范产品，智慧旅游积极推进，
全省 4A 级以上景区游客聚集区全部实现 WIFI 覆盖。

　　与时俱进，主动数字化，积极打造智慧文旅，是陕西文旅
的发展方向。陕旅集团负责人说："我们要认识到，与其等着
被数字经济颠覆，不如自我革命，全面拥抱数字化。"数字化
转型是陕旅集团新的发展战略方向，"传统行业数字化的潜力
和价值巨大，我们要用好当前数字红利尚未充分释放的有利时
机，加快推进数字化转型，抢占未来产业竞争的制高点，打开
企业未来的发展空间"。2020 年初，陕旅集团将 2020 年定为
集团的数字化转型元年；2020 年 10 月 31 日，陕旅集团联合华
为、阿里、字节跳动等知名企业召开了 2020 陕旅集团数字创
想力大会，全方位解析文旅融合、产业创新，以及文旅产业数
字化发展的新思路、新趋势、新路径，并宣告陕旅集团数字化
转型全面启动。陕旅集团已成立了数字协同创新中心和数字文
旅实验室，将投入 2 亿元研发经费，用于数字化转型和数字项

目的建设。陕旅集团计划用 5 年时间，实现数字旅游产业生态的构建，完成企业的全面转型。陕旅将携手华为、今日头条、抖音等科技企业，共建全产业链共生共赢数字新生态，培育"智慧文旅"迭代升级的"陕旅样本"。

七、"沉浸式体验+" 新潮流

沉浸式业态是数字文化产业的一种新兴模式。沉浸式是利用人的感官和认知体验，把虚拟现实等技术和"讲故事"结合起来，营造一种接近真实的氛围，这种手段既可用于医疗、教育、制造等生产场景，也可用于展览、演出、旅游、商业等体验场景。未来数字文化产业进入改革深水区，特别是以平台经济为代表的部分业态，随着用户规模、消费时长逐渐见顶，流量与资本红利不断消减，发展明显进入存量竞争、增量空间不足的状态。数字文化产业亟须从基于新需求、新场景、新产业链的增长模式转变，围绕用户需求，文化企业、重点业态、线上线下场景、企业与公共文化机构活动的新形态，成为数字文化产业新的经济增量，其中关键传导机制便是"从数据中来，到沉浸中去"。

十四五期间，"实施文化产业数字化战略，加快发展新型文化企业、文化业态、文化消费模式"，被写入了满足人民文化需求、推进社会主义文化强国建设的战略部署。2019 年 8 月，国务院办公厅印发《关于进一步激发文化和旅游消费潜力的意见》，提出要"促进文化、旅游与现代技术相互融合，发展新一代沉浸式体验型文化和旅游消费内容"，文化和旅游部 2010 年 11 月发布的《关于推动数字文化产业高质量发展的意见》中，强调"引导和支持虚拟现实、增强现实、5G+4K/8K 超高清、无人机等技术在文化领域应用，发展全息互动投影、无人机表演、夜间光影秀等产品，推动现有文化内容向沉浸式内容移植转化，丰富虚拟体验内容"。利用动捕、VR/AR 技术等为消费者制造沉浸感，让观众或游客不再置身事外，而是如同演员般融入舞台和情境中，成为其中的一部分。

　　沉浸式体验被广泛应用于文旅行业，尤其是旅游演艺中，"通过沉浸获得的体验感是独一无二的，这种区别于日常生活的情境，能让人充分发挥主观能动性，放松身心、调剂生活"，有参与者说。摆脱了传统"你演我看"的单向传播模式和单一固定舞台布景，沉浸模式通过从创造作品到提供体验，从单向传播到双向互动，让游客更好感受景区的文化内涵，强化旅游的体验和记忆，让人们在休闲娱乐的同时也能共享科技发展成果。据美团大数据显示，约 75%"沉浸式体验"消费来自 20 岁到 35 岁的年轻人，他们对体验感、故事性、游戏性、艺术感、夜游等元素非常感兴趣，沉浸式旅游演艺已成为旅游"必打卡"项目之一。当旅游成为中国人普遍接受并身体力行的生活时，早期"到此一游"式的旅游活动，拍照、留影、吃饭走马观花蜻蜓点水般地单向式旅游已成为过去式，随着人们生活品质提高，精神需求日益多样化，更兼人们主体意识增强，新生代锐进崛起、中生代稳中求变，在旅游过程中注重主体参与、强化主体感受的文化活动成为人们尤其是 90 后、00 后新生代最为热衷的活动，注重文旅活动的新鲜感、体验感、互动性，"沉浸式体验+"文旅成为新潮流。

　　在首都博物馆亮相的"物的时空漫游"数字体验展，为期 51 天，共接待了 5.3 万名游客。兰亭雅集、曲水流觞、翰墨文心、丝路长歌……100 件文物被划分在五个"时空"里，用数字影像的方式打破时空，让游客近距离感受优秀传统文化的魅力。游客可以在各个"时空舱"之间自由穿梭。例如，在青铜主题时空舱，随手一画，便能解锁一个战国时期青铜器，了解青铜器背后蕴藏的礼制文化；在秦文化主题时空舱，重走大秦"一统之路"，体会第一个大一统封建王朝的骁勇与秩序；在古人生活智慧主题时空舱，挥一挥手就能用古琴弹奏一曲《广陵散》，体验古时文人雅士之乐；在兰亭集序主题时空舱，碰触曲水流觞的荷叶杯，一首诗词即刻映入眼帘……主办方邀请北京舞蹈学院舞蹈家，通过动作捕捉"复制"了她表演的唐代舞蹈，并运用在陕西历史博物馆的唐三彩女立俑数字模型上，让"她"在敦煌唐代古乐中轻舒广袖，"活"了起来。还有很受欢迎的"你好，兵马俑"互动项目，游客上传自己的照片后，图像识别技术会自动识别与游客最像的兵马俑，给出其位置信息。在这些有趣的互动玩法背后，是 3D mapping 投影技术、全息投影和体感互动技术等的全方位支持。①

随着人们生活水平普遍提高，文化需求正在发生新的变化，更具个性、参与性和互动性的文化活动受到人们欢迎。在传统的文化消费中，作品与消费者之间往往是单向度的，无论是文本阅读、音乐欣赏还是影视作品，尤其是在旅游观光中，游客更是单纯的旁观者。在沉浸式文化消费中，这种状况得以极大改善，人们的主观能动性得到更加充分的发挥。独一无二的作品背后，是独一无二的经历与体验，再加上综合利用包括 VR、AR 在内的多媒体数码技术，提供跨媒介的多感官体验——如温度、质感、震动等在传统文化产品中很难体验到的综合感官效果，为叙事与审美提供了更多维度，成为人们享受科技成果、展望数字化生活的重要渠道。沉浸式文化消费以情境化开辟奇妙空间，以沉浸感创造并满足着新的消费需求，对提升人们生活质量、丰富精神文化生活发挥着积极作用。

沉浸式体验近几年迅速发展，但长远来看沉浸式文化消费还有迭代升级的空间。在加强故事情节设计、优化体验、打造品牌上下功夫，把握正确的文创方向，汲取中华经典文艺作品的精华，力求提供形式更多元、制作更精良、互动体验更丰富、审美品位更高雅、文化意涵更丰富的优质文化产品，营造出健康的文旅环境。要实现"技术导向"与"内容与技术融合导向"之间的新平衡，建立内容与科技融合的多元视

---

① 宋洋洋：《沉浸式体验缘何成文旅"新宠"》，光明日报，2021-3-29。

角和创作思维，避免技术喧宾夺主、内容"似曾相识"的沉浸式产品批量出现，让兼顾内容巧思与科技介入的文化产品突出重围；要打造从"资源导向"转为"城市更新导向"的新场景，城市文化品质是重要的城市软实力，沉浸式业态作为提升受众体验的有力手段，除了应用于文旅消费场景，也能为整合公共文化资源、推动城市更新全面赋能。

链接：

沉浸式演出《乐动敦煌》①

2019 年国庆期间《乐动敦煌》在兰州首演。故事讲述了西域乐手白歆在创作瓶颈期来到敦煌，寻找天籁之音的故事，作品共分"源起妙音""乐动丝路""上元踏歌""盛世华章"四个章节。游客会随着故事情节的推进，在三个体验功能区中缓缓行走，沙漠戈壁、驼队驼铃、敦煌飞天、上元灯会……丰富生动的场景不断变换，如梦如幻。游客在亲身体验时被舞台特效带来的视觉冲击力深深震撼，静谧的月牙泉边，一轮明月，唯美的月牙泉风景让游客觉得仿佛置身沙漠之中，零距离感受到了敦煌乐舞的艺术感召，演出的逼真感令人惊叹。白歆与公主之间爱情故事在伴随着敦煌古乐的大美之音，在公主再现婀娜多姿的飞天盛景中，在白歆仿佛看到了苦苦寻觅的"美音鸟"中结束。

这种沉浸式游走剧场，类似于传统戏剧中"一桌二椅"的表演形式，虽然加入了现代科技手段，但在美学品格上与中国传统戏剧一脉相承。对文化旅游资源的挖掘不能局限于传统

---

① 部分资料来源于宋洋洋：《沉浸式体验缘何成为文旅"新宠"》，光明日报，2021-3-29。

形式，而是要与时俱进，满足游客不断提高的观赏需求、审美需求。"笔墨当随时代"，文艺创作者要处理好传承与创新的关系，依托生机蓬勃的艺术形式，继续把科技与文化结合起来，发展原创动漫、游戏、影视等多形态产品，面向年轻人讲好中华文明故事，同时，持续探索 AI 等技术在文博领域的运用，让互联网创新成果为中华优秀传统文化的传承、创新与发展开辟新的路径，让丰富的文化资源走向大众、走向未来。

八、 历史文化街区印象新塑造

随着世界经济一体化的加剧，整个地球正在变成"地球村"。文化的价值就在于它的差异性和多样性。文化忌讳的就是求同，在全球化浪潮下，如何保持本民族固有的风俗与传统，已经上升为国家战略位置。对此，习近平总书记高瞻远瞩地提出了"文化自信"，并反复强调弘扬中华优秀传统文化的重要性。习近平总书记多次强调指出，"历史文化是城市的灵魂，我们要像爱惜自己的生命一样保护好城市历史文化遗产"。从这个意义上来说，历史文化街区就是地域城市灵魂的载体，与地域城市文脉的生成传承创新息息相通、休戚与共，是地域城市文化之魂最好的就地呈现。

地域文脉传承有原生性记忆。该地域的自然环境、人文气质、建筑景观、历史底蕴等的历史记忆，是其所蕴含的历史、地理、生态、自然等多种因素的有机结合，以及人与自然、人与社会互动的衍生物和结合体，是一个地域唯一性特征的重要体现。在经过漫长的历史记忆沉淀，拥有不同时期历史文化的历史文化街区，是新时代城市或者地域文脉的重要组成部分，不仅以物的形式记载着一个地域的历史演进轨迹，更是通过各种不同的载体，包括建筑、饮食、习俗等等，反映出一个地域的社会生活和文化构成的延续性、多元性、创新性。历史文化街区是地域文化与时融合和历史传承最直观、最典型的场景写照，也是地域文脉最形象最生动的就地化外在表现。

历史文化街区的特征在于保存文物特别丰富、历史建筑集中成片、能够较完整和真实地体现传统格局和历史风貌，并且具有一定的空间规模。历史文化街区是在城市发展进程中，经过一个区域内部的经济、社会、自然、地理、政治等各方面因素的变化和时代变迁的综合作用之下，形成的带有一定地域性、时代性的综合文化遗产的一种文化形态，是城市传统生活场景和时代文化氛围的人文在线与时空标识，是历史长河与文化本体赋予城市的一种最古老、最权威的历史见证和岁月痕迹的演进，记忆城市文化最代表最典型的符号形象。它是城市文化的有机组成部分，丰富了城市文化的多元性，共同生成和构建区城市文脉的本土记忆序列，是城市发展不可或缺的见证者和城市文脉无法割舍的参与者、记载者和传承者。

历史文化街区是承载文化遗产的活态区域，集体记忆存储的物质化载体，也是当代城市更新的主要对象。地域文化的传承与发展，主要的"威胁"来自工业化和城市化。地域文化在加速发展的工业化、城市化进程中受到极大冲击。中华文明是一种农耕文明。中华文化，特别是诞生于民间大众的地域文化，曾对于文化传承、社会稳定、人心维系发挥了巨大且无法替代的作用。随着工业化和城市化的浪潮中的巨大冲击，许多地方的历史文化遗产传承面临传承保护与开发建设的矛盾，并随着古村落的人口迁移，后继乏人成为民间传统文化尤其是民间传统手艺面临的挑战，大量民间传统文化遭受破坏、走向消亡，一些珍贵的民间传统文化遗产，包括有形和无形文化遗产，如乡土建筑、街区遗产、农业遗产、农业生产劳作工艺、服饰、民间风俗礼仪、节庆习俗等面临着瓦解、消亡。乡土文化和来自城市的市井文化体系一旦被毁坏，就会使世世代代传承的历史文化积淀和精神家园消失，这种巨大的文化损失是无法弥补的。历史文化街区是恢复、承载集体记忆的最佳载体，一砖一瓦凝结历史底蕴，一字一句打造城市标签，活化升级挖出的"老古董"，勾起历史记忆、"还原"历史印象、再现历史场景。

历史文化街区承载着一代又一代人的文化记忆，也流淌着生机勃勃的发展气息，历史与时尚在这里交织相融。历史文化街区从怀旧情绪出发，构建地方依恋与怀旧倾向，聚焦历史文化街区带给游客的怀旧体验，让历史文化遗产"活"起来，已成为历史文化遗产保护的新理念、新方式。大量实践证明，历史文化名城绝不仅仅是静态的保护，而应该是保护、利用、发展的有机统一，要运用现代智慧和技术手段再现历史风貌、保留文化基因、延续城市文脉，真正让历史文化遗产亮起来、活起来。

历史文化街区要让街区内的历史建筑"活化"，通过建筑再利用有效激发街区生命力。如成都宽窄巷子地方小吃、上海田子坊艺术展卖、天津市和平区五大道等，都是在保留历史外观、再现文化场景的前提下，对已经失去活力的文化遗产赋予新的生命形式，通过时空延续、功能置换、空间重组、符号提炼等手法，将创意办公、民俗展示、文化展览、摄影艺术等功能嫁接，既保护了历史建筑本身，也赋予了建筑新生命新角色，实现保护与开发的双重平衡。历史文化街区的保护应该是一种双向保护和共生思维，保证历史文化遗产的完整性，让城市保留来时之路，让乡愁尚存容身之所，要在传承传统与现实中找到一种平衡，既要注重历史又要兼顾实际，既要传承文化，又要改善民生，既要保持建筑特色，又要与时俱进，最终达到景观与民生的共生、历史与现代共存。通过基础设施的改造，配套设施的完善，重点建筑的维修改造改建，景观环境的更新整治等多种手段来强化街区的历史价值，对历史文化街区内的历史建筑活化再利用，能有效激发进取的生命力。

历史文化街区要注重文化业态建设。事实上，街区业态在很大程度上也决定着该街区能否具有吸引力。历史文化街区作为完整的历史风貌区域至少包含物质形态、生活形态、文化形态、经济形态四个方面。历史文化街区不仅需要外部的形态保护，更需要内在的文化保育。"文化保育"一词源自著名的《巴拉宪章》，指一切与文化遗产的物质性及精神性保护有关的行为。"保育"包含保护与培育双重含义，其保护对象既包括物质文化遗产，也包括非物质文化遗产；其保护目的既要留存历史遗迹，也要守护集体记忆。部分所谓的文化街区引入一些经营粗放、服务低端的产业，造成街区粗制滥造，文化味不足，严重影响街区健康发展。文化街区要重视挖掘其历史价值、艺术价值、社会文化价值等，还要注重真实性和完整性。要保留独有的特色民俗风情，体现独特的历史文化，彰显地域魅力，留住人们的回忆，这样文化街区才更具生命力。

历史文化街区是历史的凝固与沉淀，但不应作为凝固与沉淀的历史。作为一个综合的动态体系，是静态历史与活态生活的有机结合，因此历史文化街区的保护应该是一种"双向"保护和"共生"思维，既要"以文为主"，保证历史文化遗产的完整性，同时更要"以人为本"，保障居民安居乐业的延续性，让街道焕发"时代活力"，让社区乐享"现代生活"。

历史文化遗产同一切有机生命体一样，处于不断的生长与发展过程中，因此，历史文化遗产的保护也应是动态发展的。历史文化街区作为一种活化的历史文化遗产，理应随着社会发展变化而动态发展。不同于静态的文物遗址陈列和历史资源开发展示，历史文化街区往往具备成长的动态性和时代的参与性，不仅具有历史文化价值，也具备城市社会社区的功能，不仅可以传承城市原生性的，还可以在时代的主题下创新和丰富城市文化的内涵，在重塑城市文化品位、打造城市文化品牌、延展城市文脉的深度与广度、增强城市文化的生命力与发展动力等方面，具有时代的意义和现实的价值。

历史文化街区是一个地域文化生态传承、保护、修复的文化集聚的生态区，发展历史文化街区是保护文化生态的一种有效方式。不少地方的文化街区突出了非物质文化遗产的主题，非物质文化遗产包括口头传统和表述，以及作为非物质文化遗产媒介的语言、表演艺术、社会风俗、礼仪、节庆，有关自然界和宇宙的知识和实践，传统的手工艺技能等，可以把这些文化形态集中在一个区域，制定相应的保护政策和采取有效的保护措施，形成文化发展特区。在这个特定的区域中，通过各种文化业态集聚的方式，推动非物质文化遗产以及与上述传统文化表现形式相关的文化空间互相依存，建设与人们的生活生产紧密相关，与自然环境、经济环境、社会环境和谐共处的生态环境。以文化街区塑造地域文化传承发展保护形态，应坚持保护优先、整体保护、见人见物见生活的理念，既保护非物质文化遗产，也保护孕育发展非物质文化遗产的人文环境和自然环境，实现遗产丰富、氛围浓厚、特色鲜明、民众受益的目标。

历史文化街区被赋予了时代的特征，也延伸发展成为城市文化的一种新的地标形态，成为城市文脉新的发源地和成长点，历史文化街区的系统性和整体性，不仅包含物质层面的街道建筑和景观，也涵盖其承载的价值观念、审美情趣、生活方式、民俗艺术等非物质层面的历史记忆，并在此基础上形成了一种特定的文化精神和文化心理，潜移默化地影响着城市文化的时代潮流，铸造城市精神的形式内涵，是城市文脉的一种隐性成本。

从 2009 年开始，国家住建部、文物局、旅游局等联合认定中国历史文化名街开始，各地的历史文化街区得到极大重视，并与地域文化实现历史的动态的有机结合。截至 2020 年底，陕西省住建厅和文物局先后公布了三批省级历史文化名镇名村街区。2019 年 7 月 19 日，陕西省政府公布了第一批历史文化街区名单，共 3 处；2020 年 4 月 27 日，陕西省政府办公厅发布了陕西省人民政府关于公布第二批历史文化街区名单的通知，共 12 个街区；2020 年 12 月，省政府印发了第三批历史文化名镇名村街区的通知，公布 6 个镇为省级历史文化名镇，7 个村为省级历史文化名村，10 个街区为陕西省级历史文化街区。

陕西还完成改造提升西安老城根步行街、渭南信达步行街，改造后被省商务厅确定为"首批省级示范步行街"。西安大唐西市特色商业步行街、咸阳福园巷子步行街、汉中天汉长街步行街、安康汉城国际商业街、韩城香山里步行街等 5 条步行街确认为第二批省级步行街改造提升试点。

陕西继续深入挖掘历史文化名街、名镇、名村的内涵与价值，保持和延续其传统格局和历史风貌，维护历史文化遗产的真实性和完整性，发挥名村名镇名街区的示范作用。在历史文化街区、名村、名镇开发中正确处理好建设与保护历史文化遗产的关系，切实做好历史文化名村名镇街区的保护规划编制实施等工作，确保全省历史文化遗产得到有效保护和传承。

　　附：
陕西省历史文化街区名镇名村名单

陕西省第一批省级历史文化街区名单（2019 年 7 月 19 日）：
潼关县古城水坡巷
韩城市古城历史文化街区
铜川市印台区陈炉镇老街
陕西省第二批省级历史文化街区名单（2020 年 4 月 29 日）：
西安三学街历史文化街区
西安北院门历史文化街区
西安七贤庄历史文化街区
咸阳中山街东段历史文化街区
咸阳东明街历史文化街区
榆林南大街历史文化街区

榆林北大街历史文化街区

榆林米粮市顶历史文化街区

汉中东关正街历史文化街区

汉中西汉三遗址历史文化街区

凤翔文昌巷—通文巷—毡匠巷历史文化街区

凤翔新庄巷历史文化街区

第三批省级历史文化名镇名村街区名单（2020 年 12 月 30 日）

一、6 个历史文化名镇

1. 旬阳县红军镇

2. 紫阳县焕古镇

3. 榆林市榆阳区大河塔镇

4. 榆林市榆阳区鱼河镇

5. 榆林市榆阳区镇川镇

6. 府谷县黄甫镇

二、7 个历史文化名村

1. 潼关县秦东镇四知村

2. 紫阳县向阳镇营梁村

3. 富县道德乡东村

4. 府谷县庙沟门镇沙梁村

5. 榆林市横山区响水镇响水村

6. 榆林市横山区石湾镇石湾村

7. 榆林市榆阳区古塔镇罗硷村

三、10 个历史文化街区

1. 安康市汉滨区东关街区

2. 紫阳县焕古镇老街

3. 石泉县城关文化街区

4. 旬阳县蜀河镇街区

5. 汉阴县双河口镇老街

6. 山阳县漫川关镇街区

7. 丹凤县棣花镇街区

8. 柞水县凤凰镇街区

9. 蒲城县达仁巷街区

10. 蒲城县槐院巷街区

链接：

西安大唐不夜城步行街

《2021 抖音春节数据报告》发布西安大唐不夜城成为全国打卡最多的景区之一。报告显示，短途游成为这个春节的主流出游方式，全国排名前 10 的景点均位于各地市内。其中，大唐不夜城、西湖、蝶湖森林公园、广州塔、迪士尼度假区占据全国打卡地前五名。

大唐不夜城步行街位于西安市雁塔区的大雁塔脚下，东起慈恩东路，西至慈恩西路，北起大雁塔南广场，南至唐城墙遗址，南北长 2100 米，东西宽 500 米，总建筑面积 65 万平方米。大唐不夜城步行街以盛唐文化为背景，以唐风元素为主线，建有大雁塔北广场、玄奘广场、贞观广场、创领新时代广场四大广场，西安音乐厅、陕西大剧院、西安美术馆、曲江太平洋电影城等四大文化场馆，大唐佛文化、大唐群英谱、贞观之治、武后行从、开元盛世等五大文化雕塑，是西安唐文化展示和体验的首选之地，展现了千年古都的历史文脉和文化轴线，凸显西安的城市精神和文化意象。

20 世纪 90 年代末，西安拟建曲江旅游景区，由中国工程院院士张锦秋规划设计曲江核心区"七园一城一塔"布局，其中"一塔"就是大雁塔，"一城"就是大唐不夜城。大唐不夜城是《长安十二时辰》长安舆图里晋昌坊和通济坊所在地，整体风格为仿唐文化建筑。2002年启动建设的大唐不夜城，总占地936公顷，全长2100米，街宽500米。2019年4月29日，大唐不夜城步行街被列为全国首批11条步行街改造提升试点之一。按照商务部关于中国特色、地方特点、国际水平的总体要求，曲江新区对街区进行了全面提升，文商旅融合发展的特点日益明显。2020年7月，大唐不夜城步行街与南京夫子庙、杭州湖滨重庆解放碑、成都宽窄巷子等一道入选首批全国示范步行街名单。

大唐不夜城项目是曲江新区以盛唐文化为背景开发的一系列项目之一。曲江新区定位以盛唐文化产业为特色，以旅游、商贸、住宅为主导产业的城市发展新区，2007年8月，文化部命名曲江新区为"国家级文化产业示范区"。曲江新区不断丰富大唐不夜城街区文化内涵。其中，以西安音乐厅、陕西大剧院、西安美术馆为代表的大型公共文化场馆引领效应明显。此外，一批新的文化IP在大唐不夜城涌现，以《再回大雁塔》《再回长安》为代表的实景演出，成为独具西安特色的演出新品牌；增加"键盘地板"，增设激光灯为盛世天街投下梦幻图案，提升逛街趣味。大唐不夜城步行街连续举办了"西安年·最中国"、丝绸之路国际电影节等文化旅游活动，与"不倒翁小姐姐"一眼万年、看"胡姬"与"唐妞"斗花车、在"大唐制造"的小吃街上品尝西安特色小吃，宛如梦回盛唐，成为全国首个刷脸支付街区。大唐不夜城不断提高旅游的科技便利，唤起人们对古代文化的了解和热爱，积攒了超高人气，加速了文商科旅深度融合，运用唐文化提升了城市品质，赋予了现代城市丰富的文化内涵。

大唐不夜城实现了现代城市的文化经济模式，是以文化为推动力，以现代科技为支撑，以城市经营为手段，达到文化、商旅、休闲等的城市文明的契合。一是实现文化与科技深度融合，大唐不夜城的现代音乐及演艺文化、大唐不夜城画家村的当代书画及文学艺术、大唐不夜城科学馆、水幕电影等无不体现着文化与科技的相得益彰，体现着二者融合带来的惊艳，完美展示了文化与科技融合的魅力。二是将文化资源与城市形象有机结合起来。大唐不夜城充分挖掘历史遗址有形价值和无形文化价值，以文化业态形式创造性地盘活文化资源，在遗址周围不断开发新资源，不断提升游客体验满意度，创新性地将城市文化发展动态展示，树立新的历史与时尚交相辉映的城市新形象。三是曲江新区将继续加强大唐不夜城街区环境、业态布局、交通网络的规划，打造"一带一路"沿线国家文旅交流的国际窗口，以高品质、多业态、时尚化为定位，提升城市品质，赋予现代城市丰富的文化内涵。

九、"非遗"　原生态与现代表达新融合

非物质文化遗产是地域文化最具地域性和民族性的文化，非物质文化遗产是各种以非物质形态存在的，与人们生活密切相关、世代相承的传统文化表现形式，包含着本地域民族难以言传的意义、情感和特有的思维方式、审美习惯，蕴藏着传统文化的最深的根源，保留着民族文化的原生状态。

"民族的也是世界的，世界的也是民族的"，非物质文化遗产具有特色鲜明、内涵丰富的本土特征，具有时间上的文化记忆，又具有空间上的地理集聚。扎根中国的民族立场，守住中华传统文化的精华，让这些珍贵的民族瑰宝绽放新的生命力，也是增强文化自信、激活文化存量

的体现。在中华民族伟大复兴的时代，对"非遗"文化的保护已经成为广泛的共识。

随着全球化和现代化，非物质文化遗产的生存环境渐趋消亡，保护传承现状令人担忧。非物质文化遗产之所以要呼吁保护和传承，是因为它固有的"活态流变"性，它是基于民族特殊的生活生产方式，是民族个性、民族审美习惯的"活"的显现，强调以声音、形象和技艺为表现手段，以身口相传作为文化链，依托于人本身为核心的技艺、经验、精神存在并得以延续，是"活"的文化及其传统中最脆弱的部分。广西知名作曲家傅滔先生对非物质文化遗产的保护传承和创新有着独到见解，提出了"求守"与"求变"的辩证统一观念，他认为非物质文化遗产的保护传承与创新发展是有着很明确的界限的，将现有的原生态文化完好地传给语言相通的下一代，让非物质文化遗产以原来的样貌一代代地流传下去，储存为母本，这就是传承与保护，是非物质文化遗产里必不可少的"求守"的理念。对非物质文化遗产尽一切可能不限方式方法以最大的价值与意义开发出来，产生最大的社会价值，成为活态的发展态势，这是非物质文化遗产里"求变"的理念。这个"求守"与"求变"很明确指出非物质文化遗产在现有的社会环境中突破困境，重新获得更强生命力的根本。所谓创新性发展、创造性转化，应该有着一个传统与流行对接与转换的关系，通过现代手段、制作技术等立体化演绎，贴合现代生活与审美习惯，既有民族的因素，又有现代因素。如傅滔先生创作的，获 2016 年国家艺术基金大型舞台剧资助项目，中国民族音乐剧《山歌好比春江水》经过流行歌曲华语乐坛的实力派歌手斯琴格日乐和臧天朔乐队用摇滚的方式来演绎《山歌好比春江水》唱段，既保留民歌原有的特色，又增添了不少流行时尚的元素，效果非常好，通过这两位著名歌手的全新演绎，给这首歌注入了新的生命力，随后得到更加广泛的传播。

基于民族传统文化元素与现代表达相融合，是非物质文化遗产的时代发展方向，也是解决目前非物质文化遗产面临困境的有效途径。如果将时尚与原生态相对立，这本身就是一种文化认识上的狭隘。中华文明几千年留下来的非物质文化遗产，实际就是历史不同时代的时尚与流行，就如今天的时尚与流行在时间的检验之下也必将成为未来的传统。非物质文化遗产虽然在现代社会面临走出传统语境、脱离传统社会环境，所面临衰败凋零的危机，但从生活而来的非物质文化遗产本身带着基因中的优秀，用现代的手段、现代的技术激发非遗的活力，更巧妙地把传统的非遗发展好和包装好，重新融入新的流行文化元素，才能让传统的非遗重获生机。如当传统春节节目渐渐淡出人们视野时，2021 年河南卫视一个春晚节目《唐宫夜宴》火遍全国，14 名可爱的唐朝"小胖妞"，去参加一场宫廷晚宴，眼部的月牙形"斜红"，也是唐代最潮的妆造，再现了唐韵之美，短短的几分钟，她们穿梭于山水和夜幕中，展现出了截然不同的神态。来自各国各地的伴奏乐器更是传神之笔，可爱的唐朝"小胖妞"们手持笛、筚篥、竖箜篌、五弦琵琶、排箫等，美妙的音乐配上俏皮的舞蹈，甭提多可爱多有趣，也将唐朝乐舞文化演绎到了极致，让全国网友为之叫好。再如西安唐乐宫的《大唐女皇》以歌舞剧的形式，将唐代乐曲与舞蹈元素融入现代歌舞表演中，让一代女皇走出古籍卷宗，在跌宕起伏的情节里艺术化地展现了武则天的一生。

信息化的时代，全世界的新生事物都能在网上迅速传播，人们的思维也都很活跃，特别是年轻人，他们的世界里充满了对新生事物的好奇与探究，对于古老的非遗，因为语言、社会环境的变化，很难让这些年轻人理解其中包含的内容，失去了内涵的非遗，远离年轻人的认知范围，自然很难获得年轻人的宠爱。把古老的非遗和现代的包装嫁接在一起，用这个做载体就会更符合现代人的欣赏习惯，通过全新的演绎，转换为现代大众文化生活的重要组成部分，实现传统民族文化与现代流行文化的对接。现代社会是信息化与多元文化共生的时代，人们的审美发生了很大变化，非遗的保护和传承要具备新的视野，要拓展创作维度，一味守旧，没有创新意识，是很难谈及保护和传承的。将民族元素与大众审美，传统文化的古朴与现代的前卫思潮结合起来，才能突出展现非遗多重样貌，寻求与现代元素的融合创新是非遗再生的重要途径。

非遗中民歌类艺术精品是发展现代音乐的"基因库"。中国是多民族国家，每个民族都有自己独特悠久的音乐文化传统，民间储藏着巨大的音乐宝藏，这些民间乐曲是祖辈们口传心授一代代延续下来的活态的非物质文化遗产。舞蹈音乐的地域性、民族性都很突出，音乐直接给舞蹈定调，所有的地域和民族的传统文化元素就集中在一起，民族风情瞬间显现。音乐除了娱乐性，还具有功能性，可用人们熟悉的方式传播正能量，在对音乐创新性发展的创作过程，要让其"活起来"就是要与主旋律、时代需求相契合，用音乐艺术特有的表现方式来达到弘扬社会主义核心价值观的目的，对正能量的渲染和把握不是赤裸裸的喊口号式的，而是力求将其艺术形象化，有感而发、由情而至，让人们以个体的知识结构、心理需要为基础参与音乐的传播中，成为积极传播的群体，从而实现正能量的口口相传。

对社会正能量的创作是艺术存在的更高价值体现，也是其现代表达的时代诉求。2021 年春节期间，按照文化和旅游部非物质文化遗产司部署，开展了 2021 年春节全国"文化进万家——视频直播家乡年"宣传片活动，记录和展示各地丰富的年俗活动。以短视频、直播形式在快手、抖音、微博、酷狗等网络平台，精选一批观众喜爱、点击量较高的优质非遗短视频，形成 2021 年"非遗过大年文化进万家——视频直播家乡年"活动集锦。此次活动就是让"就地过年"的人们以及海外华侨华人在网上也能感受家乡的味道、过年的味道，满足人们就地过年期间的精神文化需求，营造了欢乐喜庆过大年的浓厚氛围。

为组织好陕西"非遗过大年文化进万家——视频直播家乡年"活动，展示具有陕西地域特色的浓浓"年味"，陕西省文化和旅游厅在各地市推荐的基础上，组织拍摄了"黄河岸边过大年"、凤翔"腊八节"
等年俗短视频，精选了陇州社火、彬州灯山会、义兴燎疳、春倌说春和
协税社火等富有陕西特色、具有美好寓意和浓郁"年味"的项目重点
予以支持和指导。各市县也将自己地域文化中最能体现地域风情的非遗
作品发往网络平台，如韩城市文化和旅游局、韩城市文化馆制作的
《祖籍陕西韩城县》，短视频宣传片中的"祖籍陕西韩城县，杏花村中
有家园"是经典秦腔剧目《三滴血》中的唱段，该剧由被称为"东方
莎士比亚"的易俗社剧作家范紫东先生于 1918 年编写而成，100 年来，
经过几代艺术家的精彩演绎，它已成为陕西文化的重要符号；陕西省非
物质文化遗产保护中心制作的《吼老腔迎牛年》短视频宣传片，华阴
老腔，其声腔具有刚直高亢、磅礴豪迈的气魄，非常追求自在、随兴的
痛快感，听起来颇有关西大汉咏唱大江东去之慨，此被誉为中国"最
早的摇滚乐"；榆林市文化与旅游局制作的《陕北民歌》短视频宣传片
等等。据统计，截至 2 月 26 日（农历正月十五），快手活动专区上传视
频 2004 个，播放量超 1.9 亿；抖音活动专区上传视频 4668 个，观看量
超 4.4 亿；微博话题阅读量 1.8 亿、讨论量 4.6 万；酷狗活动累计观
看、播放量超 2310 万，观看、播放总时长超 1.2 亿分钟，活动整体曝
光量约 3.6 亿。文化和旅游部非遗司通报了全国"文化进万家——视频
直播家乡年"活动开展情况，并对各地视频投稿量、视频播放量、视
频点赞量三方面的数据进行了统计——陕西省视频投稿量位居全国第三
位，榆林市文化和旅游局"榆林非遗"账号视频播放量位居全国第三
位，陕西省非遗保护中心"陕西非遗"账号视频点赞量位居全国第
二位。

　　艺术的创新往往是相通的，对于陕西其他"非遗"如西秦刺绣、
凤翔泥塑、安塞剪纸、耀州瓷、绥德石雕等，可以实施振兴传统工艺，
让传统工艺走进现代生活，培育形成陕西文化特色的知名品牌。

链接：

"西安鼓乐"焕彩归来①

在《非常传奇》的舞台上，西安外事古乐团一共演出了4首曲目，无论是《清平乐》还是《王者战歌》，曲曲惊艳。此次在央视亮相的西安鼓乐，乐器和演奏形式来源于传统鼓乐，在演奏音乐的内容上与流行音乐结合，是对西安鼓乐这一非遗音乐的一次生动创新。

"西安鼓乐"这一世界级非遗再次被人瞩目，在音乐界、评论界也掀起关注热潮，传统文化研究者、乐评人、流行音乐人纷纷点赞，更称这是真正的非遗焕新。

在现场感受了震撼的演出后，电视剧《甄嬛传》的礼仪指导、中国艺术研究院教授张晓龙很惊喜："我觉得我们当下是最幸福的，全世界的音乐、乐器都可以融合在一起，只要为音乐有加分的形式，都可以放在一起。音乐本身就不分国界，这样的大融合多好啊。当我们在传承的时候，我们又保守着我们自己的传统文化，要融合的时候就把全世界好的乐器放在一个音乐里，是很美的事情。"作为古代礼仪研究专家张晓龙，对传统文化的传承尤为看重，"其实很多非遗传承人已经走在很前面了，和我们以往认为的完全不一样。原来我们一直认为他们比较守旧，他们好像都是美学基础不够，后来我们发现有很多人认识到这一点，他们一直在学习。而西安外事古乐团的这些演员在传承的同时，也做到了让更多人喜欢，真诚地要给他们点赞"。

---

① 路洁：《西安鼓乐惊艳央视，文化学者和音乐人组团点赞》，华商新文化，2021-1-18。

西安鼓乐在央视惊艳亮相，特别是与火箭少女 101 成员张紫宁合作的一曲《清平乐》，相关视频在网络上疯传。西安有这么惊艳的鼓乐，在西安本土也掀起热潮。西安摇滚音乐人王建房就称"创新很值得"，"我看了视频，看完这个演出很惊讶，第一感觉是形式很好，包括演出的人精心编排，都值得肯定。加入了很多现代元素，很新颖，很适合年轻人"。王建房虽然是流行音乐人，但也在学习和研究西安鼓乐，他说："过去大家对西安鼓乐知道的不是很多。我这两年一直在学习和研究，感觉西安鼓乐的传承还是非常难的，很多时候看不懂，像另外一个学科一样，里面变化的东西太多，两下就懵了。我们周围学鼓乐的人不是很多，也没有氛围和环境，学习起来比较吃力。前两年，我在西安大唐芙蓉园有演出，就和西安鼓乐有一次合作。我想把鼓乐元素和我的流行、摇滚做融合，当时效果也非常不错。"王建房说："年轻人很难接受过去的音乐形式，接触鼓乐的机会也很少。西安外事鼓乐团这次创新演出，首先能把年轻人吸引过来，让大家知道西安鼓乐，在推动陕西音乐文化发展方面是很好的榜样。"著名文艺评论家、西安音乐学院教授仵埂从文化影响方面来谈西安鼓乐："作为一项非遗项目，西安鼓乐的影响是很大的，我对这种音乐表现形式也很关注。在 20 世纪 90 年代，我就看过西安鼓乐演出，而且看过很多场演出。学者普遍认为，这是唐朝的一种宫廷音乐，被民间保留了下来。历史除了靠文字记载和图片展现以外，西安鼓乐这种音乐形式，能够被保留至今，是很珍贵的，也是一种非常难得的演出方式。可以当作音乐的活化石去研究。"在仵埂看来，西安鼓乐的庄重、典雅、厚重、博大，是一般的音乐不具备的，"当我很安静地听进去，就会感受到一个很丰富的音乐世界"。

　　西安鼓乐作为世界级非遗，毕竟历史久远，过去的鼓乐演出不像现在的音乐表现形式，与年轻人有一定的距离。西安外事鼓乐团此次将鼓乐与流行音乐相结合，仵埂表示非常赞赏，"咱们的西安本身就是历史厚重，文化也很丰富。节目以全新的方式在央视播出，可以让全国人民感受西安不一样的音乐，这也是非常有意思的一件事情。过去很多人来西安，看到的是地下的历史，是静态的。而西安鼓乐演出是动态的历史符号。对于传播西安文化，传承传统文化，有很大的促进作用。可以让年轻人感受历史的气息，让生动的文化走近人民群众，让它们真正活起来，这是非常有意义的事情"。

　　西安鼓乐的惊艳演出和业内人士对其的盛赞，充分肯定了非遗古老的艺术与现代元素的融合互通，是传统文化创造性传承和创新性发展的一条行之有效的途径，是音乐在传统"基因"上的现代表达。陕西作为悠久的地域，除了西安鼓乐是世界级非物质文化遗产，还有众多非遗，陕西也非常重视对非物质文化遗产的传承保护，近年来取得丰硕成果。据统计，目前陕西列入联合国教科文组织非物质文化遗产名录项目3个、国家级非遗名录项目87个、省级非遗名录项目600个，拥有国家级项目代表性传承人59人、省级项目代表性传承人437人。

十、"丝路" 文化现代班列新起航

　　丝绸之路是一个有着悠久历史和深厚内涵的地域概念和文化载体，丝路文化是沿线各国、各地区共同经过几个世纪的编织构建起的文化记忆和文化代码。

　　公元前138年，汉武帝派遣张骞从长安出使西域，凿通了一条影响中古世界格局、连接欧亚大陆的交通路网，开启了华夏民族与周边民族长期的交流与互鉴的历史。以丝绸、茶叶、陶瓷等为主的物质文明，以宗教、思想观念等为基础的精神文明，以人物、动植物、珍稀方物为载体的物质与非物质文化遗产的传播等多种方式，经过长时段的辗转与跨空间的流布，穿越沙漠、绿洲、盆地、戈壁、平原流向四方，塑造出特征鲜明、影响深远、内涵丰富、关注度极高的"丝绸之路"交流和互鉴双向模式，构成百科全书式的历史文化遗产体系。

陕西作为古丝绸之路的起点，是目前保存有关丝绸之路文物、遗迹最多、最为完整的省份，陕西文化元素是丝路文化遗产的重要符号和典型代表。在2014年6月召开的第38届世界遗产大会上，中国和哈萨克斯坦、吉尔吉斯斯坦联合申报的"丝绸之路：长安—天山廊道路网"顺利进入世界文化遗产名录，3个国家共33处遗产点，其中中国段部分包含陕西7处、河南4处、甘肃5处、新疆6处共22处遗产点。陕西7处分别是汉长安城未央宫遗址、唐长安城大明宫遗址、大雁塔、小雁塔、兴教寺塔、张骞墓、彬县大佛寺石窟。至此，陕西除了秦始皇陵及兵马俑坑之外，又新增了7处世界文化遗产点。

丝路文化的开凿始于汉，真正繁荣当属唐，尤其是在陕西关中地区出土的唐墓壁画，反映了诸多丝绸之路内涵的元素，这些丝绸之路文化遗产既是历史的真实见证，又是陕西融入"一带一路"建设独有的文化资源。这些极具真实描摹效果与视觉冲击力的唐墓壁画，以图像的形式诠释了丝绸文化交流。一是有些墓葬的主人本身就来自域外，例如突厥王族阿史那忠墓和李思摩墓、突厥贵族执失奉节墓和契苾明夫妇合葬墓、安国人安元寿墓和安菩墓、靺鞨人李谨行墓、渤海国贞孝公主墓等。二是壁画图像中包含很多外来元素，可以概括为"胡人""胡物""胡风胡化"三大类。胡人形象主要有使者、仪卫、贡人、胡客、胡商、伎乐、马夫、驮夫、车夫、驯兽师、僧侣、仆从等12种身份，与陶俑、金银器、陶瓷器、石质葬具以及文献记载大致吻合，反映了唐代周边民族大量活动于内地的史实，从整体上勾勒出胡人群体作为"附属""外来""少数"的社会地位与职业角色，胡人的这种边缘性也被掌握主流社会话语权的壁画设计者和表现这种意图的绘制者刻意强调出来。"胡物"主要有器物和动植物，前者包括器型、纹饰和制作技艺源于西方的金银、玻璃类生活用具，如"胡瓶""多曲盘""高足杯"等，反映了唐朝上流社会追求奢靡生活的风尚，以及这种风尚对丝绸之路奢侈品贸易的极大刺激；后者包括"马""骆驼""猎豹""鹰鹘""波斯犬""狮子"等与经济、政治和军事能力建设相关或追求感官愉悦相关的珍贵动物。胡风胡化包括胡服胡饰、胡食胡饮、胡乐胡舞、胡骑胡戏等。胡服胡饰融合了各民族元素的服装、发式、妆饰等；胡乐胡舞蕴含了西域各国舞蹈、乐器及表演者；胡饮胡食反映了外来食物和饮酒文化；胡骑胡戏印证了唐代社会流行狩猎、打马球、百戏等风尚。

在新的时代背景下，陕西以丝绸之路具体的文化遗产资源为蓝本，通过现代科技的多元层次化表现形式，进一步加强陕西丝绸之路文化资源与技术要素的融合，将西域表演形式与丝路经典故事相契合，将古丝路产品技术与体验经济相结合，"活化"丝路文化资源，借助现代文化产业园区，推出有丰富底蕴、资本雄厚的文化企业充当"领头雁"催生一系列新兴文化新生业态。

大唐西市遗址是唯一能够以丝绸之路起点来命名的遗址，是能够反映唐代商业文化的遗址，是能反映唐代市井文化、民俗文化的遗址。2006年，国家文物局下发文件，明确西市是隋唐丝绸之路起点和重要标志，应纳入申请世界文化遗产的名录中。2014年6月第38届世界遗产大会上，我国"丝绸之路起点"申遗成功。大唐西市项目先后获得"国家文化产业示范基地""国家级非物质文化遗产生产性保护示范基地""中国文化遗产保护与传承典范单位"等称号。

大唐西市始建于隋，兴盛于唐，是当时世界最大的国际贸易中心、文化交流中心、时尚娱乐中心。唐长安城设有东、西两大市场，西市也称"金市"，位于唐长安皇城的西南方（今西安劳动南路与东桃园村之间）。大唐西市项目在直接保护文化遗址的基础上，有效开发历史文化资源，探索出民营资本投入文化事业，实现文化产业良性发展的"民营资本投资模式"，以文化事业引领产业发展，以产业收益助推文化事业。一是项目运行以丝绸文化为基础，博物馆、古玩市场、购物中心、酒店、旅游等多种业态并存，成为集文物保护、文化展示、商旅开发为一体的综合运行模式。面对陕西这样一个如何协调解决文物保护与开发问题的文化大省，大唐西市项目是陕西非公有制经济发展文化产业的成功范例，是有发展前景的城市综合体开发模式。二是形成"政府支持、民企承办、文化主导、技术支持"的会展活动新模式。借助"一带一路"发展战略的影响，大唐西市主动承接许多与"丝路文化"相关的文化活动，并使活动长期化、品牌化和基地化，在保护遗址的同时扩大影响力，从文化引导到文化产业发展，开发"以文兴商、以商养文"新模式。项目建成后大唐西市每年接待游客1000多万次，每年向地方提供税源五至六个亿，在取得良好的经济效益同时，带动公益性文化项目开发。在吉尔吉斯斯坦、哈萨克斯坦等地，大唐西市博物馆分别举办了"陕西皮影展"等精品展览，开创了我国首家非国有博物馆走出国门举办展览的先河。截至目前，大唐西市博物馆已与丝路沿线16个国家的22座博物馆建立了友好合作关系，"走出去"和"引进来"并举，为丝路沿线国家和地区间的文化交流增色添彩。大唐西市项目通过多元发展文化产业引导实现企业健康发展，同时也提升了文物的社会价值，为陕西文物保护与开发提供了文化资源优势与经济发展优势并驾齐驱相得益彰的思路，探寻出了保护开发历史文化遗产、展示古城文化风貌、打造特色旅游、推动区域经济发展的新模式和新途径。

文化产业肩负传播文化、社会教化、社会风尚引导的使命，随着陕西文化产业的蓬勃发展，一批文化企业开始走出本土，向世界展示陕西的文化魅力。陕西演艺集团所创演的歌剧《张骞》是对陕西丝路文化开拓者这一人物重新塑造，以当代人对传统文化全方位、深层次、多领域创造性开发；陕文投影视尤其是曲江影视，用纪录片形式，采用高科技手段将丝绸之路的故事、人物、文物等"封尘的记忆"活化起来，让他们重新以鲜活的面貌讲述"前世今生"；陕西省杂技艺术团的大型原创杂技剧《丝路彩虹》是全国最早一批"丝路"主题舞台力作，2016年至2017年《丝路彩虹》完成了"从长安到罗马"沿丝绸之路国际巡演，2018年完成了国内海上丝绸之路沿线城市巡演，受到了当地观众的欢迎和喜爱；2020年10月11日，由国家电影局指导，陕西省人民政府和福建省人民政府主办，陕西省电影局、西安市人民政府承办，曲江新区管委会执行运营的第七届丝绸之路国际电影节，在"一带一路"倡议发出七周年之际，第四次在西安拉开帷幕。10月11日至10月16日，六大主题活动和电影嘉年华配套活动，让来自世界各地的电影工作者、全国的影迷和观众，在光影中共享人类的影像记忆。3500余部面向全球征集的世界优秀作品在这里荟萃，500余部国内外优秀影片从这里走进百姓生活，12场高峰论坛在这里开启5G时代的眺望，16个优秀创投项目在这里获得新生，425部"丝路青年短片"作品在这里昭示着新生代电影的希望，10大主题57项电影嘉年华活动在这里彰显光影艺术的独特魅力，世界电影的经典之作在此碰撞出文明交流的火花，丝绸之路璀璨绚丽的国际人文交流在此开启新的篇章，电影以自己独有的方式，给丝绸之路做出了有思想、有温情的注脚；2018年"国风秦韵——陕西文创上合国家巡展"期间，一批优秀的陕西文创产品在巴基斯坦、俄罗斯、哈萨克斯坦等上合组织成员国巡展，具有较高艺术性、装饰性、实用性的陕西特色文创精品受到了当地观众的青睐。随着"一带一路"倡议的深入，丝路沿线100多个国家和国际组织参与其中，中外人文交流进入新的历史时期。

在全媒体时代，陕西丝路文化的传播必须依靠数字技术，资源数据化、数据场景化、场景网络化、网络智能化，扩大网络传播抓手，将丝路历史文化内容与现实实体经营相结合。依托陕西丝路文化要素，创新发展新型文化业态，以数字技术烛照传统、熔铸新思，赋予新的时代内涵，用新创意和新设计将丝路文化融入生活，将丝路文化与当代审美、社会主义核心价值观相结合，激发丝路文化新生趣和新生命，完成历史文化内容与现代大众的广泛对接，增强丝路文化本身的创造力和传播力。西咸新区秦汉新城新丝路数字文化科技有限公司，大力培育以数字丝路文化为核心的文化产业，提出新丝路新布局，新科技新起点，新连接新世界；陕西丝路文化博物馆利用数字技术改进了展陈方式，利用诸如 VR 技术、虚拟空间技术等生成逼真三维虚拟场景，让静态文物如鎏金铜马，在数字化高清采集技术中，像活了一样，公众在灵动中真切感受到丝绸之路上大汉王朝的豪迈壮阔之气，满足公众感知和互动需求，加深了丝路文化的认知和认同；"2021 丝路嘉年华·和美之约——丝路云春晚"大型跨国融媒体直播活动，通过国内外 17 家电视台，以视频连线云直播的方式与全球观众在云端共享大联欢。此次直播活动由 24 小时"丝路嘉年华"融媒体大直播和 3 小时"和美之约——丝路云春晚"组成，以 24 小时的时间维度、全球的空间维度、五大洲 36 个国家+国内外 17 家电视台的展示维度，呈现"丝路文化交融碰撞、全球华人喜迎新春"的内核。"丝路云春晚"在西安永宁门压轴登场，丝路沿线国家大使在云端为观众送上新春祝福，中外艺术家通过音乐、舞蹈、杂技、戏曲、情景表演等艺术形式生动呈现丝路风情。通过大屏小屏互动的方式，向世界各国观众介绍中国丰富多彩的传统文化、充满活力的经济社会发展情况，传递"守望相助、共创未来"的美好祝愿，也把各国的历史文化和现实生活展现给亿万中国观众，彰显"丝路风情，中国气象，国际表达"。全球范围来看，让全世界了解和认同中国的文化产品和文化故事是一件有意义的事情，传播丝路文化就是要讲好中华民族坚持和平发展的历史，讲好和平发展合作共赢的中国故事，讲好共建人类命运共同体的中国理念。

　　陕西丝路文化具有鲜明的中国地域和中国历史特色，从张骞两次出使西域到西汉正式在西域设置都护，京师长安及丝路沿途城镇呈现出一片繁华景象，周边民族及亚洲、欧洲一些国家纷纷与汉唐建立友好关系，极大展现了汉唐时期国力的强大与充分的文化自信。丝绸之路对人类文明的持久影响，还有深层因素就是文化的支持与文明的交往，众多民族的相互亲和，多种宗教的彼此交织，连接了异质文明，同时也传播了最具普适性的核心价值——"和谐"思想，和谐思想培育了中华民族热爱和平的民族秉性，是中华文化最核心的文化基因，构建和传播丝路文化就是要广泛传播和践行这种核心价值。以丝路文化凝聚丝路沿线国家，确立丝路文化传播是丝路经济带建设本身的重要组成部分，建立丝路沿线国家的传媒协作与互动机制，为"文化先行"搭建传播平台和传播渠道，参与国际文化交流、树立中华文化形象，在交流互鉴中绽放独特魅力，在多元文化合作与竞争中实现共存共荣，为进一步创新弘扬中国文化增添了新的更强劲的动力。

　　"丝绸之路"的开凿和繁荣得益于汉唐的"开放"意识，目前制约陕西发展的突出短板就是开放不足。为补齐短板，陕西省委省政府以开放的思维、开放的胸怀、开放的眼界，自觉将自身发展放在深度融入共建"一带一路"大格局中，建立自贸试验区，为陕西打造内陆改革开放高地提供有力支撑。随着延安市获批设立跨境电商综试区，西安国际港务区获批国家进口贸易促进创新示范区，宝鸡综合保税区、西咸空港综合保税区等正式通过国家验收，截至目前陕西已有六个综合保税区，数量居全国第六位。

　　中欧班列西安集结中心建设如火如荼，目前西安已开行了襄西欧、徐西欧、榆西欧等12条集结班列线路，实现与长三角、珠三角、京津冀、晋陕豫黄河三角洲等主要货源地互联互通。2020年，中欧班列"长安号"共开行3720列，开行量、重箱率、货运量等核心指标稳居全国第一，打造出一条效率高、成本低、服务优的"现代丝绸之路"

国际贸易通道。2020 年，陕西外贸在复杂的国际经贸形势下逆势上扬，全年进出口总值 3772.12 亿元，同比增长 7.3%，创历史新高，陕西对"一带一路"沿线国家进出口同比增长 26.7%，高于全国增速 25.7 个百分点。由长安号、陆海联运、空铁联运共同形成的立体物流大通道，正在释放出强劲的"西"引力。以扩大高水平开放、打造高品质生活为目标，坚持"引进来""走出去"双向发力，主动融入以国内大循环为主体、国内国际双循环相互促进的新发展格局，加快建设面向中亚南亚西亚国家的通道、商贸物流枢纽、重要产业和人文交流基地，把陕西自贸试验区打造成改革新高地，开放发展新名片。

1000 年以前陕西人张骞开辟"丝绸之路"带来汉唐雄风，现在陕西以自贸区为依托的中欧班列再度出发，以现代姿态书写新时代征程上改革开放的崭新辉煌。

链接：

"凿空者"张骞的丝路"班列"①

以弘扬"一带一路"精神为主旨的古装史诗大片《凿空者》在中央广播电视总台电影频道播出，以"凿空西域"第一人张骞再现了那一段艰难跋涉却意义重大的历史。"凿空"二字语出《史记》，凿，开也；空，通也，这是司马迁对张骞的高度评价，是张骞精神的形象写照，是丝路文化互通的生动表达。

2000 多年前，张骞历经千难万险"凿空西域"、开通古代"班列"，开辟丝绸之路，为中原和西域之间的政治、经济、

———————

① 部分资料来源：《探险促交融 "凿空"开丝路——探防城固县张骞纪念馆》，陕西一带一路网，2021-3-9。

文化交流做出了杰出贡献，在世界史上留下了光辉的一页。汉初，匈奴的迅速崛起严重威胁汉王朝西北边陲的巩固和安定。经过数十年的休养生息，到汉武帝时，汉王朝国力得到极大提升。建元三年（公元前138年），汉武帝招募有识之士出使西域，欲联合与匈奴有仇的大月氏夹击匈奴，胸怀抱负的张骞毅然应募。同年，张骞率领100多个随从从长安出发（今在西安市区大庆路有丝绸之路群雕为纪念），由匈奴人甘父做向导，经陇西进入河西走廊，途中被匈奴俘获，扣留了10年有余。在此期间，匈奴单于为了软化、拉拢张骞，让他娶妻生子，但他始终"持汉节不失"。元光六年（公元前129年），张骞一行趁机逃走，继续向西进发，他们历经千辛万苦，终于到达大月氏新领地妫水（今阿姆河一带），那里土地肥沃、物产丰富，人民安居乐业，因此大月氏无心再与匈奴为敌。于是张骞在大月氏住了一年多后，决定返回。元朔三年（公元前126年）初，张骞一行终于回到长安，出发时随从100多人，回来只剩下胡妻和甘父两人。张骞第一次出使西域，虽未完成联络大月氏的任务，却带回了有关我国古代新疆和西南亚地区的丰富知识与见闻，使汉王朝统治者拓宽了视野，进一步确立了抗击匈奴、经营西域的重大战略。元狩四年（公元前119年），张骞再次奉命出使西域，以期与乌孙国结盟夹击匈奴。这一次，他率随从副使300余人，携带大量的金币、丝绸和万头（只）牛羊出使乌孙。但当时正值乌孙国内乱，乌孙王无心与匈奴作战，张骞便将副使派往西域诸国后，返回汉朝。张骞两次出使西域，亲自走过帕米尔高原以东沿天山南麓的"南道"和以西由大宛经康居、大月氏而至大夏的路线。他的副使又进一步把西行之路延伸到安息、身毒等国。此后这条道路不断向西延伸，一直通到地中海沿岸国家，这就是誉满全球的"丝绸之路"。后张骞因随卫青出击匈奴立功，被封"博望侯"，元鼎三年（公元前114年），张骞走完了他波澜壮阔的人生之路，永远安息在家乡城固的绿野平畴中。张骞去世后，他派出的副使陆续携西域各国使节返回长安，从此，汉王朝与西域诸国的关系日益密切。沿着"丝绸之路"，汉朝名贵的丝绸源源不断流向西方，先进的冶铁技术和井渠法等也对西域一带的生产起了推动作用；盛产于西域的葡萄、苜蓿、石榴、大蒜和骆驼等在内地安家落户，西方琵琶等乐器及绘画、雕刻、杂技等极大丰富了汉人的物质和精神生活。这许多"殊方异物"的交往流通，都与张骞的"凿空"之举密切相关，正所谓："不是张骞通异域，安得佳种自西来？"

今在陕西城固县博望镇饶家营村建有陵园式人文景观——张骞纪念馆。1956年张骞墓就被陕西省人民委员会列为首批重点文物保护单位，1990年更名为"张骞纪念馆"，1996年张骞纪念馆被陕西省委命名为"爱国主义教育基地"，2002年被国家旅游局评定为"AA"级景区，2006年张骞纪念馆的主体文物"张骞墓"被国务院公布为第六批全国重点文物保护单位。2014年6月22日，第38届世界遗产大会上，中国、哈萨克斯坦、吉尔吉斯斯坦三国联合申遗项目"丝绸之路：长安—天山廊道路网"正式通过世界遗产大会审议表决，张骞墓也被列入世界遗产名录。

张骞墓的发现有一段感人故事，张骞墓虽有部分史料记载，但是直到20世纪30年代，史学界对张骞墓的位置仍无考古实证支撑。抗日战争开始后，国立北平大学、国立北平师范大学、国立北洋工学院由平津迁至汉中，在城固组成了西北联大。1938年5月，西北联大历史系成立考古委员会，提出研究汉中地区部分文化遗迹的计划，张骞墓位列其中。1938年5

月 21 日，西北联大历史系百余名师生开始对张骞墓进行详查，调查人员在墓地周围的麦田及附近村庄采集到大量绳纹残砖、残瓦及花纹陶片等汉代遗物。7 月，专家教授带领学生开始对张骞墓进行发掘。后由于经费困难，也怕引起地方人士误会，他们最终停止了发掘，仅增修了墓道。西北联大师生在增修墓道过程中，发掘出一块有汉隶字体"博望"的封泥，这与《史记》《汉书》所载吻合，正是这枚封泥的原件，让张骞墓的真伪有了定论，由此确定此墓为张骞原墓。目前这枚封泥原件藏中国国家博物馆，复制品保存在纪念馆张骞生平展室。西北联大考古委员会在墓前立有"增修汉博望侯张公骞墓道碑记"的石碑，碑文记述了 1938 年国立西北联合大学师生对张骞墓的发掘增修始末。西北联大师生对张骞墓的增修，是对陕西城固最重要的贡献，不仅验证了张骞墓是真，还为后来的"丝绸之路"申报世界文化遗产提供了重要的实物依据。在日寇入侵、民族危亡之时，西北联大对张骞墓进行整修，由此而体会到的张骞精神，对学校实施战时思想教育及办学理念产生了重大影响。学校更以张骞矢志不渝、不辱使命的气节，激励师生积极投入抗战救亡运动中，在当时起到了唤醒国人民族精神、增强民族意识的作用。

张骞的事迹至今仍在他的故乡城固县流传。城固县博望街道博望村，目前还生活着 500 多位张骞后裔，村中的张骞祠堂香火不断。张骞后裔张利军说："我们祖祖辈辈在这里守护先祖之墓。到我这一代，已经是第 67 代。"每年清明节，来自全国各地的知名学者专家、游客以及张骞后裔、城固当地干部群众等上千人齐聚张骞纪念馆。在纪念馆内大殿前的广场，举办隆重的祭祀活动，拜谒先贤，感知张骞精神和丝路文化，这已成为城固当地一年一度的盛典。

作为"丝绸之路"开拓者张骞的故乡，城固县不断丰富"张骞文化"内涵，将其引入了城市建设、产业发展、经贸交流等方方面面，成为城固县发展的独特历史文化资源和重要推动力量。张骞纪念馆、张骞文化广场、张骞雕像、张骞古城展厅等标志性建筑相继建成；张骞学术研究会、张骞书画院、张骞文武学校等团体机构先后成立；一年一度的张骞文化艺术节和祭祀丝绸之路开拓者张骞大典，吸引大量全国各地知名学者专家齐聚城固，借助这些节庆，城固与外界的经济文化交流日益频繁。围绕"张骞故里·丝路茶乡"定位，"张骞"汉中仙毫已经成为汉中高质量发展的代表性品牌；围绕忠贞不渝、勇于担当、敢为人先、奋发有为的张骞精神创作的舞台剧、戏曲、书画等各类艺术作品，潜移默化地影响着城固的城市风貌和艺术人才。

作为城固最独特的文化标识和精神标识，张骞是一张名片，更是一种精神。城固将优秀的历史文化资源转变成社会经济文化发展的现代"班列"，成为陕西在发展地域文化，扩大陕西美誉度的"引擎"。张骞，这位1000多年前的"凿空者"，其雄弘功业和不朽精神永远是陕西走向世界再出发的"源动力"。

十一、　红色文化资源联动共享新机制

红色文化资源包括红色文艺作品、红色遗址旧址、革命纲领、红色精神等，是中国共产党领导中国人民在革命战争年代开展了一系列革命活动后形成的物质形态、信息形态、精神形态的历史遗存。革命文物承载党和人民英勇奋斗的光荣历史，记载中国革命的伟大历程和感人事迹，是党和国家的宝贵财富，是弘扬革命传统和革命文化、加强社会主义精神文明建设、激发爱国热情、振奋民族精神的生动教材。

百年激荡的红色篇章，革命文物是最好的见证。瞻仰中共一大会址，习近平总书记告诫全党"我们党的全部历史都是从中共一大开启的，我们走得再远都不能忘记来时的路"；来到遵义会议会址和遵义会议陈列馆，习近平总书记评价此次会议"在把马克思主义基本原理同中国具体实际相结合、坚持走独立自主道路、坚定正确的政治路线和政策策略、建设坚强成熟的中央领导集体等方面，留下宝贵经验和重要启示"；置身延安杨家岭中央大礼堂，习近平总书记指出"我们党之所以能够历经考验磨难无往而不胜，关键就在于不断进行实践创新和理论创新"。这些"红色地标"清晰回答着中国共产党为何能在没有路的地方，百年间一步步蹚出一条中国特色社会主义的人间正道。山河为碑，历史作证，一个个历史地标，标记中国共产党人九死不悔、以牺牲和奉献挺立起的精神丰碑，通过一件件革命文物、一个个"红色地标"、一堂堂生动的"党史课"，深刻读懂一个百年大党历尽艰辛、缔造东方奇迹的"红色基因"。

陕西是重要"红色地标"之一。早在 1922 年，中国共产党成立不久，陕西也建立了党团组织，先后组织发动了清涧起义、渭华起义、陕北游击战争。革命战争时期，先后建立了渭北革命根据地、照金陕甘边根据地、陕北革命根据地、陕南游击根据地、川陕革命根据地、西北革命根据地等。1935 年 10 月 19 日，中央红军到达陕北吴起镇（今吴起县），做出了把陕北作为全国革命大本营的战略决策。抗日战争爆发后，成千上万的爱国青年冲破重重阻力，跋山涉水奔向延安，延安成为中国革命的圣地，宝塔山成为中国革命的标识。党中央在延安艰难又辉煌的 13 年，给延安留下内涵丰富的红色资源。目前延安共有革命旧址445 处，遍布全市 13 个县区，仅市区就有 168 处，其中很大一部分是党中央在延安时留存的重要旧址。延安革命遗址、瓦窑堡革命旧址、洛川会议旧址等 5 处 18 个单位被公布为全国重点文物保护单位。延安革命纪念馆、枣园革命旧址、杨家岭革命旧址等13处被命名为全国爱国主义教育示范基地。更为可贵的是在这段艰苦卓绝的革命斗争中，老一辈无产阶级革命家的矢志不移、英勇顽强的奋斗历程、英雄功绩、革命精神以及产生的革命理论和革命思想等精神资源，这些精神资源是宝贵的财富，是值得传承和发扬的优秀民族精神。延安成为全国爱国主义、革命传统、延安精神三大教育基地，有着"中国革命博物馆城"的称谓。

除延安外，陕西境内其他地域至今也留存有大量的革命遗址、革命旧址、革命前辈用过的遗物等物质资源，如安吴青训班革命旧址、八路军西安办事处旧址、米脂杨家沟革命纪念馆等，这些革命遗迹在默默地诉说着那些峥嵘岁月。每一处遗址遗迹、每一件历史文物、每一部红色经典，都深深烙印着革命先辈们的崇高理想，爱国精神及其高尚品质，这些理想如炽、信念如铁的革命故事激发爱国热情，激励爱国力量，推动中华儿女自觉担负使命，砥砺前行。

陕西红色文化资源是党的红色革命资源的重要组成部分之一，在新的历史时期，借助互联网等科学技术，建立与全国红色革命资源、省内各地方红色革命资源的多渠道多方式的联动共享机制，是目前结合新时代新要求，统筹做好保护、管理、运用红色革命资源，开创革命文物工作新局面。

"革命文物承载党和人民英勇奋斗的光荣历史，记载中国革命的伟大历程和感人事迹，是党和国家的宝贵财富，是弘扬革命传统和革命文化、加强社会主义精神文明建设、激发爱国热情、振奋民族精神的生动教材。""加强革命文物保护利用，弘扬革命文化，传承红色基因""切实把革命文物保护好、管理好、运用好，发挥好革命文物在党史学习教育、革命传统教育、爱国主义教育等方面的重要作用，激发广大干部群众的精神力量，信心百倍为全面建设社会主义现代化国家、实现中华民族伟大复兴中国梦而奋斗。"习近平总书记对革命文物工作做出的重要指示深刻阐明了革命文物工作的重大意义、目标任务和基本要求。

建立全国范围内的红色文化资源联动机制。"不忘初心、牢记使命",百年辉煌路每一时期都有其自己的历史使命,联动着中国革命的进程。上海石库门、南湖红船,诞生了中国共产党,"我们党的全部历史都是从中共一大开启的""共和国是红色的,不能淡化这个颜色"。"红船精神"概括为开天辟地、敢为人先的首创精神,坚定理想、百折不挠的奋斗精神,立党为公、忠诚为民的奉献精神;"井冈山精神"和"苏区精神",承载着中国共产党人的初心和使命,铸就了中国共产党的伟大革命精神;"沂蒙精神"蕴含了革命胜利来之不易,党和人民水乳交融,党把人民利益放在第一位,为人民谋解放,人民跟党走,无私奉献,可歌可泣精神;让"遵义会议精神"永放光芒,遵义会议作为党历史上一次具有伟大转折意义的重要会议,在把马克思主义基本原理同中国具体实际相结合、坚持走独立自主道路、坚定正确的政治路线和政策策略、建设坚强成熟的中央领导集体等方面,留下宝贵经验和重要启示;红军长征创造了中外历史的奇迹,革命理想高于天,不怕牺牲、排除万难去争取胜利,面对形形色色的敌人决一死战、克敌制胜,这些都是"长征精神"的内涵,要继承和弘扬好伟大的长征精神,有了这样的精神,没有什么克服不了的困难,完全有信心有决心有恒心实现中华民族伟大复兴的中国梦;"延安精神"的主要内容是:坚定正确的政治方向,解放思想、实事求是的思想路线,全心全意为人民服务的根本宗旨,自力更生、艰苦奋斗的创业精神。

"我们走得再远都不能忘记来时的路。"熟知不同时段的红色文化资源才能更全面地理解党的发展历史,才能更深入了解新中国成立的艰难历程,才能更透彻地领悟革命精神的伟大力量。建立联动机制成为新时代的新使命新要求。上海再次走在前列,上海深化红色旅游区域合作,联合其他城市推广红色旅游产品,联合井冈山、嘉兴、遵义、延安等地,策划推出"从石库门到天安门"专题红色旅游产品和线路,实施"五个一"红色旅游系列宣传活动。"五个一"包括"共同推一首歌""共同拍一部片""出一本红色旅游指南""搞一次红色发现之旅"
"办一场音乐旅游推进会"。其中，红色推广歌曲《光芒》及宣传片计
划于 2021 年七一前夕首发。上海已面向社会发布上海红色旅游线路和
红色旅游口号，成立上海、嘉兴、吉安、遵义、延安红色旅游合作联
盟。在上海市区周围也进行资源整合，建立联动机制，上海制定《上
海市 2018—2020 年红色旅游发展实施方案》和《上海红色旅游基地服
务规范》，将红色旅游景区（点）资源整合、产品开发、线路设计融入
全域旅游示范区建设中，推动红色旅游资源与周边旅游景区（点）、都
市旅游、乡村旅游实现整合串联，融合发展。上海红色经典参观人数不
断提升，特别是 2017 年，赴中共一大会址参观人数明显增多，各大旅
游预订网上有关中共一大会址的搜索、浏览量环比增长几乎都超过
150%。同时中共二大会址、四大纪念馆等红色景点成为游客参观的热
门景点。

　　陕西也加快建立联动机制。2019 年 3 月 16 日，为传承红色基因，
继承和发扬党在延安时期立德树人和创办新型高等教育的理念，共同全
面提升人才培养的能力和水平，本着信息互通、资源共享、整合优势、
协同创新原则，中国人民大学、北京理工大学、中国农业大学、北京外
国语大学、中央音乐学院、中央美术学院、中央戏剧学院、中央民族大
学、延安大学等 9 所诞生于延安的高校自愿组成联合组织，发起成立延
河高校人才培养联盟（延河联盟）。首届轮值高校为北京理工大学，延
河联盟高校发表宣言秉持"延安根、延河魂"的共同精神原点，探索
独具特色的育人之路。2021 年 3 月 16 日"延河联盟"红色育人基地揭
牌仪式暨党史学习教育在延安大学举行，从延河畔走出的九所高校正是
党将马克思主义基本原理与中国具体实际相结合建立起来的，其办学历
程是具有中国特色高等教育的生动实践。"延河联盟"以延安为起点，
推动中国特色高等教育的"红色育人"道路在新时代越走越宽、越走
越远。联盟高校要构建协同育人新机制，接续培养一批批时代新人，为

全国高校探索出一条符合思政教育规律、符合青年学生特点的行之有效的延安精神进校园"三进"模式。"延河联盟"的成立，为新时代高校人才培养合作提出新模式，走出了一条特色鲜明的红色人才培养之路。

陕西红色文化资源藏量相当的丰富，为陕西红色资源开发、建设和研究提供了良好的客观基础。整合陕西红色文化资源，建立联动新机制，对新时期更广泛更深入更积极地弘扬红色文化起到重要作用。一是打造红色文化发展带。红色文化资源共建共享需要拥有红色资源的各地区，发挥各自优势，建立特色红色文化基地。如在绥德县建设"体悟革命历史、深入调查研究"教育培训基地；在米脂县杨家沟革命旧址建设"学习军事思想践行转战精神"教育培训基地；在清涧县北国风光景区建设"感受革命情怀强化担当精神"教育培训基地；在延安建设南泥湾红色文化旅游风景区等项目。同时整合西安、铜川、延安、榆林等地的红色文化资源，串联八路军办事处、西安事变纪念馆、马栏革命旧址、照金革命纪念馆、延安革命纪念馆及米脂杨家沟革命旧址等地，建立全省的共建资源相互链接，打造红色文化与旅游休闲、研学教育、脱贫致富深度融合的红色文化发展带。

二是数字出版与传播实现红色革命资源最大限度广泛共享。文化资源共享是信息化时代发展的必然要求，随着数字技术与网络技术的日新月异，这种要求进一步增强。随着数字技术与网络技术的不断进步和深化，文化资源数字信息从纸质出版发展到手机出版，出版速度极快、成本较低，且打破时空限制，人们可以随时随地进行阅读浏览分享，文化资源得到最大限度共享利用与传播。红色文化资源在数字技术的支持下，使得联动机制实现资源共享成为可能。陕西红色文化依托"互联网+"，加强"互联网+红色文化"宣传模式，建成"红色陕西"资源展示平台，将基地、博物馆、景区等红色文化资源与多媒体技术有机整合，实现网络化发展，打造"红色陕西"文化品牌网站，深入挖掘陕西红色文化资源特色，彰显红色文化精神内涵，建立陕西红色文化宣传体系，主动推介和宣传陕西丰富的红色文化资源，让深厚、丰硕的陕西红色文化资源"走出去"，强化陕西在国内外的文化影响力。

三是红色教育基地成为干部教育培训的新模式。红色文化资源进入党员干部教育培训的课堂，红色教育基地的开设是干部教育培训的创新模式，充分挖掘利用红色文化资源的教育价值。在红色教育基地开展的"现场教学"对增强干部党性教育具有极强的针对性和实效性。红色干部教育基地依托丰富的红色资源，以实物、实景、实例、实事为载体，开展现场教学、体验教学、案例教学等多种方式，融入党性教育中，延伸了党性教育课堂，主题鲜明、特色突出、感染力强的红色教育基地让党性教育变得具象化。通过红色教育基地，了解中国共产党从苦难中塑造辉煌的革命史，感受着无数革命志士成长历程和奋斗足迹，让党员干部在潜移默化中受到党性教育，拓展了感性与理性交融的平台，构建了理论与实践连接的脉络，给党员干部带来强烈思想震撼，增强党性教育深度，牢固树立"四个意识"，始终与党中央保持高度一致，把红色传承作为使命担当，用党的光辉历程、优良传统和宝贵经验来教育引导党员干部坚定理想信念。

四是打造红色文化教育"沉浸式"体验。传统的红色文化传播主要是靠参观学习、倾听讲解为主，人们参与度低，就是单纯的浏览参观，往往印象不深，内心的震撼力不强。如今通过"沉浸式"体验，让红色文化教育与人们生活实践体验相结合，让人们身临其境地感受革命纪念地、事迹、标志物背后的革命精神和感受红色文化的精神价值，对于大多数80后90后00后的青年人群成长于物质生活极大丰富的时代，对革命战争时期的艰难困苦很难感同身受，通过"沉浸式"体验环境，潜移默化中影响并激励着青年人群，使他们更好地认识到中国革命来之不易，增强历史的责任感和使命感，更好地践行社会主义核心价值观，充分发挥红色文化资源面向人们的公益性功能。

立足于陕西红色文化资源，借助互联网、数字技术等现代传媒手段，建立内外资源共享联动机制。"走出去""引进来"推动陕西各地域红色文化资源进一步主题化、特色化，增强陕西红色资源内容的丰富性，增强陕西红色文化的传播力，增强红色文化精神教育的感染力和吸引力，起到传承红色基因的社会效果。

链接：

照金红色教育基地①

20世纪30年代初，刘志丹、谢子长、习仲勋、李妙斋等老一辈无产阶级革命家在陕西照金（今陕西铜川市耀州区照金镇）的深山，创建了以照金为中心的西北地区第一个山区革命根据地——陕甘边革命根据地，点燃了西北革命的火种。随后，该根据地与陕北革命根据地连成一片（后扩大为陕甘宁根据地），构成土地革命战争后期全国仅存的完整红色区域，是中共中央和各路主力红军长征的落脚点，也是八路军出师抗日的出发点，为中国革命实现历史性转折做出巨大贡献。

陕甘边革命根据地在我国革命史上具有重要地位和意义，1992年4月20日照金革命旧址被陕西省人民政府公布为重点文物保护单位，1995年被省委、省政府定为陕西省青少年爱国主义教育基地，爱国主义教育和国防教育的理想场所。2004年陕西省委决定在照金镇修建陕甘边革命根据地照金纪念馆。照金广场上矗立着一组陕甘边革命根据地主要创建者的雕塑：中间为刘志丹，身穿大衣的是谢子长，戴军帽的是习仲勋。雕塑背后的陕甘边革命根据地照金纪念馆，现藏革命文物120多

---

① 部分资料来源：《陕西照金：做强红色旅游 讲好红色故事》，文化陕西网，2021-3-1。

件，陈列厅展板 200 多张，详细介绍了陕甘边革命根据地创立、发展和壮大的全过程。纪念馆自对外开放后，逐年扩建完善，据统计，近 5 年纪念馆年平均客流量保持在 86 万人次左右。近年来，照金镇加大力度建设以陕甘边革命根据地照金纪念馆、英雄纪念碑、1933 广场等红色资源为核心的纪念设施和培训设施，对照金的革命历史进行再挖掘、再梳理，充分发挥红色资源的教育功能，打造红色遗址游，研发干部培训基地等。2015 年春节前夕，习近平总书记在陕西考察调研期间，前往铜川市耀州区照金镇考察，向陕甘边革命根据地英雄纪念碑敬献花篮，并参观陕甘边革命根据地照金纪念馆。他指出，以照金为中心的陕甘边革命根据地，在中国革命史上写下了光辉的一页。希望村党支部和村委会的干部团结一心，把乡亲们的事情办好。革命先烈浴血奋战，就是为了广大人民群众过上幸福安康的好日子，红色革命的主旨就是"以人民为中心"。

陈家坡会议旧址所在的北梁村曾是深度贫困村，通过发展当地湖羊养殖，2019 年该村贫困发生率从 44.1% 降至 1.68%，实现整村脱贫。"现在我让合作社代管家里的羊，还种了几十亩核桃树，全家已脱离了贫困线。"当地群众杜天祥表示，自己对如今的好生活充满感激，要当好革命旧址的"守护人"和"传承人"。北梁村的"90 后"第一书记王旷介绍，2020 年北梁村被评为陕西省村级党组织标准化示范村，被中央有关部门确定为首批红色村组织振兴建设红色美丽村庄试点。照金景区管委会负责人说："在这片红色热土上，我们更要坚守初心，搭建好党员联系群众的桥梁，让群众更有获得感、幸福感、安全感。"

照金镇的建设坚持"红色即民生""景镇融合发展""无伤痕"的开发理念。不大拆大建，不让自然环境遭到破坏，尽量因地制宜，充分利用当地物产资源，做好城镇化建设，最大限度保护原有绿色生态和红色文化，着力打造薛家寨革命旧址、照金牧场等旅游目的地，建立起较为完整的旅游要素服务体系。照金的发展实践证明，遵循"尊重历史、因地制宜、民生为本、创意为魂"的理念，用好红色文化资源、大力发展旅游产业是加快推动红色旅游高质量发展，革命老区实现脱贫致富的重要途径。

过去的照金为红色革命保存了力量，创造了条件，今日的照金镇展现了时尚的人文生态，富足安康的乡镇图景，提升了红色革命文化品质。

十二、 文艺创作奏响时代旋律新乐章

"文章合为时而著，歌诗合为事而作。"自古以来，中国知识分子都有"经世致用"的传统，无论开浪漫主义创作先河的《离骚》，还是现实主义创作的《诗经》，都是感念时代记录生活，立时代之潮头、通古今之变化、发思想之先声。"为谁创作、为谁立言"，对于文学艺术创作来说，这是一个根本问题。

"要坚持以人民为中心""人民是创作的源头活水，只有扎根人民，创作才能获得取之不尽、用之不竭的源泉。"习近平总书记在全国政协十三届二次会议的文化艺术界、社会科学界委员联组会上发表的重要讲话，鲜明地指出为人民搞创作、为人民做学问的立场与导向，为发展繁荣文化文艺、哲学社会科学提供了根本遵循，这就要求广大文艺工作者、学术研究者在创作研究中始终对准人民坐标。

历史的创造依靠人民，人民的需要正是文艺存在的根本价值所在。传世经典之作反映的都是时代要求和人民心声，文艺创作最牢靠的办法是贴近实际、贴近生活、贴近群众，反映现实时代，坚持以现实题材文

艺创作为主，坚持"以人民为中心"的创作导向，坚持思想精深，艺术精湛，创作精良，用社会主义核心价值观引领文学创作。以文学的现代表达形式讲好当代中国故事，体现中华文化精神，反映当前中国人审美追求，传播当代中国价值观念，尤其是用新的表达形式写出中国民族新史诗，写出中华民族伟大的创造精神、奋斗精神、团结精神。近40年的改革开放，中国社会发生了全方位的巨大变革，不仅在中华民族发展史上前所未有，在人类发展史上也堪称罕见史诗般的巨变，呼唤中华民族新史诗，加强现实题材创作，回应时代的召唤，是时代与人民的需要，也是作家义不容辞的责任。

底蕴深厚"文学陕军"。"文学陕军"一直是"文化陕西"响亮的名片。陕西作家坚持现实主义的写作方向，关注社会热点，记录人世沧桑，从平凡的世界进军不平凡世界，在现实创作上一直走在全国前列。从柳青《创业史》到路遥《平凡的世界》到贾平凹《秦腔》，这三部著作如连在一起阅读就是反映新中国成立以来中国农村发展变化的"新史诗"。陕西作家一直存有时代使命感，正如路遥所言"作者应该站在历史的高度上，真正体现巴尔扎克所说的'书记官'的职能"，也如高建群所言"我实际上是一个理想主义者，好像肩负着一个使命，要为人类完成一项工程"。也许是陕西这片厚重的土地给予作家们更多的思索和睿智，20世纪90年代路遥（陕西清涧人）、陈忠实（陕西西安人）、贾平凹（陕西商洛人），分别以其作品《平凡的世界》《白鹿原》《秦腔》获得茅盾文学奖，让人惊喜的是三人分别来自陕西的三大地域陕北关中陕南，他们以三足鼎立之势，形成了中国文学版图上独特的景观，三人也成为"文学陕军"中的"三驾马车"。进入新时代，"文学陕军"继续为现实创作，为时代而歌，佳作推出，文学陕军再掀风云。陕西镇安人陈彦，其创作的《主角》荣获第十届茅盾文学奖，颁奖典礼上《主角》的授奖词是："在《主角》中，一个秦腔艺人近半个世纪的际遇映照着广阔的社会现实，众多鲜明生动的人物会合为声音与命运的戏剧，尽显大时代的鸢飞鱼跃与中华民族自强不息的精神品格。陈彦继承古典叙事传统和现实主义文学传统，立主干而擅铺陈，于大喜大悲、千回百转中显示了他对民间生活、精神和美学的精湛把握"。《主角》是一部动人心魄的命运之书，作者叙述了秦腔名伶忆秦娥近半个世纪人生的兴衰际遇、起废沉浮及其与秦腔及大历史的起起落落之间的复杂关联。忆秦娥五十余年的人生经历及其心灵史，表达了貌似平凡普通的恪守内心理想的执着和坚韧，于外界熙熙攘攘和利益诱惑之间见证了伟大，于身心俱疲之际仍负重前行。作者笔下的世界，不乏人世的苍凉及悲苦之音，却在其间升腾出永在的希望和精进的力量，成为中国传统文学应世之道的重要参照。《主角》中的语言采用了大量的陕西方言，正如陈彦在接受记者采访时说：他本人是比较热衷于我们的传统语言，现在语言越来越同质化。像陕西方言，说的人会越来越少，他作为作家有责任把这些东西做一些打捞和记录。作家肯定是要带着一定的地域性，思想和视野不能受地域局限，但在语言上强化一些地域没有什么关系，并且会让作品更有生活味，更具有个性色彩。文学表现生活，生活是带有地域性表达的，这样才有人间烟火味。

围绕"举旗帜、育新人、聚民心、兴文化、展形象"的使命任务，陕西作家一直紧跟时代需要，积极创作出《脱贫英雄》《照金往事》《小海的梦想》《西迁人》《空巢》《西安城》《张富清传》等一批展现时代变迁轨迹的优秀作品。2020 年陕西省作协立项资助了袁国燕的《谁持彩线当空舞》、东篱的《在关庄的日子里》、邢小俊的《国家战略——圣地延安脱贫秘诀》、高鸿的《时代答卷》等 8 部脱贫攻坚题材作品，这批作品聚焦脱贫攻坚实践，从不同角度以多彩的笔墨描绘了陕西乡村的巨大发展成就和改善生活的奋斗图景。

"文化品牌"陕西曲艺。值此建党 100 周年之际，陕西围绕为时代而歌，讴歌光荣使命，各艺术单位纷纷拿出自己的看家本领，为党、为人民献上精彩纷呈的文艺创作大戏。西安话剧院新创话剧《路遥》《家

风》《红箭红箭》《西望长安》《樱花再开时》以及肢体剧《朱尔旦》6
部剧目，勇攀文艺创作高峰。2021 年 3 月至 12 月开展话剧《路遥》在
全国巡演。与共青团陕西省委联合发起话剧《共产党宣言》展演，"一
个人没有信仰，就没有追求、没有道德、没有廉耻；一个国家没有信
仰，就没有公平、没有正义、没有尊严……"掷地有声的台词让广大
观众感悟中国共产党初创的艰辛历程。西安话剧院将此剧在陕西诸多高
校举行百场演出献礼建党百年活动，走近莘莘学子，讲好红色故事，做
好价值引领。话剧《鲁艺之光》对中国共产党在延安创办的培养革命
文艺干部和艺术人才的高等学府——延安鲁艺的历史及影响进行挖掘和
整理。抗战时期，为寻求救国救民之路，一群青年从四面八方汇聚到延
安考入鲁艺，他们在艰苦的环境中学习、战斗，从思想到艺术创作上不
断磨砺、成长，用文艺做武器，为抗战胜利、全国解放做出了重要贡
献。该话剧关照现实，弘扬鲁艺精神，讲述陕西故事，以艺术语言、艺
术感悟展现众多文艺工作者在党的领导下，为实现中华民族伟大复兴而
爆发出的创造力。

在"庆祝中国共产党成立 100 周年舞台艺术精品创作工程"中，
陕西重点扶持了两部话剧《柳青》和《长安第二碗》。话剧《柳青》
荣获中国艺术节文华奖；《长安第二碗》由陈彦编剧，以古城西安一家
葫芦头泡馍馆里 7 个儿女 40 年的生活变迁，展示了中国改革开放 40 年
的现实变化。

陕西省戏曲研究院围绕建党 100 周年，重点打造了《我从延安来》
《骄杨》等剧目，用精品力作打造陕西文化形象，展现陕西文化艺术与
时代同向而行。秦腔《我从延安来》是一部以民众剧团为原型的原创
剧目，陕西省戏曲研究院的前身就是 1938 年成立于延安的陕甘宁边区
民众剧团，所以这也是一部陕西省戏曲研究院的后代演绎前辈精彩华章
和追寻自己血脉渊源的剧目。《我从延安来》虽以民众剧团为原型，但
并不局限于民众剧团，而是在典型化的原则下，从更广阔的层面艺术化

地描写中国共产党领导下的革命文艺工作者的战斗风采与信仰追寻，展现他们的精神及奋斗，再现了革命战争年代的红色文化与延安精神。《骄杨》则以杨开慧烈士大气磅礴又悲情壮丽的人生故事为主线，通过发生在烈士身上真实的故事和杨开慧对理想的忠贞，将革命者的精神力量展现出来。

百年秦腔剧社西安三意社，以精品意识、品牌意识、传播意识、责任意识为发展理念，创排大型历史剧《无字碑》《苏武》《诫子书》，弘扬中华优秀传统文化，体现中华民族精神，传承中华文化根脉。

西安易俗社重点创作秦腔红色经典现代戏《党的女儿》，该剧讲述革命战争年代基层优秀共产党员的故事，礼赞革命岁月里优秀共产党员不忘初心、牢记使命、坚守信仰、视死如归的革命奉献精神，让观众回顾党的光辉历程，重温光荣传统，对如何做一名和平建设年代的合格党员具有现实意义。易俗社还携《党的女儿》《劳模刘西有》《织梦人》三部新创秦腔大戏进京演出并进行全国巡演。

西安市豫剧团重点打造"胸怀信念，坚守信仰；我心无畏，一路向北！"的豫剧《向北，向北》。《向北，向北》撷取红军长征途中一个特殊的故事片段，借助"归队者"这一小小群体，将红军形象生动展现，倾情昭示中国共产党领导下的工农红军战士坚定不移的初心与使命，倾情讴歌信念的力量。

陕西省歌舞剧院有限公司创排大型情景史诗音乐剧《伟大的征程》，该剧用前所未有的融合创新，解读党的历史、讲述党的历史、呈现党的历史，礼赞式地回顾中国共产党从1921年至今所走过的光辉历程，是一部思想性和艺术性紧密结合的舞台交响诗篇。

陕西广播电视民族乐团创排的民族管弦乐《永远的山丹丹》入选庆祝中国共产党成立100周年舞台艺术精品创作工程、国家舞台艺术精品创作扶持工程、中国民族歌剧传承发展工程、时代交响——中国交响音乐作品创作扶持计划，这代表了国内近年来舞台艺术创作的最高水准。民族管弦乐《永远的山丹丹》以党中央在陕西十三年为创作背景，以陕北腰鼓、唢呐、信天游、陕北说书等陕北黄土高原上的传统音乐形式，用精湛的技艺把波澜壮阔的红色文化和陕西特有的民俗文化，演绎得淋漓尽致。民族管弦乐《永远的山丹丹》在文化和旅游部政府门户网站、中央媒体、"文艺中国"快手号等视频网络传播平台免费播出。

西安儿艺创排音乐儿童剧《河谣》，该剧是一部以黄河为创作背景的儿童音乐剧，以中国近代人民音乐家冼星海创作《黄河大合唱》这一事件为背景，以打动人心的音乐为桥梁，用儿童的视角还原《黄河大合唱》的创作故事，探讨并展现黄河文化、黄河精神对孩子们的启迪和成长路上的帮助。

厚积薄发"陕西影视"。一部现代剧《装台》、一部历史剧《大秦赋》在央视热播，在全国掀起一股陕西风情热。《大秦赋》与《装台》几乎同步在央视热播，陕籍题材同时登陆央视同一时段并不多见。

作为陕西重大文化精品项目——《大秦赋》，历时 8 年完成史料考据和剧本创作，经过 235 天的艰辛拍摄，于 2020 年 12 月 1 日登陆央视 8 套黄金档热播后，引来了观众一片称赞之声。这部由著名导演延艺执导，张鲁一、段奕宏、李乃文等实力演员主演的 78 集历史题材电视剧，作为大秦系列史诗剧的收官之作，吸引了大批的粉丝。此剧虽然讲述的是帝王征战，但揭示的是帝王霸业背后其实也是奋斗历程，一种在特殊地理环境与历史沉淀下代表民族不屈气质的自我奋斗，恢宏的历史场景，纵贯千年时代交错，展现的是历史进程的纵横以及"赳赳老秦"骨子里不认输的精神。《装台》则是完全的现实主义创作，通过对底层普通老百姓的日常生活的铺叙，展现了小人物的生活态度和人间烟火气，小人物的奋斗虽然写不进大历史，但小人物的"自我奋斗"，则给"普通人"寻找到温暖。

对于陕西而言，《大秦帝国》系列的播出，为外界树立起赳赳老秦人的执着、进取和团结、包容的大胸怀，展现了开拓进取不服输的老陕形象，让人们感受到秦人内心深处的那种倔强、大气的美德。《装台》则通过刁顺子，展现了"老陕"的厚道淳朴，有人戏称"陕西人是可爱的铁憨憨"，陕西人身上体现了现代人最为看重的实在、靠谱。《大秦赋》《装台》的火爆播出，无疑是西安新的旅游宣传片，对于打造地域文化名片、提升城市的文化影响力和美誉度将起到积极作用。

一部精品剧，凝聚的是一个地方的独特涵养，这就是地域精神气质。影视剧对一个地方精气神儿的解构和新形象的塑造，是最直观的途径。

"影视陕军"一直是陕西文化的品牌，至今活跃在影视界的导演、演员"大咖"大都与陕西有着千丝万缕的联系。在新时代，坚持现实主义题材，调动"陕西影视资本""讲好陕西故事"是陕西实施"文化强省"战略之一。"十三五"以来陕西出台了《关于支持文化大发展大繁荣若干财税政策的意见》等系列扶持政策，加大资金扶持和项目支持力度，激活影视创作生产，促进影视产业发展。加快建成影视产业项目，相继建成并开放一批影视产业园区，如西影电影圈子、秦汉新城影视拍摄基地、白鹿原影视城、绥德三十里铺影视拍摄基地等产业园区；促进行业发展，陕西省电影行业协会、陕西影视联盟、影视产业基金等平台机构陆续成立；影视企业提质增效，"影视陕军"的主力——西安电影制片厂，计划"重振西影"，每年要有10—20部的影视剧出品量，未来至少会参与5部由张嘉益主演的戏作；陕西影视资本参与度有大幅提升，曲江影视投资集团参与《那年花开月正圆》《百鸟朝凤》《白鹿原》热播电视剧的制作。陕西已形成了活跃的影视创作生态和完善的影视产业链条，一大批影视力作在大银幕和小屏幕上大放异彩。

陕西影视还积极寻求对外发展，推动与京津冀地区的影视产业合作，在由陕西省人民政府主办，陕西省委宣传部、陕西省电影局、陕西省广播电视局承办的陕西·北京影视产业招商推介会上，通过推介陕西的影视项目、产业环境和未来规划，吸引京津冀地区优质影视资源和影视企业交流合作，助力影视产业高质量发展。电影《生死协议》《马背摇篮》《豆青》《父亲》《粮票》和电视剧《大西迁》《我爱你，嫁给我》《你好，明天》《沸腾人生》《横渠书院》《好好学习》等11部题材多样、类型丰富的影视作品进行了集中推介，再次充分展示了"西部影视"的蓬勃生机和活力。

"人民有信仰，民族有希望，国家有力量。"在陕西这片土地上，传统文化记忆和红色革命文化基因为陕西文学艺术的生长和发展提供了丰沛的养料和肥沃的土壤，充分发挥文学、音乐、影视、戏剧等艺术形式的基础载体作用，结合时代元素，用心用情打造反映中华民族的文明史、中国人民近代以来的斗争史、中国共产党的奋斗史、中华人民共和国发展史和当代中国改革开放史的文艺力作，体现历史高度，彰显时代精神。

厚实的文化底蕴是陕西具备从文化大省迈向文化强省的坚实基础和可能，发展"现代文化"是陕西推进"文化强省"的重要抓手。做靓"文学陕军""陕西曲艺""影视陕军"等品牌，坚持以人民为中心的创作导向，持续推出更多独具秦风秦韵，讴歌党、讴歌时代、讴歌英雄的作品，更好满足人民群众对高品质文化生活的新需求、新期待，讲好陕西故事，塑造陕西地域形象。

链接：

陕西风情的现实主义电视剧《装台》"歪滴很"①

"你为别人装台，别人也为你装台。"这是《装台》剧中的黄金对白之一。电视剧《装台》在 CCTV-1 黄金档播出后

---

① 部分资料来源：《陕视新闻》，2020–12–18。

成现象级的热剧,"酷云实时"显示收视率直接突破2%,峰值一度超过2.3700%。"豆瓣"显示观众评分高达8.4分,已经成为2020年以来获分最高的剧作之一。

《装台》丰富的陕西元素也让古都西安的人文风情成为时下的热门话题,地道陕味儿美食受到网友热评,接地气的剧情、真情实感的演绎使得更多观众关注陕西风土人情和底层普通人的生存状态。陕西文学创作再次受到人们的关注,同时也获得了业界好评。《人民日报》《文汇报》接连刊登"大篇幅"评论文章,不吝文笔点赞《装台》"歪滴很"。

《人民日报》评论文章《切入生活深处作品才有魅力》指出,"从生活逻辑出发,是文艺创作的关键,也是产生好作品的基础。没有生活逻辑支撑,任何高妙的'奇思'、精致的'造影',都难以撑起作品的'四梁八柱'……难能可贵的是,《装台》不仅故事内容贴近生活,而且注重通过对普通劳动者的刻画,积极寻求与时代精神的契合"。《文汇报》评论文章《褪下"美颜"后的〈装台〉,留下怎样的褶皱和滋味》:"当下电视剧的艺术创作普遍存在过度滤镜化的问题,在追求爽感的过程中遮蔽了生活本身的褶皱。《装台》则敢于褪下这生活的美颜,以其强烈的生活气息与观众的生活经验相共鸣。"

《装台》是一部民生剧目,最大限度地展现西安城市的烟火气,但背后更深刻的主轴是"人的自我奋斗",刁大顺的目标"就是把生活过啤豁"。《装台》装出了普通人的精神向度,就是这样一个被生活捏搓的苦命人,都没有让他放弃自己的人生准则——做好人,存好心,行好事。"没有因为自己生命渺小,而放弃对其他生命的温暖、托举与责任。"(陈彦语)

《装台》是一面艺术的镜子,反射了基层劳动者的日常生活以及他们生活的酸甜苦辣、坚守的伦理精神。它包含的那种

"苦涩"的刺痛感就如同一碗"辣子蒜羊血",破开了被过多的甜腻精致影像遮蔽的生活本身该有的五味杂陈,用人间烟火打动了观众的心。它所体现的正是以人民为中心的现实主义美学观结出的艺术之果,也进一步彰显了主流电视剧创新表达所可能具有的巨大空间。

《装台》的成功还在于对地域文化的彰显,随着顺子的三轮车在城中村穿行停歇,陕西的秦腔、美食、方言、城乡风貌乃至于婚丧嫁娶等生活方式就全方位多维度地展现在观众眼前,给故事提供了典型浓烈的地理文化环境,酿就该剧独特的腔调滋味,同时也为社交媒体创造了话题讨论和发酵的空间,形成了剧情与现实生活的密切互动。《装台》也可以说是走出陕西的陕西人对家乡的"故土情结"显现,原著作者陈彦是陕西镇安人,编剧是西影厂的马晓勇,导演李少飞是刘惠宁的爱徒(毕业于陕西艺术学校),主要演员张嘉益、闫妮、李传缨、尤勇智等都是陕西籍的实力演员,演员精彩的表演是剧作成功的关键。地域文化滋养成长起来的陕西籍演员,在演绎这部描写陕西故事的剧中游刃有余从容不迫,充分传达了人物与地理文化环境之间不可分割的关系,在细腻入微的表演中刻画出了人物的性格与内心世界,打破了此前很多主流电视剧中演员与文化环境无法默契配合,而使演技无处安放的窘境。

影视剧《装台》是一部将时代主旋律与地域文化交织结合的成功之作,正如作家陈彦所言,作家肯定是要带着一定的地域性,思想和视野不能受地域局限,作品强化一些地域没有什么关系,甚至会让作品更有生活味,更具有个性色彩。文学表现生活,生活是带有地域性表达的,这样才有人间烟火味。

第六章
塑造与彰显——新格局下陕西地域文化供给

陕西坚持以"中华根脉文化陕西"为主旨,在"一带一路"倡议背景下,注重发挥陕西地域文化资源优势,以突出文化特色建构地域新形象,讲好陕西故事,加强传播穿透力,通过影视作品、城市景观建筑、文化旅游产业等多种形式塑造陕西新形象,彰显陕西的国际知名度和文化影响力。

陕西是一个"有故事的历史老者",历史文化是陕西的名片。许多外省人一提到陕西,第一反应就是厚重的历史文化,同时也会产生"陕西形象"的刻板印象。古老丝绸之路似乎就是"漫漫沙漠和骆驼",陕西就是"黄土高坡、沟壑、大风",陕西人就是粗犷、生冷硬蹭,说话带"吼"的"老秦人",陕西的色彩被刻板为"黄",陕西的气质被定位为"古老守旧"。陕西地域形象与外界认知几乎不能形成信息对称。地域文化的记忆如果没有时代表达的跟进,地域文化也许会成为制约地域形象传播的因素,只有融合时代特征,创造性转化和创新性发展地域文化才能赋予地域文化新的生命力,才能赋予地域形象独特的气质秉性。新时期新格局下的陕西,用时代表达去展现地域文化,塑造"丰厚文化""绿色生态""现代时尚""厚德进取"的陕西新风貌,彰显陕西新形象。

一、 传承"文明互鉴" 丝路精神

丝绸之路开拓了人类最具影响力的文明交往通道。这条由中国古代锦绣丝绸打开的商贸带，也是人类历史上文明交往内涵十分丰富的文化带，对亚、欧、非三大文明形态的相互融合与吸收起到了积极的推动作用。

丝绸之路作为历史悠久、时空跨度广阔、价值影响深远、文化内涵丰富的人类珍贵遗存之一，对人类文明有着持久影响力，深层次因素源于开放包容、文明互鉴。丝路沿线各国相互亲和、文明对话，不同的人类文明在"丝绸之路"上交相辉映、相互激荡，成为连接异质文明的重要纽带。新格局下"一带一路"倡议的提出，再次打开了丝路各国友好交往的新脉动，展开了书写人类发展进步的新篇章。习近平总书记在《携手推进"一带一路"建设》的主旨演讲中，强调坚持以"和平合作、开放包容、互学互鉴、互利共赢"为核心的丝路精神，携手推动"一带一路"建设行稳致远，将"一带一路"建成和平、繁荣、开放、创新、文明之路，迈向更加美好的明天。

"驼铃古道丝绸路，胡马犹闻唐汉风。""文明互鉴"的丝路精神曾经成就了汉唐王朝的繁荣绚烂，尤其是唐朝更是以开放包容的态度，吸纳百川的勇气，融合百家的气度，建构了中国人引以为豪的"大唐气象"，造就了"长安大道横九天""公私仓廪俱丰实"的"盛世长安"国际化大都市的盛名，形成了"万国衣冠拜冕旒""万国来朝贡，五服还朝王"世界诸多国家纷纷与唐朝建立友好关系的空前景象，成就了大唐时期强大的国力与充沛的文化自信。

"一带一路"建设植根于丝绸之路的历史土壤，重点面向亚欧非大陆，同时向所有朋友开放。在"和平合作、开放包容、互学互鉴、互利共赢"的丝路精神指引下，陕西激活丰厚的地域文化资源，在文化、教育、科技、民间交往等各领域与丝路沿线国家开展广泛合作，秉承开放包容的丝绸之路精神，加速对外开放，奏响"共商合作大计，共建合作平台，共享合作成果"主旋律，为增进各国民众福祉提供了新的发展机遇。文化是陕西永久的底色。从绵长厚重的优秀传统文化，到激情昂扬的红色革命文化，再到"陕军突起"的社会主义先进文化，陕西从来不缺别具一格的文化；从《史记》、汉大赋、唐诗到"文学陕军"，陕西也不缺与众不同的故事。用好陕西得天独厚的珍贵地域文化资源，让世界重新欣喜认知一个历史厚重、文化璀璨、开放包容、山清水秀、锐意进取的陕西新形象，需要传承"和平合作、开放包容、互学互鉴、互利共赢"的丝路精神。

"落花踏尽游何处，笑入胡姬酒肆中。"陕西在历史上与"一带一路"沿线国家及地区的交往渊源深厚，关系密切，和平相处。留下了张骞出使西域、班超重启丝路、玄奘西天取经等历史故事，留下了大唐西市、唐墓壁画等丝路文化遗产。很多国外游客来到中国，陕西是必到的一站。西安这个饱含了历史记忆的"文化之都"，吸引着越来越多"一带一路"上的旅行者前来寻访。在和平互利丝路精神的召唤下，在梦回繁华长安的憧憬中，陕西已经成为"一带一路"上的重要国际旅游中心。做好文旅产业的发展，深挖和平互利的历史文化内涵，讲好历史、讲好传统、讲好友谊，在尊重差异、相互理解、相互包容、求同存异的背景下，借用历史符号讲好陕西故事，做好陕西体验，让来陕的游客了解和认同，拉近距离，实现心灵相通，建立友情，开展合作，互惠互利。2016 年 9 月，来自土耳其、俄罗斯、格鲁吉亚、巴勒斯坦等"一带一路"沿线 40 余个国家的商协会代表齐聚西安，他们一致表示将继续着力推动投资贸易，继续在创新、活力、联动、包容的世界经济发展中发挥积极的建设性作用。

"相知无远近，万里尚为邻。"陕西主动加强与"一带一路"建设参与国之间的文化交流与合作，从政策扶持、机制保障、人才培养、平台搭建等多方面入手，统筹整合资源，扩大发展格局。利用陕西文化教育科技大省优势，用好用活独特的陕西地域文化资源，打造陕西对外文化交流品牌，让文化资源动起来、活起来，开展陕西丝绸之路历史文化与"一带一路"建设的课题研究。借助国际文化创意产业博览会、博鳌亚洲论坛战略发展研讨会、中国西部文化产业博览会、丝绸之路国际艺术节、丝绸之路国际电影节、丝绸之路国际旅游博览会、丝绸之路品牌万里行、丝绸之路卫视联盟、"一带一路"陕西经贸文化推介洽谈会、"一带一路"沿线国家博物馆友好联盟和新丝绸之路大学联盟等诸多平台，推动陕西文化企业与外界文化企业的合作交流，进一步加强人文交流和对外宣传，促进陕西特色文化产品的对外输出，展示陕西文化优秀成果，让陕西文化走出去、传开来，进一步扩大陕西文化影响力，促进陕西对外开放新格局，承担起文化传播的时代使命。

"五陵年少金市东，银鞍白马度春风。"依托人文交流的情感纽带，陕西充分发挥自贸区的示范引领作用，与"一带一路"沿线国家产生越来越卓有成效的互动，"互联互通"快速向前迈进。大力发展文化产业带动国际文化贸易，建立完善的国际文化交流合作机制，形成政府主导、企业参与、民间促进的立体格局，进一步激活丝路文化和区域经济。丝绸之路，这条曾经承载了欧亚大陆经贸往来与人文交流使命的开放道路，如今在"一带一路"建设的新历史契机下再一次熠熠闪光，互贸合作和民心相通的基石越来越稳固，各领域和平合作和开放包容的步伐越来越坚定。

陕西深度融入共建"一带一路"，深刻认识陕西在共建"一带一路"中肩负的重要使命，准确把握"一带一路"重要节点战略定位，传承丝路精神，在孕育和承载陕西本土文化的基础上，兼收并蓄世界文明的精华，科学把握机遇挑战，增强信心决心，着力扬优势，抓紧补短板，加快打造开放包容的内陆改革开放高地。正如习近平总书记强调，在经济全球化的时代，开放融通是不可阻挡的历史趋势。"一带一路"是大家携手前进的阳光大道，共建"一带一路"追求的是发展，崇尚的是共赢，传递的是希望。陕西秉承丝路精神，重塑陕西对外开放新形象。

二、 塑造区域历史现代交相辉映

对地域形象的认知一方面来自人们对地域景观的直观体验，另一方面则来自对地域历史传统的文化想象，而这文化想象又通过地域文化体验完成，地域形象主要是由人们以自身的视觉经验与历史文化体验相结合而形成。

在城镇化建设时期，有些学者将国内地域城市建设中的"千城一面"的原因归结为"城市历史的消失"而导致的"城市失忆症"，实际上随着对地域文化的重视和经济社会的发展，大多数地域都十分注重历史文物等文化遗产的保存和保护，地域历史的记忆并非失去，而是忽视了自身的地域文化特色，在城镇化建设过程中，许多地域城市建设在结构、布局、风格上渐渐趋于雷同，甚至有网友调侃称："城市以往的历史文化似乎已经在一座座大楼间消失。"其实地域历史文化的记忆岂能如此轻易消失，只是在社会经济发展过程中，忽视了自身的地域文化特色，未能将地域的历史想象和文化记忆以合适的方式呈现出来，无法形成具有地域文化特色的"特征性镜像"，只是简单化地批量复制、跟风模仿，自然也就缺乏个性和辨识度，这样造成了地域城市建设在结构、布局、建筑等景观的雷同以及功能的趋同，正如网友所调侃的："在中国，不管去哪个城市，都感觉像在同一个城市"。

同质化的建筑布局，肤浅的仿古成风，这些创意的缺乏，实际是对地域城市历史和文化传统的认知不明确，未能揭示出地域传统文化中具有当代价值的文化精神，导致了对地域城市精神的理解错位。2013 年

12 月，习近平总书记在中央城镇化工作会议上指出："城市建设水平，是城市生命力所在。城镇建设，要实事求是确定城市定位，科学规划和务实行动，避免走弯路；要体现尊重自然、顺应自然、天人合一的理念，依托现有山水脉络等独特风光，让城市融入大自然，让居民望得见山、看得见水、记得住乡愁。"2018 年，习近平总书记在广东考察时明确指出："城市规划和建设要高度重视历史文化保护，不急功近利，不大拆大建。要突出地方特色，注重人居环境改善，更多采用微改造这种'绣花'功夫，注重文明传承、文化延续，让城市留下记忆，让人们记住乡愁。"2019 年，习近平总书记视察天津时指出，"要爱惜城市历史文化遗产，在保护中发展，在发展中保护"。习近平总书记的一系列重要论述为辩证地对待地域城市建设和城市历史文脉保护传承提供了根本遵循。

地域文化对地域城市文化景观的塑造，并构建特色鲜明的城市形象起到重要作用。人们能否真正融入地域文化中去，主要取决于是否能够在地域城市的物质空间中产生自身的文化体验。如城市街区的主题和布局风格的确定，可以依据区域历史文化本身展开叙事，使得行走于其间的人们，如同漫步于历史画卷之中。构建和谐的地域城市形象，需要将人们对空间和景观的感知与历史记忆和故事传说相联系。从相关地域文化中汲取灵感，成为城市建设景观设计和规划的创意源泉，文化与生活空间天然合成，宜居和谐，城市形象的美誉度和知名度在人们心中得以实现。

塑造城市地域形象，一定要熟知地域的社会历史文化的核心内涵，提炼出有高辨认度，有文化价值的地域符号，呈现出更具情韵和灵动的地域城市景观，彰显出独特的地域城市形象。

陕西省委、省政府跟随时代发展要求，不断探索陕西新形象构建要素，提炼陕西新形象文化内涵。省第十三次党代会报告指出，要讲好陕西故事，突出讲好守护根脉、传承文明的历史故事，理想如炽、信念如铁的革命故事，革故鼎新、开放共赢的发展故事，全面展示陕西历史与现代交相辉映、传统与时尚完美融合的形象。2017 年，省委召开"陕西新形象构建与传播工作推进"视频会议，强调突出"文化陕西"，系统彰显陕西良好的对外新形象，并颁布了《陕西新形象整体建构与传播行动方案》，指出陕西新形象建设的总体定位为"历史与现代交相辉映、传统与时尚完美融合"，并从维护公共新形象、彰显文化形象、提升城市形象、打造旅游形象、优化投资形象、塑造陕西人形象等六个方面给出了陕西新形象建构重点领域，确定了"文化陕西"为全域推广语，"了解中国从陕西开始"为海外推广语，坚持人文、社会、生态并重，在"软""硬"结合、内外兼修中提升陕西文化竞争力和影响力，以强大的文化软实力彰显陕西新形象。

陕西因地貌特征、历史文化因素，天然的分为三大地域，以平原地貌为主的关中、以黄土高原地貌为主的陕北、以秦巴山区地貌为主的陕南，三大地域分别形成了以各自地域文化为主的中心城市，关中主要是古都西安为中心，陕北主要以圣地延安和塞上榆林为中心，陕南主要以汉中、安康、商洛为中心。

在已有的城市格局基础上，构建"一核多极"城市群和都市圈，"一核"，即以"西安"为国家中心城市高端核心区，重点发展科技服务、现代金融、文化创意、检验检测、电子商务、现代物流、医疗服务、会议会展等产业。"多级"就是构建以关中平原城市群为主体，以大中型城市为引领，建设以骨干交通、经济走廊串联的陇海、包茂、陕南和长城城镇带，以促进西安中心城市与周边城市（镇）同城化发展为主攻方向，加快培育建设现代化西安都市圈。

西线主要是以宝鸡、咸阳、杨凌为中心城市，宝鸡重点发展工业设计、商贸物流、文化旅游、医疗康养、商务会展、职业培训等产业，咸阳重点发展临空经济、乡村旅游、现代物流、电子商务等产业，杨凌重点发展农业观光、会议会展、运动休闲等产业。

东线主要是以渭南为中心城市，重点发展观光旅游、健康养老、休闲度假、航空体验、职教培训等产业。

北线以延安、铜川、榆林为中心城市，延安重点发展红色旅游、数据存储、现代物流、文化创意等产业，铜川重点发展红色旅游、中医康养、文化创意、数字经济等产业，榆林重点发展文化旅游、商贸物流、能源金融等产业。

南线以汉中、安康、商洛为中心城市，重点发展山水旅游、生态康养、特色民宿、文化创意等产业。明确优化以关中平原城市群为主体的城镇空间格局，促进大中小城市和小城镇协调发展，强化以城带乡、城乡互补，推进人口有序转移的发展方向。

以西咸一体化发展为重点，以创新体制机制为突破，以构建网络化、开放型、一体化发展格局为路径，重视城市全面发展，统筹城市布局的经济需要、生活需要、生态需要、安全需要，合理安排生产、生活、生态空间，积极破解"大城市病"。加快县域城镇化步伐，健全城乡融合发展机制，推动城乡要素平等交换，持续深化重点镇建设。

国务院批复的《关中—天水经济区发展规划》的颁布实施，标志着关中—天水经济区的发展上升为国家战略，陕西正式出现"建设大西安、辐射大关中、引领大西北、发展大产业、实现大跨越"的提法。

构建以西安为中心、以宝鸡为副中心，横贯关中平原的先进制造业大走廊和国防科技工业产业带，打造陕西工业发展的"主脊梁"，围绕打造关中高新技术应用产业平台、陕北煤油深加工产业发展平台、陕南生态健康产业平台，加强陕西各类高新区、经济技术开发区、工业集中区标准化建设，明确主导产业，构建多层级产业发展承载平台。优化"一市一策"体系，在推动关中陕北陕南协调发展上，以布局优化为重点，提升关中协同创新发展水平；以能源革命为引领，加速推动陕北转型升级发展；以经济生态化、生态经济化为路径，夯实陕南绿色循环发展基础。营商环境不断优化，优势产业加速聚集，优化"一区六基地"

（一区，即榆林能源革命创新示范区；六基地，即延安综合能源基地、关中能化装备制造服务基地、渭北多能互补示范基地、大西安能源科技创新基地、彬长旬麟清洁低碳能化基地、陕南绿色清洁能源基地）能源发展布局。

创新优化区域协调新布局是西安主动融入国家双循环新发展格局的重要抓手，在打造区域高质量发展动力源上，重点放在提升西安国家中心城市发展能级和建设榆林高质量发展重要增长极上。打造九个战略性新兴产业功能组团（西安高新区组团，重点发展新一代信息技术、新能源汽车、生物医药、人工智能等产业；西安经开区组团，重点发展节能、新能源汽车、轨道交通装备、新材料、能源装备等产业；西安航空基地和富阎组团，重点发展航空制造、新材料等产业；西安航天基地组团，重点发展航天装备制造、卫星及应用等产业；宝鸡高新区组团，重点发展钛及钛合金材料、节能与新能源汽车、石油钻采装备、数控机床等产业；咸阳高新区和西咸新区沣西新城组团，重点发展新型显示器件、智能终端、大数据与云计算等产业；杨凌示范区组团，重点发展智慧农业、生物医药、生物育种等产业；榆林高新区组团，重点发展新能源、新材料、装备制造、无人系统等产业；汉中经开区组团，重点发展高端装备制造、现代材料、生物医药等产业）。

"关天规划"重点提出要把西安建设成为国际化大都市和全国统筹科技资源改革示范基地这两大亮点，西安城市性质发生根本变化，为西安今后的发展明确了方向，提供了空间。西安紧紧抓住这一历史机遇，加快科学发展，建设国际化大都市。

大西安建设，实质上是"大西安城市圈"或"大西安城市群"的建设，关键是增强西安作为关中中心城市凝聚力、辐射力、影响力和带动力带动周边城市一起成长。实施这个规划，形成西安在全省的"半天生活圈"、覆盖大半个中国的"高铁一日生活圈"，这会对全省各个地市中心城市产生"增长极"效应。西安在全省的"半天生活圈"的现实意义在于"同城化"或产生"同城效应"。所谓同城效应是指对在相邻地区或更大范围内发生重要的作用和联动效应。同城效应意思与"同城化"相近，是城市现代化发展的新趋势，也是经济全球化发展局势下城市间互相交流合作发展的必然产物。高铁、动车和高速道路、城际铁路无缝对接，可以使异地同城化，不但能使西安凝聚力和辐射力增强，还能促使异城、异地生活方便、产业转型，并以不同功能融入西安，共享西安相对现代化的各项设施和经济资源。

以各地独具特色的文化旅游资源为依托，突出特色文化旅游资源的深层开发，通过地域特色文旅资源打造各具风情的地域城市形象。如宝鸡的岐山西周文化景区、乾县的乾陵唐文化景区、扶风的法门寺佛文化景区、榆林的统万城文化景区、延安的黄河壶口文化景区、韩城的司马迁文化景区、汉中的两汉三国文化景区、商洛的商於古道文化景区、铜川的药王中药文化产业基地、安康的瀛湖旅游产业基地等。

地域形象的塑造必须有特色，文化是特色的主基调。通过凝练历史与时代相呼应的特色文化，人文与自然相映衬的特色格局，环境与人口和谐共生的特色空间，才能彰显独具特色、富有魅力的地域风貌。陕西有着丰富的地貌特征，关中、陕北、陕南气候不同、地貌迥异，在构建新时代地域形象中，应把握地域地形地貌特色，结合地域风格、山水自然，历史文化等特征，塑造地域风格明显、景观宜人的特色城乡风貌，不断完善城镇体系规划及城市群核心区规划等各类地域城乡建设规划，形成各具特色、历史现代交相辉映的地域风貌。

三、　彰显古都生态人文和谐风采

西安，是声名远播海内外的历史文化古都，也是当今陕西的省会城市。西安是陕西的窗口，代表着陕西形象，建设美丽时尚大西安是塑造陕西新形象的重点。西安市加强文化建设顶层设计，把文化特色作为西安发展的第一优势，进一步明确打造丝路文化高地和中华根脉城市的战略目标。

在历史上西安就是名副其实的"大西安"。始皇帝嬴政统一全国后，在丰镐之间建立"帝王之都"，"表南山之巅以为阙，渭河贯都，以象天汉；横桥南度，以法牵牛"。运用"象天法地、天人合一"的理念勾画出中国第一个帝都山水形制的宏大格局。如今作为西北战略高地，西安已成为我国国际运输走廊和国际航空枢纽重要城市，成为全国十二个最高等级的国际性综合交通枢纽之一和全国八大铁路枢纽之一，西安将在"一带一路"建设中发挥重大作用。为了充分展现陕西核心枢纽城市的新形象，西安近几年通过生态绿化、城市景观提升、文物保护优先、加强公共文化产品和服务供给等措施，深入挖掘历史文化中蕴含的精神价值和时代价值，全方位持续推动文旅融合发展，文化建设迈上新台阶，城市文化影响力和软实力显著增强，彰显了历史与现代交相辉映、传统与时尚完美融合的陕西新形象，持续向世界讲述西安故事，传递东方魅力。

（一）以"绿色发展·生态西安"彰显西安自然美

心旷神怡的自然山水是一个城市生动和灵气所在，古长安曾拥有绿水青山的秀丽，美丽的自然环境恩泽着这片陕西关中大地，"南眺秦岭，终南巍然；北望渭河，碧波连川""左崤函，右陇蜀"雄关环绕得天独厚的地势，让关中地区自古被视为"此所谓金城千里，天府之国也"（《史记》）。自然山水的馈赠造就了长安千年古都的盛名。然而随着自然生态的退化，地域的边缘化，古长安的繁华和兴盛被逐渐消耗，西安一度以西北荒凉"黄土漫漫"的城市形象示人。"绿水青山才是金山银山"，如今西安重新建设自然生态系统，让"绿色发展·生态西安"成为西安最美景致。

"八水绕长安"是西安城市独特水系风貌。东有灞河、浐河，西有沣河、涝河，南有滈河、潏河，北有渭河以及发源于黄土高原的泾河，统称为"八水绕长安"。"荡荡乎八川分流，相背而异态。"（司马相如语）"渭河、泾河、灞河、浐河、潏河、滈河、沣河、涝河"八条河流以发达的水系为关中平原带来了丰厚的冲积土壤，原始农业开始在这里生根发芽，"水育万物，逐水而居"，人类文明因水而起因水而荣。西安近年来围绕"八水"重点进行"八水润长安"的"长安绿道"生态建设并取得卓有成效的效果。

以秦岭为主脉"三河一山"绿道生态建设，宛如一条美丽的绿丝带环绕在西安外围；以古城墙为主线、护城河环绕的环城公园建设，像一条绿项链围绕着西安内城；点缀在西安城市大街小巷的口袋公园、绿地广场，犹如绿明珠一般让西安满眼绿色，充满勃勃生机。"绿满长安"成为西安城市的主色调。

"三河一山"绿道是由渭河、灞河、沣河及秦岭环山带共同组成的绿道网络，目前对外开放绿道有290多公里，沿途串联103个生态节点和42个人文历史遗址，规划建设109个休憩驿站，成为西安旅游的又一"打卡地"。

沣河绿道在沿线的景观塑造中融入沣河文化的历史印记，将沣河打造成为独具西安风味、历史韵味、时代品位的关中灵动水文化风景和市民休闲绿道。国际社区沣河西岸公园突出运动、健康、生态主题，引入国际"黑天空"概念，设置智能运动设施，打造"草甸上的运动公园"；东岸公园以亲水、亲绿、科普为设计理念，通过"堤顶绿道+滨水绿道"为市民提供亲近自然的休闲空间，建设游客驿站、观鸟塔、茶亭等配套设施，打造"家门口的湿地公园"。

灞渭河绿道，主要打造"绿廊环绕、绿轴贯穿、绿道成网、绿心点缀、绿荫覆盖"的"公园陆港"，确保达到"世界眼光、国际标准、国内一流"的绿化要求，为西安十四运会营造良好的外部环境。围绕奥体片区"五横四纵一轴一水廊"景观体系，突出滨水绿廊、奥体中央公园、道路绿化三大板块，着力形成特色鲜明、功能完善的城市绿化美化格局。

西安实施"全域治水、碧水兴城"行动，以河河相连、河湖相通、碧水长流、鱼翔浅底为总体目标，统筹水生态、水环境、水安全，通过全域治理，将形成"堤固、岸绿、水清、洪畅、景美、管理长效"的水系治理新格局，坚持河园共治理念，布局以水为脉、沿水植绿、水滞为湖、环湖造景的绿色棋局。

西安保留着完整古城墙及护城河体系，这是西安最值得骄傲和自豪的历史文物遗迹。西安城墙和护城河是中国现存规模最大、保存最完整的古代城垣建筑，历经1400多年，名扬中外，已成为西安的形象和地标。护城河始凿于唐末，为了安防而建，千余年来，多次疏浚、拓深拓宽、开通水源。但由于湖水凝滞变浑变浊，西安护城河成了城市治理的老大难。1983年、1998年、2004年，护城河经历了三次大规模治理，直到《西安城墙保护总体规划》提出，要将护城河景区打造成高品质的城市公共开放空间和标志性景观，并纳入西安"全域治水·碧水兴城"行动中，西安护城河及环城公园综合改造终于提到议事日程。采用改建截污箱涵进行河道防护，最大程度做到雨污水与景观水分离，从根本上解决护城河河水凝滞集淤浑浊发臭的问题。从2005年至2020年，经过对城墙护城河分段治理改造，全长14.6公里、景观水域面积36多万平方米、环城公园绿地面积100多万平方米，集河、林、路等于一体的西安护城河景区，全线贯通并对人们免费开放。建成后的护城河景区绿树荫荫，花坛、草坪遍布古老的城墙之下，实现了立体绿化。护城河内波光粼粼，间或鱼跃水面，华灯初上时五彩灯带将护城河点缀得美轮美奂，宛如江南水乡河畔。护城河景区已经成为西安市民闲暇饭后的好去处，人们漫步于古朴城墙与绿波荡漾护城河之间的林荫道上，感受着西安古朴与现代相融合的美好生活。

梁思成先生主张古城墙建成"城墙+护城河+公园"模式这一夙愿，

在西安城墙护城河景区得以实现。"一波碧水绕长安，鱼翔浅底映绿岸"的湖光美景成为现实。护城河景区还将以建设"国际一流、文化旅游、生态环境、保护更新、休闲空间"景区为使命，继续美化、绿化护城河景区，形成"一段一特色、一步一风景"的环城绿色生态走廊，让城墙、角楼、护城河融为一体、交相辉映，美景长存，让来西安旅游的海内外游客惊叹于西安的干净、绿色和美丽。

在西安中心城区，采取"修、补、换、增"方式，通过规划建绿、改造添绿、点上插绿，合理搭配苗木种类，不断提升城市绿化品质。

城北重点打造未央路、凤城五路、凤城八路等示范道路和张家堡广场、城市运动公园等重要绿化节点，形成"三季有花、四季有景、层次丰富、季相分明"的景观空间。同时，对区域内铁路沿线、高速沿线等大量"留白增绿"，留足留大绿化空间，打开城市天际线，铁路、绕城沿线新增防护绿地60多万平方米。各主干道十字路口四个角、城北热力中心等边角地，都用来建设口袋公园和街头广场，与宽阔纵深的背景林连为一体，塑造"城在林中、林在城中"的绿色生态花园城区。

城西南高新区按照"全域植绿、见缝插绿、拆违复绿、立体增绿"总体思路积极推进，完成2个公园、12个绿地小广场、43条道路、22公里绿道、79条四好农村路、7个美丽乡村等项目的绿化建设和改造提升工作，新增城市绿地100多万平方米，提升改造绿地110多万平方米。

城南长安区累计新增绿化面积近700万平方米，加快公园城市、花园乡村建设，建成长安中央公园、樊川公园等7个城市公园，推园、敲园等25个口袋公园，秦岭和谐公园等3个乡村公园，王曲公园等40多个郊野公园，200多个花园乡村，实现道路"五化"即亮化、文化、标准化、绿道化、智慧化建设。值得一提的是长安中央公园，清水绿岸、栈道临水、层林叠翠，通过河湖水系连通，融合了水生态景观、历史文化展现、群众健身等功能，成为西安市长安区中心地带南北生态绿轴。

城东南曲江新区新建绿道近 30 多公里，新建城市公园 4 个，绿地广场及口袋公园 4 个，加大楼房屋顶绿化和垂直绿化。城东灞桥区新增、改造口袋公园和绿地多处，实现"300 米见绿、500 米见园"的建设目标。

西安以打造优美、生态、宜居的城市绿地为目标，实施绿道建设和公园建设，通过绿道将点、线、环、面等城市生态斑块串联成一个完整的生态景观体系，一幅"水在城中、城在绿中、人在景中"的城市画卷正在徐徐铺开。黄土漫漫干涩贫瘠的陕西地域环境形象，将被"花园之城、生态西安"生机勃勃的绿色自然之美所彰显的陕西新形象焕彩改写。

（二）以"传统元素与时尚设计融合"城市建筑彰显西安气质美

建筑大师李道增说："城市和建筑是可以看得见、摸得着的具有物质形态的文化。一个民族的地域文化总是代代相传、不断延续，在传承基础上有所创新、发展，在创新发展中，仍然保持自己的文化基因。民族无论进化程度如何，总是或多或少地保持自己的固有特色和文化遗产，它的文化特色，既可通过保留下来的古城、古建筑表现出来，也可通过反映时代感的新城市、新建筑所蕴含的传统文化基因显现出来。人们习惯于将一座建筑的形象，象征一个国家的地域文化。"建筑对于一座城市绝不仅仅是房屋，它是一座城市的历史文化史书，城市建筑承载的是人们生活和工作的功能空间，同时影响着人们的思维和情感。从城市规划角度而言，如何利用旧建筑、旧城，既能保持古城特有的建筑风貌延续文化记忆，又能实现城市生活的新需要，这是对于像西安这样的古城更是急需解决的命题。

意大利著名作家伊塔洛·卡尔维诺的小说《看不见的城市》说："构成一个城市，是她的空间量度以及与历史时间之间的联系。城市就像一块海绵，吸汲着这些不断涌流的记忆的潮水，并且随之膨胀着。"

所以规划一座城市不能离开了解这座城市的历史文化。了解西安的历史，就要了解西安这座古城在中国文化生成演进的重要地位，也要了解西安人普遍存在的难以释怀的浓郁历史情结，一是对这座古城曾经的历史文化辉煌十分自豪；二是为这座古城后来的凋零冷落十分惆怅。落差之间总有一种强烈的奋发图变的情怀。

在中国历史上西安就如璀璨的明珠，光彩照人，西安这片沃土开创、壮大直至辉煌着中国的历史文化，西安代表着西周、秦、西汉、隋、唐这几个中国封建社会处于上升进取时期的历史，前后历经1200年，无疑是中国历史都城中的翘楚，代表着中国文化的主流，至今还保留着全部文化记忆。秦始皇陵兵马俑被外国人称为"世界第八奇迹"，但它却是西安历史文化奇迹中的冰山一角，因为它只是秦始皇陵的一个陪葬坑。唐朝是中国历史上最辉煌的时期，都城长安规模宏大，七倍于现存的西安城墙圈内的面积，成为世界上第一个人口超过百万的特大城市，巍峨壮丽的建筑、雄浑齐整的布局、博采兼容的气度，加上唐王朝无比强盛的国力，孕育出丰富精湛典雅的文化，涌现出无数飘逸俊秀的人物，名副其实地成为万国仰慕的国际大都会。盛唐文化的出现标志着以中华智慧为代表的东方文明在当时世界文明中的领先地位，这当然是西安文化史上最绚烂的一页。唐代文化从根本上定型了西安，今日西安地面、地下唐代文物遗存最丰，唐文化影响也最大，在一定意义上，称西安为"唐城"亦不为过。在国外城市中，华人聚集的地方被称为"CHINATOWN"，但华人还是喜欢译为"唐人街"，因为中国历史上的唐朝至今为国人引以为傲。唐文化是一种高容量、高能量的文化，唐朝继承了魏晋以来南北两方的优秀文化，又得天独厚继承了周、秦、汉文化的恢宏气度，唐朝对世界其他国家、其他民族的文化，从宗教信仰到饮食、衣着，从文学艺术到工具、器用，都尽可能地兼收并蓄，唐朝的都城长安，无论从政治、经济、文化诸方面，都有一种"尽入囊中"的自信和自豪。

　　后经战乱等诸多原因，长安城逐渐变成废墟，从此不复为国都，凋敝沉寂达千年之久。20 世纪 20 年代，鲁迅先生来西安讲学，关中大地荒凉破败的景象令他失望至极、满腹辛酸，为西安秦腔剧院易俗社题词"古调独弹"，遗憾难言。"八百里秦川尘土飞扬，三千万懒汉怒吼秦腔"令陕西人极为难堪，西安似乎成了荒凉贫瘠的西北城市形象的代表。然而，一个城市的历史记忆不会轻易被抹去，"重振汉唐雄风"一直是西安人的梦想，尽管曾经代表中国主流文化的关中文化已经逐步收缩蜕变为一种地域文化，但借助历史文化名城强大的生命力，重振西安以及陕西新形象成了陕西人的执着追求。

　　城市新形象的表达最直接的体现就是城市建筑，一个城市的历史记忆不可能自动"跳"出来，它必须借助一些遗址或符号才能显现，物质化的记忆就是城市与建筑文化的根基。20 世纪 80 年代由张锦秋院士主创的青龙寺空海纪念碑院、大雁塔景区"三唐工程"和陕西历史博物馆横空出世，让人们眼前一亮、耳目一新。斗拱法式和墨色筒瓦屋顶，传达着盛唐遗风，然又浸染着时代气息，张锦秋院士的"新唐风建筑"为西安古城找到了历史与时代的契合点，实现了"保护古都风貌要保护古建筑，突出古建筑"的城市规划要求，同时也实现了西安古都风貌与新建筑的和谐。

　　陕西历史博物馆曾被列为国家"七五"计划中的重点工程，张锦秋院士不负众望，带领她的创作团队出色地完成了这座象征"陕西悠久历史和灿烂文化"的宏伟建筑，成为古都西安的新地标，具有浓郁的民族传统、地方特色和鲜明的时代精神，这是改革开放以后我国兴建的第一座现代化大型国家级博物馆。陕西历史博物馆自建成后，接待了国内外无数游客和国际要人，成为重要的爱国主义教育基地和华夏文明展示基地，被评为"中国 20 世纪建筑遗产"。

　　"三唐工程"的唐华宾馆、唐歌舞餐厅和唐代艺术博物馆这一组建筑匠心独运，巧夺天工，表达了中国经典的空间关系理念，展现了意境丰富，韵味饱满的园林庭院布局，与大雁塔周边历史文化环境浑然一体并添上时代气息。

在大明宫国家遗址公园内，张锦秋院士用现代材料复建了丹凤门，丹凤门的雍容华贵，充分展现了中国古典绘画"墨分五彩，素色为上"的观念，大唐的记忆与神气因为这样的建筑被表达得如此到位如此贴切。张锦秋院士说："唐代是我们中国历史上经济繁荣的时代，对外是开放的，在全世界有崇高的影响。国外对中国、对唐人有很羡慕的眼光，唐文化是盛世文化，昂扬向上，不仅是建筑，也包括唐诗、唐代的绘画、唐代的雕塑，都有这样一种共同的特色。我们祖先也要盖房，虽然是隔了一千年，但是我觉得民族的精髓是相同的，盛唐的文化和民族的振兴非常贴切。"

"新唐风建筑"像一根神奇的魔杖，激活复苏了西安沉寂千年的历史记忆。城南有象征陕西悠久历史和灿烂文化的宏伟建筑陕西历史博物馆，它已成为古都西安的地标性建筑；城北因唐大明宫遗址公园的建设而变得生动，丹凤门遗址博物馆成为最醒目的标志建筑；城西南有彰显"古丝绸之路"商旅文化的大唐西市，与荐福寺内著名唐塔小雁塔和"天圆地方"取意造型的西安博物院交相呼应；城东有以"天人长安，创意自然，城市与自然和谐共生"为主题的世界园艺博览会，园子的最高处矗立长安塔，长安塔的造型承古开新，雄浑大气，简朴高雅，升华了西安作为"华夏故都、山水新城"的理念，是东北城郊最大的亮点。古都西安新的建筑景观开始复苏，喷发出积极、开放、自信、时尚的气度，"新唐风"系列建筑，是真正继承和代表了中国隋唐建筑的宏大气象和优秀传统，其创新点在于准确地把握时代精神与历史、环境和谐统一，追求"神似"与完美，具有"和谐建筑"的艺术风格。

从大雁塔、城墙、城楼、钟楼到大明宫含元殿，这条美丽的天际线正好是西安古老的城市记忆，从大明宫丹凤门遗址博物馆、曲江大唐芙蓉园、大唐西市到世园会长安塔、临潼华清宫广场，古代遗迹与现代精神完美结合，成为呼唤城市历史记忆的新符号，这都为西安新发展增光添彩，带来新的辉煌与荣耀。西安的"新唐风"系列建筑，让人们直接感受到"九天阊阖开宫殿，万国衣冠拜冕旒"的恢宏大气，仿佛"梦回大唐"。这些建筑只能出现在西安，也只有西安才能赋予这些作品以伟大的意义，因为只有西安才是名副其实的"唐城"。当人们徜徉在风光旖旎的曲江池畔和巍峨肃穆的大雁塔，脚踏承载千年盛名的"大唐"地界，目光所及又见雄宏大气的"新唐风"建筑群，无不陶醉在现代时尚与古代遗存和谐共生所带来的愉悦中。

近年来西安新形象频频在央视春晚和各项庆祝活动中出现。2016年央视春晚，西安和泉州成为两大分会场，同年央视中秋晚会，西安成为唯一主会场，地点就在大唐芙蓉园，绚烂华美的烟花以极为夺目的震撼代替了传统的莹莹烛火，大气磅礴的"新唐风"建筑以现代材质克服了传统木质结构的限制，凸显时尚质感。在盈盈曲江水的湖边，用现代时尚演绎的"大唐气象"，让人们似乎穿越千年，沉浸在仙乐与美景完美结合的艺术享受之中。

西安"新唐风建筑"让古老的城市终于重新勇敢地迈出来，再一次将全世界人们的目光吸引到这座古城名城，人们欣喜地感受到它所散发的历史与时尚相融合的美，一种卓尔不群的美。如果说时尚是现代许多城市可以实现的，然而历史却是独一无二的、是不可复制的，就如"天生丽质"，西安是多么幸运的城市，只要挖掘与优秀传统文化的结合点，就会绽放出独特风韵。西安也就是这么幸运，因为有了张锦秋大师，"新唐风"的建筑成为西安新形象的闪亮名片。美国著名学者刘易斯·芒福德说过："建筑是永恒的文化舞台。"对文化最好的传承，就是让传统成为流行和时尚，遵循传统营造本身的文化记忆，西安这座历史古城名城，承载"重振汉唐雄风、再建国际都市"的希望和梦想，在此重新起航，塑造新时代的光荣和辉煌。

（三）以"城市文化会客厅"文明历程彰显西安内涵美

文化是西安最独特的战略资源，蕴含着支撑城市未来发展的巨大潜力。近年来，国家战略不断聚焦西安，在承接西部大开发、关中—天水经济区发展规划、省市共建大西安的政策叠加效应的基础上，西安迎来了国家"一带一路"倡议的实施和系统推进全面创新改革试验两大历史机遇，正在迈入建设国家中心城市、国际化大都市的新时代。

在西安，文化早已融入城市血脉，助力这座拥有数千年华夏文明的历史文化名城。西安加强世界文化遗产管理，现有157家博物馆收藏文物超过202万件，从100多万年前旧石器时代蓝田猿人遗址，到夏商周秦汉隋唐，再到近现代革命遗址，有"天然历史博物馆"的美誉。建立文物安全长效机制，持续完善世界文化遗产监测预警平台建设，积极推进西安世界文化遗产数字化档案库建设，力争形成较为完备的世界文化遗产保护、管理、监测体系。实施革命文物保护整合工程，推进西安八路军办事处旧址群、西安事变旧址群、葛牌镇区苏维埃政府纪念馆、红二十五军军部旧址、中共中央西北局旧址等重要革命文物抢救性与预防性保护，确保革命文物的历史真实性、风貌完整性和文化延续性，不断加大革命文物保护力度，加强革命文物的资源整合和整体保护。西安正在改造提升多个历史文化片区，正确处理好城市建设发展与历史文化遗产保护的关系，推进易俗文化旅游片区、小雁塔历史文化片区、碑林历史文化街区等的提升改造。

数千年来，岁月记忆镌刻在西安城的一条条长街之上，一处处繁华之间。西安，不仅有故事与记忆，更因"千年古都·常来长安"等文旅品牌IP的叫响，深度融合文旅、商业、美食、消费等主题，以文化赋能消费，秀出精彩西安，秀出大美陕西，秀出活力中国。

在"西安年·最中国"活动期间，西安旅游接待人数和旅游收入均创历史新高。《人民日报》、新华社、中央电视台、东方卫视等中央及地方媒体报道"西安年·最中国"活动 120 余次，累计阅读和点击量超过 1.8 亿次；Facebook 等国际知名社交网站发布"西安年·最中国"活动盛况，更是引发了海内外多个国家和地区网友的热议。西安还被网友票选为"2018 年春节最火爆旅游目的地""全国最美夜景城市"和"春节假日旅游大餐最丰盛、最有年味的城市"。据携程网、去哪儿网、驴妈妈网联合发布的《中国旅行口碑榜》和《狗年春节出游盘点报告》，西安首次超过成都、杭州，成为名列全国十佳旅游目的地的第三名，位居十大国内长线旅游目的地城市第四名。

春节期间《遇见·小武士》和《嗨皮·陕博》这两部光影秀光影短视频，分别在西安城墙东南城角和西南城角上映，吸引不少市民和游客纷纷前来打卡。根据西安曲江城墙旅游发展有限公司官方微信公众号"遇见城墙"介绍，《遇见·小武士》向大众展示了城墙小武士与唐朝小侍女的爱情故事。该视频时长约 5 分钟，视频中用 3D 投影的方式，演绎了小武士和小侍女从天而降，从城外到城内相遇，坐着飞艇从历史遗迹中穿越阻碍，一步步克服苦难最终在一起的故事。视频主角西安城墙小武士是西安城墙的武士文化主题 IP，是以城墙金甲武士为原型设计而成，独具城墙文化特色。此外，另一场光影秀《嗨皮·陕博》在西安城墙西南城角同步绚丽上演，《嗨皮·陕博》以汉唐文化造型为主，让唐三彩、仕女图、镶金兽首玛瑙杯、开元通宝等极具陕西特色的文化符号动起来，配以说唱及戏曲唱腔，向观众展示了包含"长安十二时辰"等内容丰富，形式活泼的陕西文化元素，并在视频结尾向全国人民发出了"开放包容的大西安欢迎您"的邀请。西安城墙景区还开展唐文化系列活动，唐味、唐礼、唐趣、唐韵、唐乐、唐饰六大主题融汇古今，吃、喝、玩、乐、购一站式体验让市民游客乐不思返，沉浸式体验大唐气象。

大力实施"文化+"战略，西安采取了一系列切实有效的举措，推动文化产业发展，城市文化创意活跃度不断增强。

在顶层设计方面，西安市提出了大力实施文化产业倍增计划、打造万亿级文化旅游大产业和积极建设丝路文化高地的战略目标。为此，先后出台了《关于补短板加快西安文化产业发展的若干政策》《大西安历史文化旅游发展规划纲要》《西安市文化产业倍增计划》和《西安市建设"丝路文化高地"行动计划（2018—2021）》等10余项政策措施，进一步明确了文化产业发展的指导思想、目标任务、重点项目、保障措施。在金融支持方面，西安持续优化营商环境，大力实施项目带动战略，加大金融对文化企业的扶持力度，促进文化产业转型升级。西安市设立了西安银行曲江文创支行等一批文创银行，加强与各大银行的深度合作，着力解决文化企业融资难问题。在园区建设方面，大力挖掘、培育辖区文化产业孵化器和众创空间，截至目前，全市建成国家级文化产业示范园区2个、示范基地10个，省级文化产业示范园区5个、示范基地55个。同时还建成一批国家级文化产业园区、基地，培育骨干文化企业，形成了一批新的增长点、增长极和增长带，打造了一批中华文化旅游新地标，文化产业呈现出稳步增长的良好态势。

西安进一步推动公共文化服务标准化、均等化，倾力打造"书香之城""音乐之城""博物馆之城"，人们文化获得感进一步提升。如第七届丝绸之路国际电影节在西安盛大开幕，电影节以"丝路连接世界电影和文明"为主题，携手一带一路沿线37个国家和地区的100多部优秀影片，100多位业界精英，60多位电影明星和21个剧组，精心打造了一场星光熠熠、精彩纷呈的丝路电影盛宴，共同绘就了一幅丝路电影交流合作的工笔画，生动诠释了丝路精神，集中展示了连亘万里、连续千年的丝路文化魅力。

（四）以"自贸区科技创新"彰显西安现代美

习近平总书记指出，以科技创新催生新发展动能，实现高质量发展，必须实现依靠创新驱动的内涵型增长。陕西不仅仅是文物、文化大省，也是科教大省，拥有丰富的院校科研资源的陕西，以人才和机制两个关键点为抓手，深化产业链、创新链"两链"融合发展，加快科技平台建设，建立"陕派"现代产业体系，塑造现代经济新形象。

2020 年 4 月习近平总书记在陕西考察时强调，要坚定信心、保持定力，加快转变经济发展方式，把实体经济特别是制造业做实做强做优，围绕产业链部署创新链、围绕创新链布局产业链，推动经济高质量发展迈出更大步伐。陕西拥有 100 多所高等院校、1300 多家科研机构、26 个国家重点实验室，创新能力强。陕西创新驱动发展总平台——秦创原创新驱动平台在西安启动，在平台中，企业和科研院所将能够共享科研设施、知识产权，共建产业集群，进一步挖掘释放创新潜能。"让创新成为驱动高质量发展的强大引擎。"

陕西自贸试验区建设，过去几年成果丰硕、活力迸发。"全面改革开放试验田、内陆型改革开放新高地、'一带一路'经济合作和人文交流重要支点"的战略定位逐步显现，成为陕西深化改革、扩大开放的强力引擎。

打造优势产业是自贸试验区发展的基础，也是推进制度创新的前提。陕西自贸试验区聚焦新产业、培育新业态、打造新模式，实现了临空经济、文化旅游、健康医疗等产业发展的新跨越，实现了跨境电商迈入出口业务的全模式，实现了简化申报秒通关的新程序。陕西自贸试验区不断做大做强电子信息产业、先进制造业、会展产业、现代农业、临空临港产业、跨境电商等，各功能区形成特色鲜明的产业集群。通过打造制度创新的高地，形成产业聚集的洼地，重在优势互补，差异化中高质量协同。健全区域协调发展体制机制，统筹好项目安排和要素集聚，增强区域发展的协调性、联动性、整体性，形成优势互补高质量发展的区域经济布局。在抓住用好国家区域发展战略上，积极融入共建"一带一路"、新时代推进西部大开发形成新格局、黄河流域生态保护和高质量发展等重大战略，深化与各省市战略合作，拓展区域发展合作空间。

制度创新是陕西自贸试验区的生命力和价值所在。自贸试验区以"放管服"改革为抓手，从简政放权、创新监管、优化服务上率先突破，《中国（陕西）自由贸易试验区总体方案》中165项试点任务实施顺利，形成创新案例463个，其中21项改革创新成果在全国复制推广，53项在全省复制推广。陕西自贸试验区着力推动营商环境市场化、法治化、国际化水平大幅提升，形成有利于拓展对外合作、承接外部产业转移的良好环境，构建起内陆地区畅通国际贸易物流大通道。作为向西开放的前沿，陕西自贸试验区在构建东西双向互济、陆空内外联动的开放态势，促进陕西深度融入共建"一带一路"大格局中意义重大。

陕西自贸试验区瞄准开放不足短板，以提升投资贸易自由化便利化水平为重点，加速形成内陆对外开放新格局，加快建设中欧班列西安集结中心，利用陕西、西安区位交通优势以及"西安港"开放平台，深度融入共建"一带一路"大格局。中欧班列"长安号"作为服务全国向西开放的抓手和平台，先后开通了面向中亚、南亚、西亚及欧洲的中欧班列长安号15条干线通道，辐射范围由"线"扩大到"面"，覆盖欧亚大陆全境，成了联通丝路沿线国家的"丝路使者"。为构建国内国际双循环物流通道，西安已开行了襄西欧、徐西欧、蚌西欧等13条集结班列线路，实现了西安港与长三角、珠三角、京津冀等主要货源地的互联互通，不仅为各地打开了走向世界的贸易新通道，也为推进区域协调发展、优化陕西开放布局、共享门户枢纽红利增添了新动力。由单一的运输服务模式向物流和贸易并重转型，是西安丰富、优化外贸结构的新变化。此外，西安咸阳国际机场开通全货运航线35条，其中包括西安至首尔、洛杉矶、东京等16条国际航线，形成了面向丝路、辐射全球的航空网络格局。依托空港新城通达全球的航线网络优势，重点发展跨境电商国际寄递物流，可满足国际快递、跨境电商等数十家企业同时开展业务，未来可增加机场跨境寄递通关吞吐量至3.6万吨，更好满足西安咸阳国际机场跨境寄递物流需求。

自贸试验区对标国际高标准经贸规则，大力营造市场化、法治化、国际化营商环境，吸引更多数据、资本、人才、技术等生产要素，聚集各类市场主体，努力打造商品和要素加速汇聚和高效流通的开放高地，以更高水平开放融入新发展格局。以西安全面创新改革试验区为牵引，以创新资源开放共享为突破，推动企业创新、人才创业、政府创优，促进科技与经济紧密结合、创新成果与产业发展密切对接，实现创新链、产业链、资金链、政策链有机融合。以实体经济为根本、以数字经济为引领、以转型升级为重点，加快构建现代产业集群，增强产业基础，优化产业布局，完善产业发展生态，不断提升产业创新力和竞争力。打造特色优势产业集聚地，投资建设陕西跨境电商国际快件产业园，产业园一期建设有海关集中查验中心、陕西国际快件公共监管中心、跨境电商直购通关中心等，产业园的运营标志着陕西首个跨境电商全产业链生态圈落成，对陕西深度融入全球贸易，提升对外开放的质量和水平具有重要意义，同时也向世界展现一个现代的崭新的古都西安。

从古至今，西安都是一座开放有特色的城市，以文化为名，西安将以包容、开放、时尚的新面貌，充分展示国际化大都市的日新月异，更展现蕴藏在这座城市中的无限潜力。当下的西安焕发勃勃生机，古代文明与现代文明交相辉映，老城区与新城区各展风采，人文资源与自然资源相互依托，山川秀美，古风浓郁，远景恢宏。西安以更加开放的姿态，以更加豪迈的步伐，充分彰显千年古都在新时代的独特城市魅力，演绎着"最西安"的城市活力。

四、拓展陕西文化供给传播渠道

周秦汉唐造就了陕西千年的历史文化，圣地延安的激情岁月和追赶超越的新时代旋律，又为陕西注入活力，实现与时代的同频共振。陕西坚持以"中华根脉文化陕西"为统领，以"一带一路"建设为契机，围绕实现"五通"目标，充分发挥陕西区位和地域文化资源优势，以实施大项目为支撑，以构筑大平台强功能，以建设大通道扩开放，以推进数字化提效能，以讲好陕西故事加强传播穿透力，以突出文化特色建构城市新形象，赋予陕西更多的时代"新形象"，提升了陕西的国际知名度和文化影响力。

（一）以传承地域文化为抓手，打造陕西文化精品，讲好陕西故事

地域文化是对中华优秀传统文化的一种继承和创新，它既是对文化的通俗化表现，也是对文化大众化传播的再现。地域文化对于发现中国人内心的生活秩序、透视中国人的精神实质，对于中华民族风俗的传承、中华文化的复兴具有重要的历史和现实意义。

"一个时代的文化表达方式，往往显示了这个时代的文化特色。"地域文化是地域历史演进和文化精英作为的高度浓缩，是一种文化高地，因为它已经成为这个地域上民族的文化精神，是这片土地人们的精神家园，它的存在和发展直接影响着一个地域的经济和文化发展。地域文化涵养和塑造着地域的人文精神，代表着人文精神的价值取向，也直接影响着地域人文精神的道德追求。

地域的自然特征、当地的饮食文化、城市的建筑特色、人们的精神气质等都构成了地域形象的设计元素，正逐渐融入人们的日常生活中，使人们真正在地域文化的熏陶下追寻历史的印记。深入研究地域文化，不断通过多种表达方式扩大宣传力度和教育力度。如通过影视传媒、杂志媒体加大地域形象的形象印记，确立明确的富有地域气息的城市形象；利用节庆和当地风俗活动推动新型营销方式，包装地域产品，开办地域形象为主题的文化活动，从而推广地域文化内涵，彰显地域形象魅力。合理运用文化与形象设计，能够体现地域形象主要是地域特色和地

域历史文化的视觉呈现，使得地域文化象征的视觉符号不仅仅是一个图像化的存在，更是与这片地域相关的历史文化联想系统，将真正含有自身独特文化的地域推广出去，使地域形象体现出更深的文化层次。

陕西作为中华文明的重要发祥地之一，悠久的历史、深厚的文化底蕴和独特的地理位置，使这里孕育了瑰丽的地域文化，为新时代文化建设与发展提供了重要支撑。发掘地域文化资源，不断创新表达手段和方法，打造文化精品，是陕西以地域文化为抓手，讲好陕西故事，塑造陕西新形象的当下任务。

陕西省第十三次党代会报告指出，加强以人民为中心的创作导向和正确的文化立场，以"传播陕西声音，讲好陕西故事"为宗旨，以"五个一"工程、文学艺术创作工程、广播影视精品工程、国家舞台艺术精品工程等为抓手，讲好陕西故事，全面展示陕西历史与现代交相辉映、传统与时尚完美融合的形象。

讲好陕西故事，就要俯瞰历史，审视当下，面向未来，释放陕西新元素，自觉担负使命，砥砺前行，奋力谱写陕西追赶超越新篇章。陕西这块地形南北狭长的地域，在不同的人文历史和地理气候下被截然区分，同时风格各异：陕北的粗犷豪放，关中的深沉厚重，陕南的内敛细腻。结合陕北、关中、陕南别具一格的区域特色，不断推出融思想性、艺术性、观赏性为一体的人民群众喜闻乐见的文学、戏剧、电影、电视、动漫、音乐、舞蹈、美术、摄影、书法、曲艺、杂技等文化艺术精品。如采集和运用地域文化素材，传承和发展陕北地域文化积淀的经典作品《米脂婆姨绥德汉》《兰花花》；如讲述关中地区具有独特意义的红色记忆大型音乐舞蹈诗剧《永远的马栏》；如以现代艺术手段，展现了陕南地区广为流传的历史故事《出师表》。这些作品既具有鲜明的地域文化特色，又具有较高的艺术表现力，是陕西文化艺术百花园中的精品。

陕西在继承中华优秀传统文化的基础上，紧贴时代脉搏，文艺精品创作硕果累累。在第 31 届中国电视剧"飞天奖"的评选中,陕西"影视军团"脱颖而出,由西安市委宣传部扶持指导、西安市文艺创作单位制作的 3 部优秀电视剧一举拿下 4 项大奖和 1 项提名奖,创历史之最。系列电视剧《大秦帝国》先后荣获全国电视剧"飞天奖""金鹰奖";3D 秦腔电影《三滴血》斩获第三届中国戏曲电影展优秀戏曲电影奖;电影《百鸟朝凤》、3D 电影《冲锋号》、秦腔现代戏《柳河湾的新娘》、话剧《麻醉师》先后荣获全国精神文明建设"五个一工程"奖,话剧《麻醉师》还夺得文华大奖;专题片《百年易俗社》等 11 部作品获陕西省第十三届精神文明建设"五个一工程"奖。此外,秦腔《易俗社》、豫剧《秦豫情》、舞剧《传丝公主》入选国家艺术基金重大扶持项目,话剧《长安第二碗》入选全国舞台艺术重点创作剧目名录。

文化精品创作在彰显陕西雄厚的文化软实力的同时,也已成为陕西地域城市文化的重要品牌。在不断深化文化体制改革,实施精品战略的同时,依托现有资源优势及所取得的文化成果,进一步打造"文化陕西"特色品牌。影视方面,借鉴《历史永远铭记》《长征大会师》《大秦帝国》《那年花开月正圆》等影视作品的成功经验,在突出陕西地域文化资源优势的同时,做到良好的社会效益和经济效益相结合。电视剧《千里雷声万里闪》《我在北京,挺好的》《初婚》等 30 余部影视作品在中央电视台各大频道热播。曲艺方面,秦腔《党的女儿》《陕北往事》、儿童剧《风筝》《火印》、话剧《红箭红箭》《家风》《路遥》、杂技剧《天鹅湖》、舞剧《门》、音乐剧《花木兰》等大剧好剧相继与观众见面,反响热烈。文学创作方面,西安市作协主席吴克敬的《乾坤道》《小海的梦想》、西安青年散文作家王洁的《花开有声》、作家吴文莉的"西安城"系列第三部长篇小说《黄金城》,都是呼应时代命题而创作的文坛新作。

这些"陕西制造"文艺作品中,多部都是取材于本土地域文化资源，并以高度的文化自信和文化自觉聚焦人民，展现了陕西文艺工作者立足本土，以人民为中心，凝聚中国精神，抒写中国故事的担当与使命，更用具有陕西标识的文艺精品，在引领大众走入精品与经典的同时，满足人们对高品质文化生活的新需求、新期待。

打造"文化陕西"精品，开拓陕西文化"走出去"，传播陕西声音。充分发挥陕西西安省会城市的文化优势，促进世界优秀文化在西安融合，西安举办了一系列颇具影响力的文化旅游活动，先后举办了"西安年·最中国""大唐建都长安1400年"系列文化旅游活动，积极承办央视七夕晚会、春节戏曲晚会分会场，陆续举办西安国际音乐节、戏剧节、舞蹈节、丝绸之路国际电影节等，西安交响乐团还受邀赴意大利罗马、米兰交流演出，有力地传播了中华文化。《国风·秦韵》借力中宣部"感知中国"和文化部"欢乐春节"活动，以国内展演、国际巡演和丝路国家推广的方式，集中向国人和国际友人展示了包括秦腔等地方戏曲、陕北民歌、陕西民乐、西安鼓乐、陕西民间艺术、民间手工技艺、书法绘画等在内的陕西优秀传统文化成果。《丝路彩虹》将绚烂多姿的历史文化、地域广阔的民族文化与现代音乐、舞蹈、杂技等多种艺术形式相融合，表现了中华民族开放、包容、坚毅、仁爱、信义、互利的精神风貌。《长恨歌》充分发挥历史文化资源优势和地域文化特色，将文化创意与历史传承、传统演艺与现代科技、艺术创作与大众审美需求完美融合。这些优秀文化精品项目涵盖了陕西传统文化诸多的艺术门类，向世界展示了陕西文化的核心价值理念。这些文化品牌项目将陕西文化精神和内涵用现代的方式演绎，将传统的文化形式赋予新的时代精神，让陕西文化被更多人尤其是年轻人接受和喜爱，让传统文化焕发新的光彩，让"文化陕西"的形象更加深入人心，让"陕西故事"广为人知。

地域文化应融入人民群众生活中去，使中华民族文化基因与时代相适应，让文化以人民群众喜闻乐见的形式服务于人民，让地域文化同新时代新思想不断碰撞、融合，在继承发扬的同时不断创新，永葆生命力。民俗文化是地域文化中最接地气最易于人民群众接受的表达形式，陕西千年的历史文化资源使得民俗文化独树一帜、独具一格，要充分运用地域民俗素材，统筹规划和建设一批具有示范引领作用的博物馆、展览馆、纪念馆、民俗小镇等，把有形、无形的民俗文化遗产保护好、传承好。文化和旅游部 2018—2020 年度"中国民间文化艺术之乡"名单公布，陕西有 7 个区县入围，西安市周至县集贤镇（西安鼓乐）、宝鸡市凤翔县（凤翔泥塑）、渭南市大荔县（大荔面花）、延安市安塞区（安塞腰鼓）和延川县文安驿镇（延川剪纸），榆林市横山区（陕北说书）、安康市紫阳县（紫阳民歌）等。加强优秀民间文化艺术保护、传承工作，推动民间文化艺术的繁荣发展，就是让陕西地域文化更好地融入人民群众的生活，让其生根发芽，提升地域文化服务效能。充分挖掘秦人、秦地、秦风特色文化内涵，创新陕西地域文化资源开发利用方式，让厚重的陕西文化活起来，让更多人认识陕西，了解陕西，悦纳陕西。

"文学陕军""影视陕军""陕西旅游演艺""陕西民间艺术""陕西特色小镇"等特色文化品牌，社会影响力大、美誉度高，为讲好陕西故事，树立陕西新形象做出了时代表达。

（二）以"旅游+"融合发展为路径，释放陕西元素，做好陕西体验

"旅游"是人们认知一个地域一个城市最直接最直观的方式，现代社会"旅游"已成为人们生活中不可或缺的部分。以"旅游+"融合发展为路径，创新文旅产业发展模式成为新的文化传播与经济增长方式，未来的文旅消费将会越来越生活化，成为人们生活体验的重要部分，这是文旅产业的发展趋势。

随着人们审美水平及经济实力的提升，人们对旅游的美好体验要求

也越来越高。拥有丰富旅游经验的旅游者已不再满足于无差别的基础性旅游，对个性化体验旅游的追求程度比以往任何时期都要高，旅游者在体验质量、便利性和增值服务上有了更多的个性化需求，游客对于身体感官和精神情感深度体验要求越来越高，以往那些仅依靠传统观赏式游览的旅游城市，逐渐失去了核心竞争力和目标消费者，"门票经济"已成为过去式。

打造个性化的文旅产业成为新的增长点，而个性化城市旅游的关键在于发掘地域文化资源，因为深度的文化差别是地域文化最明显的特征，深入探索地域文化与旅游、娱乐、餐饮、休闲等行业相结合的新路子，推动以地域文化内容消费为核心的产业链的形成，促进文旅融合规模和效益不断提升。地域文化资源最好的传承就是构建持久主题的旅游形象，地域文化视觉化在地域旅游形象中的运用可以加深游客对地域文化感知印象，也能建立起最直接印象的地域形象。如同样是藏于城市中的小巷子，因不同的地域文化形成了带有特色标识的城市建筑，北京胡同和上海弄堂，不仅是城市街道，更承载着城市历史发展脉络，是具有魅力的地域文化符号，胡同文化和弄堂文化浓缩了北京的民俗气息和上海的精致优雅，已逐渐成为城市旅游的独特风景线，城市旅游形象是地域文化最直白的展现。

陕西是全世界瞩目的旅游之地，文化资源丰富，体量庞大，有根脉文化、盛世文化、都城文化、红色文化、生态文化等，城墙、钟鼓楼、华山、华清池、大小雁塔等等不可胜数的旅游景点。西安城墙·碑林历史文化景区成功创建国家 5A 级旅游景区，有 12 家景区被评为国家 4A 级旅游景区，3 家度假区被评为省级旅游度假区。以"西安年·最中国"、兵马俑、华山、照金小镇、大唐不夜城、大唐西市、瀛湖等为代表的文化旅游品牌排名稳居全国前列。

陕西一直是旅游者的必到"打卡"地，据有关数据统计，2018 年陕西实现旅游收入 5994 亿元；游客接待量达 6.3 亿人次，相当于全世界每 11 个人当中就有 1 个人来过陕西旅游；境外游客接待量达到 437 万人次，是 1978 年境外游客接待量的 378 倍。2019 年上半年，全省共接待境内外游客约 3.7 亿人次，旅游总收入达 3736.31 亿元。

西安的大唐不夜城在 2018 年春节期间接待游客共计 115.4 万人次，2019 年春节期间增加到 412.34 万人次，2021 年"五一"期间接待游客 177 万人次，同比增长 143%，西安大唐不夜城已经成为西安城市的新名片，西安也凭借大唐不夜城成功塑造了唐文化体验之都的旅游形象。

大唐不夜城步行街作为首批全国示范步行街之一，以唐代元素为主线，以文旅商深度融合为导向，突出历史文化特色，创新打造文化浓厚的现代时尚街区，不断加强公共文化产品和服务供给，丰富的文化产品提供给游客美好的陕西体验。全新的唐风演艺《诗歌艺术》让游客们在千年大雁塔下，聆听"君不见黄河之水天上来，奔流到海不复回"的"诗仙"李白千古佳句，有一种置身于千年前文人墨客、吟诗作对的场景沉浸之感，人们的体验感和代入感都非常强。唐诗文化是极其能代表西安形象的"国潮"，挖掘"古典文学之都"资源，开发彰显"古典文学之都"气质的旅游项目，以文塑旅、以旅彰文，不断搭建文旅体验的新场景。在大唐不夜城中朗诵唐诗，沿着唐城墙遗址去观赏唐诗，让游客在漫步大唐不夜城美景美色中去体验、感受唐诗的魅力，是一件多么美妙而又难忘的文旅之行。

品尝当地美食也是文旅体验最重要的一环，"人间烟火气，最抚凡人心"，陕西美食闻名遐迩，泡泡油糕、葫芦鸡、牛羊肉泡馍、三秦套餐、水盆羊肉、摆汤面、臊子面、软面等都是色香味俱全的陕西特色美食，包容的陕西美食适合来自各地游客，许多游客对多样化的陕西美食赞不绝口念念不忘。西安曲江文旅餐饮管理有限公司创新经典的传统菜，创新打造"大唐制造"团扇酥、小唐朝冰等为游人带来了独特的"大唐烟火气"，定期举行美食季活动，让更多来到西安的人能品尝到真正的陕西美食佳肴，满足游客美好的旅游体验。

陕西文化旅游的发展直接决定了陕西形象的传播和树立。陕西以"加快创建全域旅游示范省，打造国际一流旅游中心，加快建设17个国家全域旅游示范市县"为目标，坚持融合发展、共建共享、示范引领，深入推进全域旅游示范省的创建。以"旅游+"融合发展为路径，打造陕西（西安）国际旅游枢纽，建设国际一流文化旅游中心。2018年陕西省文化和旅游厅编制《陕西省全域旅游发展规划》，创新旅游业发展模式，提出"全域旅游"新模式。

全域旅游格局系统化。推进全域旅游建设，顶层设计进一步科学化，《陕西省全域旅游发展规划》印发实施，"省上总抓、市（县）主战、部门协同、梯次推进"的创建格局进一步健全，全省12个市、56个县成立全域旅游创建工作领导小组。临潼、华阴成为首批国家全域旅游示范区；宝鸡、延安建立全域旅游工作专项考核制度；西安、咸阳、渭南等8个市以及临潼等32个县（区）编制完成了全域旅游发展规划。

旅游公共服务体系便捷化。临潼、蓝田等加快外部"快进"与内部"慢游"交通体系建设；西安、宝鸡、杨凌示范区等旅游集散中心建成运营；大荔、黄陵、石泉等着力完善全域旅游标识体系，依托高速、国道等建成一批功能完善的旅游服务区。"厕所革命"持续高质量推进，智慧旅游快速推进，省级旅游监测运行平台进一步完善，全省4A级以上景区游客聚集区全部实现WIFI覆盖。

全域旅游环境优质化。全面开展了景区服务质量复核检查，卤阳湖、石门山、香溪洞等8家A级景区被取消等级、降级或通报批评。开展旅游服务质量第三方测评工作，每季度通报各市服务质量排名，对服务质量和市场执法较差的市进行约谈。西安、渭南、宝鸡、延安等市游客满意度持续提升，西安"五路"两侧增绿美化行动、宝鸡山水林田湖草一体化环境整治、汉中"三建设一整治"工程等持续推进。2021年"五一"期间西安"三河一山"绿道接待游客43.34万人次，西安—宝鸡—咸阳—渭南—杨凌等渭河景观带、秦岭北麓旅游带、石泉—紫阳—岚皋汉江画廊等成为居民及游客休闲的好去处。袁家村等 11 个村入选全国旅游重点村名录，新创建了一批旅游村镇和休闲农庄，推出了陕西乡村旅游精品名录。

文旅产品供给体系品质化。全省新创建 12 家 4A 级旅游景区、3 家省级旅游度假区，新增特色民宿 500 多家；华州皮影、旬邑剪纸、西秦刺绣等一批非遗项目成为重要的旅游体验产品和扶贫产业；有秦岭国家植物园等 99 个研学旅游基地，青木川镇等 31 个文化旅游名镇，营盘镇等 9 个运动休闲小镇。新推出《秦俑情》《天汉传奇》《秦汉风云》等演艺作品，尤其是歌舞剧《长恨歌》准确把握了旅游经济、文化创意、历史传承、现代艺术和现代科技的融合方式，是文化旅游产品供给体系品质化的典型代表，《长恨歌》依托旅游景区品牌优势，集历史性、民族性、艺术性、观赏性为一体，用真实的场景和专业的表演再现了文艺经典爱情故事，发挥地域文化特色与历史风貌优势，将文化艺术创作与大众审美需求相结合，已成为陕西文旅产业著名品牌。

文旅融合高质量发展主题化。以精品旅游线路为纽带，打造陕西特色文旅品牌，深化文旅融合高质量发展。陕西以丝绸之路起点旅游走廊、秦岭人文生态旅游度假圈、黄河旅游带、红色旅游系列景区"四大旅游高地"为支撑，重磅推出秦岭生态之旅、黄河沿线之旅、丝路风采之旅、红色文化之旅和人文休闲之旅主题化旅游。[①] 每一主题游可分为旅行社团队游和自驾游两种类别的 4 条线路，共推出全新的 20 条旅游线路。在秦岭生态之旅中，推出针对自驾游的"环越秦岭古道行"和"人文生态旅游度假环线"两条线路，以及针对旅行社团队游的"西岳华山 2 日拜谒之旅"和"秦岭商於古道 2 日游"的两条线路。这4 条线路涵盖秦岭主峰、众多峪口、古代栈道等多个类别，让游客在绿水青山间放松身心，感悟加强生态文明建设的重大意义。围绕着母亲河

---

① 来源：陕视新闻，2021-4-24。

——黄河，推出了"黄河湿地风情2日游""黄河流域沃野乡村4日游"及"沿黄观光路"景观大道、黄河流域沃野乡村游4条线路。丝路风采之旅，有2条线路，一是丝路起点观光游，西安—城固（张骞墓）—大雁塔—陕西历史博物馆—碑林—小雁塔—大唐西市—唐长安城大明宫遗址—汉长安城未央宫遗址—西安。二是追寻关中文化游，西安—白鹿原影视城—泾阳（茯茶小镇）—礼泉（袁家村）—扶风（法门寺文化景区）—岐山（周原景区）—凤翔（六营民俗村）—宝鸡（青铜器博物院）—周至（楼观中国道文化展示区）—关中民俗艺术博物院—西安。红色文化之旅，主要是红色遗址和红色故事追忆游。以延安为中心，宝塔山、清凉山、杨家岭、枣园、延安革命纪念馆、王家坪、延安鲁艺文化园区，观看《延安保育院》演出。人文休闲之旅，主要是以美食和科教亲子体验之旅为主，西安以及周边地区，有许多历史悠久的美食，让人们在品尝美味的同时，也回味了历史的记忆，如西安的北院门回坊文化风情街、永兴坊非遗美食文化街区、大唐不夜城、大唐西市等，宝鸡的西府老街、岐山的北郭民俗村、礼泉的袁家村。科教亲子旅，有阎良的航空科技馆、泾阳的国家大地原点、华清宫的骊山天文台等。

文旅体验活动多样化。陕西各地推出特色鲜明、形式新颖的文化旅游体验活动，展示文化魅力，丰富游客体验。西安市城墙景区推出"2021西安城墙迎五一"7项主题系列活动；大唐不夜城推出"筑梦全运常来长安"等4项主题活动；大明宫推出"2021第一节届唐潮漫客·大明宫国漫嘉年华"系列活动；永兴坊推出5月出游欢乐季；大唐西市举办"迎全运"丝绸之路文化旅游节；半坡博物馆推出《陶醉六千年》研学体验；华清宫景区专门安排艺术团演员向游客进行乐舞基础舞姿讲解，同时还向游客提供华服租赁服务，免费化妆造型。延安市圣地河谷·金延安景区针对少年儿童推出儿童剧演出、卡通玩偶巡游以及多项儿童游乐活动，并开通直达延安的"东方红号"旅游专列。汉中市推出首届汉中兴汉胜境汉服文化节千人汉服大巡游、南湖景区推出"百万花海环湖畅游"、汉山广场手工制茶大赛等活动。渭南韩城市，古城隍庙景区创新举办古代运动会，推出秋千、蹴鞠、捶丸、射箭等多项古代运动项目，同时还有花卉展销、美食节、《史记》大讲堂直播、美术展等多项活动。陕西各地依托地域文化资源，开展以亲民性、参与性、体验性为基准，丰富多彩的主题化文旅体验活动，极大地增强了游客的陕西文旅体验，契合文旅发展的时代新趋势。

"文化陕西"品牌形象国际化。以"文化陕西"和"了解中国从陕西开始"整体形象为统领，陕西先后赴日本、南非、白俄罗斯、泰国等10多个国家开展旅游宣传推广，参加境内外大型国际旅游展。参加北京、青海等国内旅游交易会，并成功举办第六届丝绸之路国际艺术节、2019西安丝绸之路国际旅游博览会、2019世界文化旅游大会等活动，提升陕西文化旅游在国内外的影响力。围绕"一带一路"倡议，创作时代精品，宣传"文化陕西"。在第三届丝绸之路艺术节和第十一届中国艺术节上，西安歌舞剧院推出的重磅作品《传丝公主》，作品是以唐代木版画《传丝公主》为创作源泉，紧扣古丝绸之路经贸往来主题，将西安古乐、交响乐、宫廷宴乐等文化元素进行了重组和运用，很好地宣传了陕西文化在"一带一路"的贡献。

历史的记忆呼唤新的表达，新的格局下需要新的创新，要进一步发掘地域文化资源，以"旅游资源+文化创意"带动文旅产业发展，加强人文交流和对外宣传，让游客来了不想走，走了还想来，热爱陕西这片历史文化与现代时尚相辉映的土地，助力"文化陕西"新形象的树立和彰显。

（三）以新媒体建设为平台，促进陕西文化"走出去"，传递陕西声音

彭树智先生所言"文明的生命在交往，交往的价值在文明。文明的真谛在于文明所包含的人文精神本质"。陕西借助"一带一路"的东风，发掘陕西丰富的历史文化资源，推出全新的丝路文化品牌，丝绸之路国际艺术节、丝绸之路国际电影节等人文交流平台规模不断扩大，影响力日益提升，已经成为弘扬丝路精神、增进陕西文化"走出去请进来"的重要平台。

拓展文化"走出去"营销渠道。"文化陕西"品牌在省外、海外的影响力不断提升，进一步推广了陕西文旅资源，彰显了特色。

文化演出、美术展览、文化论坛、长安诗歌周、丝路电影展演等活动异彩纷呈，尽显陕西风情。传统文化品牌项目"国风·秦韵"远赴德国、意大利、土耳其、日本等五大洲 40 余个国家开展对外文化交流，取得了良好成效，全面展示了中华文化气魄和陕西文化特色；"开放的中国·迈向世界的陕西"全球推介会在北京举行，吸引世界目光重新关注陕西这个古老而又时尚的西北内陆省份。

在深度融入共建"一带一路"大格局下，打造内陆改革开放高地，陕西持续高质量办好丝绸之路国际艺术节、丝绸之路国际旅游博览会、丝绸之路国际电影节、世界文化旅游大会等活动，主题为"从长安到罗马"的大型原创杂技剧《丝路彩虹》在欧洲六国好评如潮，陕西以灵活多样、外国民众易于接受的方式传播中国声音，讲好陕西故事，促进民心相通。

陕西文化的传播，文化产业的发展，不仅要"引进来"，更要"走出去"，这就需要不断拓展文化交流和传播渠道。一是鼓励有实力的国有文化企业和民营企业以合资、合作等方式，加大与境内外文化企业的交流合作，取长补短，进一步提升陕西文化企业的竞争力，推动文化交流的市场化。如全球首部"丝绸之路"主题音乐剧《丝路之声》横空出世，此剧是由陕西旅游集团朗德演艺有限公司与美国倪德伦环球娱乐公司共同制作，以百老汇经典的歌舞风格，精巧新颖的装置，有笑有爱的故事，再现丝绸之路上各民族的文化历史、市井百态和风土人情，展现了世界都城长安在丝绸之路上的中心地位，向世界传递友好、欢乐和繁荣。《丝路之声》音乐剧主人公 Joey 唐乔伊是一位在西方长大的中国少年，一次因缘巧合，唐乔伊穿越到了两千年前的汉代长安，在这里他见证了历史的风起云涌，也最终完成了自我身份认知和文化认同。作为全球首部"丝路"主题音乐剧，兼西北首个面向国际市场的精品音乐剧，《丝路之声》以"融合多元文化"为重点，以跨文化的崭新视角，发现丝路的多样之美。2020 年《丝路之声》试演，一举拿下"2020 年文化和旅游融合发展十大创新项目"提名，成功出圈，引发社会关注。2020 年 11 月 2 日，在 CCTV13 播出的《新闻直播间》栏目中，"《丝路之声》全球首演发布会"精彩亮相，获央视新闻频道点赞。央视盛赞：《丝路之声》是中国首部面向国际市场的"丝绸之路"为主题的音乐剧，开创了传统音乐剧与旅游演艺相结合的先河，为中国文化走出去提供了宝贵的经验。11 月 10 日，央视三套《中国文艺报道》栏目，又对《丝路之声》进行报道，盛赞《丝路之声》是陕旅集团携手美国百老汇巨头倪德伦集团联合打造的又一力作，开创了"旅游+音乐剧"的全新模式，"中西混搭"创作班底也成为音乐剧史上一场中外智慧之光的碰撞与融合。

作为陕西旅游产业的领军者，陕旅集团立足三秦大地的历史人文资源，经过二十余年的探索，在全国文旅产业中脱颖而出，一枝独秀，《丝路之声》是陕旅集团以音乐剧进军国际市场的强有力信号，也是陕旅集团将百老汇演艺与文旅模式融合的一次积极探索。此剧将会在沣西新城的"丝路欢乐世界"驻场演出，借以全产业链模式搭建国际平台投资管理体系，打造出更具丝路文旅特色的产业价值新高地，成为示范文旅产业新模式的里程碑。以百老汇音乐剧形式演绎《丝路之声》，它探索的不仅是文化旅游如何融合的老课题，还负有如何"走出去"，有效跨文化传播的新使命，探索如何将百老汇演艺产业集群模式本土化，借助陕旅丰富的文旅产业运作经验，为中国音乐剧产业破局，真正实现文旅化的新模式，一个全产业链的文旅产业新图景，为丝绸之路的起点、古老的国际大都市西安注入新的活力和生命力。

二是搭建博物馆文化交流平台。陕西拥有丰富的文物遗产、遗迹，对国内外游客都具有很大的吸引力，在当代互联网经济时代，借助于互联网的力量，针对互联网主要消费群体，不断创新网络营销热点，让陕西文物"走出去"。2021 辛丑牛年春节大年初一，由中国驻塞尔维亚大使馆、陕西省文化和旅游厅共同主办的"2021 欢乐春节·秦 QIN——兵马俑的前世今生现代艺术线上展览"塞尔维亚专场活动精彩上线。展览分为"历史绵迭""览古观今""古法艺作""中西匠心""途秦欲旅""访古出新""奇思律动"七大篇章，包括 VR 兵马俑展馆全景、"Hello 兵先生"系列纪录片以及取材兵马俑元素、融合阿拉伯文化印象、创作编导的现代舞《共生》等众多内容。此外，还有以秦兵马俑武士俑形象为原型，经 3D 建模合成塑造的呆萌可爱的秦风小将，展览还专门设计了互动环节，让观众在云端体验陕西的文化、旅游、美食、民俗等，感受中国新年喜乐祥和的气息。此次展览聚焦历史、遗产、艺术、文创，融合中国春节、塞尔维亚风情、陕西民俗等多种文化元素，系列展现兵马俑主题的衍生创作成果，让"复活的兵马俑"陪伴观众穿越时空，共享独具陕西特色的中国新年云端文化盛宴。展览得到了国内外各大媒体的广泛关注。塞尔维亚最大官方媒体《政治报》网站、塞尔维亚"华人头条"及塞华资讯公众号第一时间发布了展览资讯，《欧洲时报》对此做出特别报道，贝尔格莱德和诺维萨德孔子学院网站、诺维萨德城市博物馆网站、梅特加仑德大学网站主页也纷纷刊出展览专题。中国驻塞尔维亚大使馆官网、《中国文化报》、《中国旅游报》、《陕西日报》、人民网、新华社、央广网、新浪、腾讯、搜狐、凤凰网、网易等各大媒体平台纷纷宣传报道。海内外民众纷纷上线"打卡"，表达对兵马俑和中国文化的喜爱，期待能亲身来陕西看看兵马俑、过过中国年。

三是借力来陕旅游客户群。陕西作为文化资源大省，每年来陕旅游的国内外游客众多，且人数每年都在增加。陕西文化"走出去"战略应将目光锁定来陕商务、旅游人群上，让他们在体验陕西文化、喜爱陕西文化的同时，愿意作为陕西文化的传播者，将陕西文化带回客源地，助力陕西文化的进一步传播。

打造文化"走出去"传播渠道。地域形象的树立主要取决于地域自身实力和大众传播效果。一个地区的外在形象在很大程度上取决于媒介的呈现和传播。要积极发挥主流媒体的对外舆论引导能力，充分发挥陕西省电视台、陕西人民广播电台、《陕西日报》、《华商报》、大秦网和西部网等新闻媒体的辐射力和影响力，为陕西文化"走出去"贡献力量。在注重传统媒体影响力的同时，应将关注重点向移动终端和网络空间转移和延伸，运用新媒体融合、云媒体和"互联网+"等技术手段，扩大陕西文化的受众范围，将厚重渊博的传统文化向外向下拓展。

在当今全媒体时代，新媒体发展态势良好，它极大地丰富充实着城市旅游形象和地域文化的传播。将微博、微信公众号、微信群和网站等新媒体的传播快、受众广等特点，与传统媒体有权威性、公信力的优点相结合，集中发挥新媒体与传统媒体的融合优势，使城市旅游形象在水平方向和垂直方向上得到更快更大的传播空间。例如拍摄城市旅游宣传片，利用媒体文字、图片和视频等节目素材，灵活引入城市历史、自然景观、交通建设等特色地域文化丰富宣传片的内容，再运用新媒体数字技术使民间传说、历史故事等成为有表现力的具体形象出现在影像中，通过结合传统媒体和新兴媒体线上线下信息源，实现高观赏性和传播性，在欣赏的同时潜移默化地完成城市旅游形象的传播。

积极参加各种媒体峰会，扩大陕西媒体的社会影响力，带动陕西文化的向外辐射，构建陕西媒体与境外社交媒体的合作交流，有效推动陕西文化的国际传播。"一带一路"倡议的实施，为陕西新形象建设提供了"走出去"的多样平台。一方面，陕西应借助中宣部、文化和旅游部提供的多种文化交流活动大力在世界舞台发出陕西声音，也可利用国际文化创意产业博览会、博鳌亚洲论坛战略发展研讨会等国际交流平台，促进陕西特色文化产品的对外输出。另一方面，陕西应利用好中国西部文化产业博览会、丝绸之路国际艺术节、丝绸之路国际电影节、丝绸之路国际旅游博览会、丝绸之路品牌万里行、丝绸之路卫视联盟、"一带一路"陕西经贸文化推介洽谈会等诸多平台，推动陕西文化企业与境内外大型文化企业的合作交流，进一步加强人文交流和对外宣传，展示陕西文化优秀成果，进一步扩大陕西文化影响力。

由阿德莱德艺术节中心、悉尼中国文化中心与陕西省文化和旅游厅共同主办、陕西文一国际文化发展有限公司承办、阿德莱德大学孔子学院支持的"陕西非遗展"在阿德莱德艺术节中心展厅开幕。光影交错的华县皮影、鲜活传神的西秦刺绣、古韵盎然的凤翔木版年画、秀丽华美的耀州青瓷、淳朴简洁的渭北花袱子等100多件独具特色的陕西非遗作品受到南澳大利亚观众的欢迎，在感知精妙的中国传统民间技艺过程中领略陕西文化的魅力，滋生对陕西文化的向往。正如中国驻阿德莱德总领事何岚菁在开幕致辞中表示，"文化是心灵沟通的桥梁，中澳广泛开展文化交流与互鉴，将为两国关系持续稳定发展注入正能量。陕西不仅有着悠久的历史和深厚的文化底蕴，而且是一个历史与现代、传统与时尚完美结合的开放省份。期待更多澳大利亚朋友在疫情结束之后到陕西观光、交流、合作，见证古丝绸之路起点上发生的令人振奋的新变化"。

"八百里秦川乐声悠扬，三千万老陕热情好客。"新时代陕西"内引外联、东进西拓、南下北上"，以"一带一路"为重要节点，打造内陆改革开放新高地，塑造历史和现代交相辉映、传统与时尚完美融合，人与自然和谐相处，具有国际气象的开放包容新陕西。

"春风得意马蹄疾，一日看尽长安花。"古朴与时尚的陕西正以崭新的形象表达着千年的强劲。

参考文献

［1］路柳. 关于地域文化研究的几个问题［J］. 山东社会科学，2004，12.

［2］唐永进. 繁荣地域文化　促进社会经济发展［J］. 天府新论，2004，5.

［3］李建平. 关于地域文化研究的几个问题［EB/OL］.［2006-03-14］. http：//theory. people. com. cn/GB/49157/49165/4198898. html 人民网.

［4］刘奇葆. 推动社会主义文化繁荣兴盛［M］//党的十九大报告辅导读本. 北京：人民出版社，2017：33—43.

［5］庄长兴. 突出文化陕西在关键领域系统彰显陕西新形象［N］. 2017-09-28，西部网

［6］党怀兴. 精准发力 系统设计 塑造陕西文化新形象［N］. 陕西日报，2017-09-01.

［7］习近平. 意识形态工作是党的一项极端重要的工作［EB/OL］. http：//www. xinhuanet. com/politics/2013-08/20/c_ 117021464_ 2. htm，2013-08-20/2019-8-12

［8］2018年陕西文化产业运行情况分析［EB/OL］. http：//www. shaanxi. gov. cn/info/iList. jsp？cat_ id=18002&info_ id=135788&tm_ id=177，2019-03-12/2019-08-12

［9］林承亮. 地方文化品牌走出去的思考［J］. 发展研究，2017，5.

［10］姜伯勤. 盛唐气象：一个开放的时代［J］. 华南师范大学学报：社会科学版，2016，1（1）.

［11］徐望. 江苏对外文化工作的经验、现状与前进方向［J］. 江南社会学院学报，2017，09.

［12］张伟然. 荆楚地域文化研究大有可为［J］. 长江大学学报：社科版，2017，7.

［13］潘新喆、刘爱娣. 文化自信的理论基础与实践要求［J］. 马克思主义研究，2016，11.

［14］余传杰. 传统文化元素在河南省区域形象传播中的运用研究［J］. 新闻知识，2014-06.

［15］吕博文. 媒介对广西北部湾经济区区域形象的建构研究［D］. 广西大学，2016-06.

［16］彭江虹. 文化产业发展应注重融合［N］. 人民日报，2017-07-21（7）.

［17］吴小薇. 陕西丝路文化资源整合研究［D］. 长安大学硕士论文，2017.

［18］西北五省专家学者对话陕西 建言献策丝路新起点梦启今朝［N］. 中国文化报，2014-06-26.

［19］费孝通. 中华民族的多元一体格局［J］. 北京大学学报：哲学社会科学版，1989，（4）.

［20］张晓明，秦蓁. 文化与科技融合的八大趋势［N］. 光明日报，2017-02-11（12）.

［21］高宏存. 以数字技术创新传播优秀传统文化［N］. 人民日报，2019-02-26.

［22］李健超. 古都西安的地理、历史和文化（二）［J］. 三门峡职

业技术学院学报，2010.

［23］张伟. 古丝绸之路，汉唐盛世的开放、交融［J］. 中国经济周刊，2015.

［24］杨恕，王术森. 丝绸之路经济带：战略构想及其挑战［J］. 兰州大学学报：社会科学版，2014，42（1）.

［25］吴绒. 丝绸之路经济带陕西段文化资源深度开发研究［J］. 丝绸之路，2014，（18）.

［26］胡鞍钢，马伟. 丝绸之路经济带：战略内涵、定位和实现路径［J］. 新疆师范大学学报：哲学社会科学版，2014，（2）.

［27］张少华. 试论丝绸之路的文化意义［J］. 理论观察，2005，（6）：74—75.

［28］李利安. 丝绸之路：人类文明交往的历史足迹［N］. 光明日报，2014-08-06.

［29］王志刚. 文化与科技：一场共赢的联姻［N］. 杭州科技，2012-06-15.

［30］訾谦. "文化+"，如何为高质量发展集聚动能［N］. 光明日报，2018-04-04.

［31］苏锐. 文化产业园区要实打实［N］. 中国文化报，2018-08-03.

［32］向勇. 文化与科技融合发展的历史演进、关键问题和人才要求［J］. 中国传媒大学学报：现代传媒，2013，（1）.

［33］黄意武，江优优，从地域文化中寻找"根"与"魂"［J］. 社会科学报，2020-02-06.

［34］赵娜娜. 中国特色社会主义文化发展道路研究［J］. 时代报告，2018，（12）.

［35］侯强，周兰珍. 推进中国特色社会主义科技文化建设的路径选择［J］. 学习论坛，2017，（7）.

［36］张少华，李艳琼. 文化与科技融合视角下特色文化产业发展对策研究［J］. 人文天下，2018，（10）.

［37］李万. 文化科技深度融合：迈向高质量发展的战略路径［N］. 学习时报，2018-08-29.

［38］李国东，傅才武. 推进文化与科技深度融合是突破文化发展困局的基本政策路径［J］. 中国海洋大学学报：社会科学版，2017，（3）.

［39］李凤亮，宗祖盼. 文化与科技融合创新：模式与类型［J］. 山东大学学报：哲学社会科学版，2016，（1）.

［40］于泽. 文化科技融合的内涵、目标、互动关系探究［J］. 科技管理研究，2017，（1）.

［41］何兴龙. 挖掘文化内涵 用好"一带一路"机遇 为大西安追赶超越汇聚强大精神动力［N］. 西安日报，2017-7-26.

［42］赵文涛. 嘿嘿，文化那个陕西［M］，北京：生活 读书 新知三联书店，2013.

［43］窦鹏. 陕西红色文化资源共建共享策略探讨［J］. 新西部，2016，（11）.

［44］傅滔，黄文富. 对话与重组：广西传统民族音乐的当代融合与现代表达——广西知名作曲家傅滔先生访谈录［J］. 歌海，2020，（5）.

［45］刘沛恩. 重新认识张载的历史地位［N］. 学习时报，2019-4-26（7）.

［46］新时代文化强省和全域旅游示范省建设. 文化陕西，2020-12-09.

［47］任冠虹. 专访安家瑶：汉唐遗址考古与丝路文明研究. 中国社会科学网，2020-01-28.

［48］陆航，赵立凡. 唐壁画胡人驯马图见证丝路交流. 中国社会

科学网，2020-02-05.

[49] 听剑楼. 文化复兴与和谐建筑——张锦秋作品的文化解读. 秦透社，2017-11-26.

[50] 文孟君，听海. 文旅产品和服务呈现四大新趋势［N］. 中国文化报，2021-03-13.

[51] 张国祚. 坚持文化先行 共建"一带一路"［N］. 经济日报，2017-06-16.

[52] 席会东. "一带一路"为西安重塑文化核心区提供契机. 中国网，2017-05-25.

[53] 刘春荣. 文化搭桥助推"一带一路"建设［N］. 经济日报，2017-04-28.

[54] 沈虹冰，梁娟等. 西安借"一带一路"重现"唐长安"盛景. 新华社，2017-04-19.

[55] 于化民，党史视野中的中国革命文化. 中国社会科学网，2021-07-05.

[56] 杨瑞. 失落的明珠-探寻石峁古城的衰落之谜，中国科技网，2020-11-09.

[57] 余俊杰，陈爱平. 数字附能为文化产业高质量发展装上"加速器"［N］. 中华工商时报，2020-12-09.

[58] 曹祎遐，陈昕欣. 文化创意产业如何更有"看点"［N］. 解放日报，2021-01-20.

[59] 田学斌. 黄河文化：中华民族的根和魂［N］. 学习时报，2021-02-05.

[60] 陕西省社会科学院. 陕西蓝皮书：陕西文化发展报告(2020). 北京：社会科学文献出版社.

后记

    书稿交付，吐气之余，更多的是"近乡情更怯，不敢问来人"的忐忑和惶恐。一直觉得地域文化和地域形象是博大深奥的话题，只因自己一时的感悟和热爱，开始这方面的尝试，起初只是一种简单思考和探索，深感能力有限带来的肤浅和不成熟，让大方之家见笑。又觉得只要能顺着这样的方向深入认知，也是为自己生长的这片土地尽一份微薄的责任。

    陕西是一块神奇的土地，在历史的长河中有着不容忽视的地位。提及陕西，厚重的历史文化是让人心生钦佩的记忆。然谈及陕西形象，曾几何时浮现在许多外地人脑海中的却是黄土、沟壑、大风，古老的丝绸之路就是漫漫沙漠和骆驼，陕西的色彩被刻板为"黄色"，陕西的气质被概括为"古老荒凉守旧"。这样的认知让许多陕西人愤愤不已，记得一张宣传丝路艺术节的海报，背景就是广袤的沙漠，还有一只骆驼的剪影，一位陕南的朋友看后无限感慨地说："为什么我们对外宣传的总是这样的形象？"我相信他不是贬低或不认可曾经的丝路就是这样的状态，而是觉得新时代应该有新表达，不能只停留在为历史文化说历史文化，而要用历史文化更好地表达新时代、新面貌、新气象的陕西。我作为一名来自黄土高原的陕北人，非常认同这种观点。陕西是丰富的、多彩的、壮阔的，越是走近她、深入了解她，越是觉得她魅力无限、风姿绰约，有着说不完道不尽的情愫。去过许多城市，见过许多山水，归来更加热爱陕西这片土地，热爱这片土地上我们祖先曾经有过的火热生活，热爱这片土地留给我们的不可复制、不可取代的记忆，也唤醒激励我们这一时代的陕西人，为陕西地域文化的传承做一点事情。如果地域的记忆没有时代表达的跟进，地域文化或许就会退缩，地域形象或许就会模糊，以地域文化为抓手彰显地域形象，也许是一种途径。本书是在我的几个相关课题研究基础上拓展而成。成书过程中，我曾有过困惑、有过凝滞甚至是放弃，但在家人朋友的帮助支持下，在青葱友伴的期待鼓励下，总算是完稿了。

感谢陕西人民出版社刘景巍副总编在成书过程中给予的指导和帮助，感谢陕西人民出版社管中洣主任、杨舒雯编辑给予的支持。非常感谢你们对我的专业指导。

感谢中共陕西省委党校（陕西行政学院）给予的支持，感谢科研处同事的关心和支持。

感谢我的家人。我常常感谢上天让我成长于一个极其友爱的家庭，父亲一直从事地方文艺工作，热衷于陕北地域文化的研究和实践，这对我而言无疑是极大的启蒙和激励。母亲的贤能，让我们在物质条件有限的年代享有尽可能丰富的生活，每一个中国传统节日母亲都有应景的美食和仪式，一鼎一镬间的氤氲升腾着传承。我的父母身上又兼有他们那个时代人共有的对生活的不屈和坚韧，无论身处何地都对生活充满热情，在他们身边我常常感到生活的热气腾腾和津津有味，我的父母是我对"文化即生活"认知的感性起源，也是我对生活无比热爱的动力源泉。感谢我的姐姐姐夫，无论是资料收集还是初稿审定，都给予我强有力的帮助，实际在我成长的每一个阶段，都离不开姐姐细致的关心支持，姐姐是任何时候都不掉"链子"的及时，我念念于心。感谢我的弟弟，帮助我处理一些琐事，让我能静心有整块儿时间完成书稿。感谢我的爱人，从书稿构思、框架，乃至字句斟酌，给予的智慧贡献，使我有了更加宽广的视野和更加严谨的写作。感谢我时年在读高二的女儿，严肃紧张的学习风气影响着我，让我有时代紧迫感，"逆水行舟不进则退"，我时时鞭策自己不要落后于时代。

感谢一路相伴前行的同学、同事、朋友，你们热情的生活工作态度一直让我心存感念，感念生活还是带给我们更多的善良、快乐和积极，有你们真好，一起生活在陕西这片土地上真好。

李　焕

2021 年 8 月于西安